浙江省名师网络工作室成果

让儿童思维在审辨中生长

蒋巧君 —— 主编

光明日报出版社

图书在版编目（CIP）数据

让儿童思维在审辨中生长 / 蒋巧君主编 . -- 北京：
光明日报出版社，2021.9
ISBN 978 - 7 - 5194 - 6306 - 9

Ⅰ. ①让… Ⅱ. ①蒋… Ⅲ. ①小学数学课—教学研究
Ⅳ. ①G623.502

中国版本图书馆 CIP 数据核字（2021）第 178397 号

让儿童思维在审辨中生长

RANG ERTONG SIWEI ZAI SHENBIAN ZHONG SHENGZHANG

主　　编：蒋巧君	
责任编辑：李壬杰	责任校对：李小蒙
封面设计：中联华文	责任印制：曹　净

出版发行：光明日报出版社

地　　址：北京市西城区永安路 106 号，100050

电　　话：010 - 63169890（咨询），010 - 63131930（邮购）

传　　真：010 - 63131930

网　　址：http://book.gmw.cn

E - mail：gmrbcbs@gmw.cn

法律顾问：北京市兰台律师事务所龚柳方律师

印　　刷：三河市华东印刷有限公司

装　　订：三河市华东印刷有限公司

本书如有破损、缺页、装订错误，请与本社联系调换，电话：010 - 63131930

开　　本：170mm×240mm			
字　　数：360 千字		印　　张：20	
版　　次：2022 年 6 月第 1 版		印　　次：2022 年 6 月第 1 次印刷	
书　　号：ISBN 978 - 7 - 5194 - 6306 - 9			

定　　价：85.00 元

编委名单

（按姓氏拼音排序）

龚淑华　何小龙　李玲静
楼晗韬　邵雅露　于建玲

序

谢小庆[①]

2019 年 8 月，我在上海华东师范大学参加中国教育创新研究院主办的"审辨式思维素养专题研讨会"时，首次与浙江省数学名师蒋巧君老师相识。从那时起，我就开始关注蒋老师所带数学团队在"思维课堂"建设方面所进行的创造性探索。2019 年 11 月，杭州举办"全国中小学思维课堂建设高峰论坛"，蒋老师和她带领的教学团队来参加；2020 年 11 月，杭州举办"第二届全国中小学思维课堂建设高峰论坛暨审辨式思维教学成果研讨会"，我又见到蒋老师和她带领的教学团队。

自从认识了蒋老师，我创建的"审辨式思维"微信公众号，曾先后 6 次转载了"蒋巧君名师工作室"的文章，内容包括旨在发展学生审辨式思维的"益智课堂"教学展示，如楼晗韬老师的《巧算 24 点》、龚淑华老师的《百变正方体》、周莉莎老师的《智取王位》等；还包括蒋老师对展示课的点评、对审辨式思维课堂"审—问—辨—悟"四要素的讲解、教学名师们关于思维课堂建设的研讨、工作室教师们的教学研讨、对工作室教学培训的报道以及关于工作室教师参加学术会议的报道，等等。

我很高兴看到蒋老师完成了《让儿童思维在审辨中生长》一书的写作。通过书稿，我了解到，蒋老师和她的团队已经完成了浙江省课题《小学数学审辨思维培养路径的实践研究》。课题组从审辨思维"推理四能力""内容四要素""形式四评比""场域三时空"和"梯度三层次"等多个角度，分层有序有法地开展了小学数学审辨思维培养研究。2019 年 9 月，"蒋巧君名师工作室"的阶段性成果《培养多维审辨、构建学思模型》获得了全国名师工作室联盟主办的创新成果展示一等奖。

---

① 北京语言大学教育测量研究所原所长，中国教育学会统计测量分会学术委员会副主任，中国心理学会测验专业委员会理事。

　　本书包含许多课例，包括审辨常态课、单元整合课、跨学段主题课、微课和长课。各种课型，都重视"审题小柯南""质疑小能手""解说小老师""倾听小模范""选优小达人""感悟小精灵"的培育，都努力引领学生深度理解所学知识与方法，都努力将追问指向学生心灵深处，都努力激发学生开展自主探究的热情，都致力于提升小学生审辨思维的认知能力和人格气质。

　　蒋老师在书中说："我一直坚信：知识是手段，不是目的。思维才是最有效的。"对此，我非常认同。作为一个具有心理学背景的教师，我关注"核心能力"问题的时间比较长。早在20世纪90年代，我就注意到英国政府对"核心能力"的重视，并曾专程到英国考察过其基于核心能力发展理念的"国家职业资格证书（National Vocational Qualifications，简称NVQ）"制度。① 经过20多年关于"核心能力"问题的阅读和思考，我认为，21世纪的人需要具备的最重要的核心职业胜任力有三项：第一，沟通能力，主要是书面和口头表达能力；第二，逻辑推理能力；第三，审辨式思维。

　　沟通能力的发展，主要靠语文课。逻辑推理能力的发展，主要靠数学课。包括语文、数学、物理、化学、历史、政治在内的各个学科，都需要将审辨式思维发展列入主要教学目标。数学课，应以发展学生的逻辑思维能力为主，同时，也需要注意发展学生的沟通能力和审辨式思维。

　　审辨式思维是基于逻辑推理能力之上的，就好像逻辑推理能力基于阅读理解能力之上一样。没有基本的阅读理解能力，无法谈及逻辑推理能力。同样，没有基本的逻辑推理能力，也无法谈及审辨式思维。

　　中国教育创新研究院提出的"21世纪核心素养5C模型"中，包括文化理解与传承、审辨思维、创新、沟通、合作这5个方面。文化理解与传承、创新和合作，都离不开沟通能力、逻辑推理能力和审辨式思维。

　　翻阅蒋老师的书稿，我想到数学教育家乔治·波利亚（George Polya，1887—1985）的"担心"。他说："我担心，数学在许多学生看来只是一套死板的解题法，其中一部分属于务必在期终考试前背得滚瓜烂熟，而在考后便可忘得一干二净。在某些教师眼中，数学似乎是一些严谨的证明方法……对于积极钻研的数学家来说，数学有时好像是猜想游戏……在你导出论证的细节之前，需要先猜出其论证的思路。"②

---

① 谢小庆. 英国的国家职业证书制度［J］. 出国与就业，1999（1）：14-15.
② G. 波利亚. 数学与猜想：合情推理模式［M］. 李志尧，王日爽，李心灿，译. 北京：科学出版社，2001：176.

波利亚是一位天才的数学家、教育家和哲学家，是法国科学院、美国科学院和匈牙利科学院的院士。他在概率论、组合数学、图论、几何、代数、数论、函数论、微分方程、数学物理等领域都有过重要建树。在从事数学研究和从数学角度思考哲学问题的同时，他还热衷于数学教育，撰写了大量有关数学教育的文章和书籍。当代的数学家，大多不同程度地受到他的影响。

波利亚说："聪明才智的获得往往是通过猜想游戏。在科学上，如同在日常生活中一样，我们每遇到新情况，总是从某个猜想开始。最初的猜测可能会失败，可能是错的，甚至是南辕北辙，但是，我们继续试验，并且按照成功程度或多或少地进行着修正。经过多次试验和修改，我们在观测结果的推动和类比的引导下，终于获得了比较满意的猜想……数学家创造性工作的结果是证明推理（Demonstrative Reasoning），是证明，但是，这种证明来自普乐好推理（Plausible Reasoning），来自猜想。……在数学教学中必须有猜想的位置。教育应当为发明做准备，或者说，至少应当给予有关发明的某种概念。无论在什么情况下，教育都不应该压制学生的创造萌芽……教师需要努力弄清学生可能期望什么，并引导学生进行合理的猜想。在此，我认真地向讲授各个年级数学课的教师们呼吁：让我们教猜想吧！……在有些情况下，教猜想比教证明更重要。"①

波利亚说："我认为，首先和主要的教学目标是必须教会那些年轻人去思考……这是我的一个坚定的信念。"②

在蒋老师及其团队的课例中，我看到了数学老师们与波利亚相似的信念，看到了他们对"教猜想"的重视。我看到，蒋老师不仅与学生一道进行证明推理，而且与学生一道进行普及好推理。

翻阅蒋老师的书稿，我想到法国作家、《小王子》的作者安东尼·德·圣-埃克苏佩里（Antoine de Saint – Exupéry）的一句话："如果你要造船，不要招揽人来搬木柴，不要指派任务和工作，而要教他们渴望那无边无际、广袤的大海。"③ 我想到，或许，比发展学生核心能力更重要的，是激发学生对于数学的兴趣。从本书的课例中可以看到，蒋老师及其团队不仅关注发展学生的"思考能力"，而且关注激发学生学习数学的兴趣。

近几年，我听过一些中小学的数学课，看到不少学校在积极建设"思维课

---

① G. 波利亚. 数学与猜想：合情推理模式［M］. 李志尧，王日爽，李心灿，译. 北京：科学出版社，2001：177 – 178.

② G. 波利亚. 数学的发现［M］. 刘景麟，曹之江，邹清莲，译. 北京：科学出版社，2006：280.

③ 埃克苏佩里. 一位数学家的叹息［M］. 上海：上海社会科学院出版社，2019：扉页.

堂"，倍感欣喜。但是，我也看到一些课堂上，由于教师的能力水平有限，所以一些小组活动流于形式。虽然小组讨论看起来很活跃、很火热，但讨论的问题实际上并不具有挑战性，所讨论问题的答案对于多数学生实际上是显而易见的。这样的小组活动徒有思考的形式，却并没有让学生真正地思考。对此，我是忧虑的。翻阅本书中的课例，我看到，蒋老师团队的老师们在精心引导同学们面对真正的问题，进行真正的探索，真正的质疑，真正的思考。这里，蒋老师团队的老师用自己的真思考去启发同学们展开真正的思考，用自己的梦想和激情去点燃同学们的梦想和激情。这是我希望看到的课堂，也是我希望看到的学习状态。我看到，蒋老师团队的老师们努力使每个同学都能够获得成长，努力使学习在每个同学身上真正发生。他们因势利导，通过探究性学习，发展学生的逻辑推理能力和审辨式思维。

翻阅书稿，我看到蒋老师在思考：移动互联网时代，就知识的丰富程度来讲，再好的老师也不如"百度""谷歌"，怎样保证教师未来不会被"百度"和"谷歌"所取代？像所有的老师一样，蒋老师希望自己的学生将来能够有稳定、体面的工作。但与一些老师不同的是，蒋老师想到，在科技和社会发展速度令人瞠目结舌的今天，在快速变化的21世纪，自己的学生将来可能从事的行业今天或许还未出现，今天的一些热门职业以后可能已经消失。今天的许多特定知识很快会变得陈旧，一个人拥有的再多的知识也不如一部联网智能手机的万分之一。她在思考怎样才能保证孩子在未来的职业竞争中不会败于一部智能手机或一个机器人？她想到，以往，在职场中稳操胜券的是"有知识的人"；未来，在职场中独领风骚的将是"会思考的人"，将是"有智慧的人"。

基于这些思考，蒋老师认识到，教育的任务不仅是培养"有知识的人"，更是要培养"会思考的人"和"有智慧的人"。学生在学校中不仅要学知识，更要学思维。教育的任务不仅是向学生灌输一些特定结论，更是要发展学生的思维品质、激发学生对数学的兴趣。

翻阅书稿，我由衷地为参与"审辨教学"实验的学校的孩子们感到庆幸，庆幸他们遇到了这样的好老师、好校长，庆幸他们获得了这样好的成长机会。我心中也充满了对这些孩子的期待和祝福，期待和祝福这些幼苗最终成长为栋梁之材，支撑起我们民族的未来。

作为一名长期关注教育问题的助学者，我也清楚地知道，许多孩子，还在考试的驱使之下被迫去记忆一些很容易获得也很容易忘记的特定知识。这种应试教育，不仅浪费孩子们的宝贵生命，而且败坏孩子们的学习胃口。在考试"紧箍咒"的压力下，许多教育改革的努力常常属于"戴着镣铐的舞蹈"，受到种种外部因素的制约和掣肘，教育改革所面临的严峻环境有目共睹。网上网下，我常常听到太多的抱怨、哀叹、嘲讽、发泄，我常常可以感受到无助、无奈以至绝望的情绪。翻阅书稿，我又一次看到一群负责任的老师从汹涌席卷的应试教育中挽救"小范进"们的努力，又一次看到一群不甘心中国教育沉沦的老师的卓绝奋斗。在这里，时时萦绕我心头的迷茫和低落的情绪又一次被驱散。我知道，从城市到乡村，从小学到中学，从繁华的北京、上海、武汉、杭州到偏远的县城小镇、深山草原，可以看到成千上万同样的身影。他们正在努力为中国的儿童创造更健康的发展环境，正在努力保护学生的好奇心、探索欲和质疑精神。他们在顽强坚守，他们在勇敢地突破自己的"舒适区"，他们共同在深夜和凌晨守护孤灯。中国的希望、中国的未来，就寄托在他们的坚守和突破之中。他们的努力，终将汇聚成巨大的力量冲破束缚教育健康发展的镣铐，开创中国教育发展的新局面。

我希望更多的助学者能够时时想到波利亚的这段话："一些梦想永远是梦想，但是，这些无法达到的理想可以对人产生影响，没有人曾经到达北斗星，但对北斗星的仰望帮助许多人找到了正确的道路。"①

新年新气象，2021年开年，教育改革领域就传来好消息：经教育部批准，清华大学自2021年起开展"丘成桐数学科学领军人才培养计划"，招收具有突出数学潜质及特长的中学生，从本科连续培养至博士研究生阶段，致力于培养未来数学及相关领域的领军人才。该计划每年招生规模不超过100人，报考者无须参加高考，由学校参照保送生录取方式单独进行投档录取。该计划主要招收高一、高二学生，初三和高三学生亦可申请。

"坐而论不如起而行"，清华大学已经开始行动。我们可以期待，将会有更多的学校跟进。我们有理由期待，创新型人才培养方面的体制和社会文化羁绊将一步步被清除，教育改革的大环境将越来越好。

热烈祝贺《让儿童思维在审辨中生长》一书出版，希望这本书能为一线教师们带来启发，带来鼓舞。祝愿蒋巧君老师率领的教学团队不断取得新的成果。

谢小庆
2022年1月于北京

---

① G. 波利亚. 数学的发现［M］. 刘景麟，曹之江，邹清莲，译. 北京：科学出版社，2006：序言6.

目 录
CONTENTS

第一章

我的儿童数学思维观——审辨中生长思维

第一节 审辨思维的作用与时代需求

恩格斯说，教育的首要目标永远是独立思考和判断。

心理学家朱智贤和北京师范大学教授林崇德认为，审辨思维是指思维活动中善于严格估计思维材料和精细检查思维过程的智力品质，是思维过程中独立分析和批判的程度，应作为问题解决和创造性思维的一个组成部分。审辨思维相当于布鲁姆教学目标理论中的"分析、评价和创造"高级认知。

发展学生高阶认知能力是高质量教学的应有之义，而审辨思维是高阶认知能力的典范，也是当前教学改革中强调的一种核心素养，还被看作创造型人格的内核。因为审辨思维始于质疑，归于反思，包括质疑批判、分析论证、综合生成、反思评价四个要素，是一个循环往复、螺旋上升的过程。

我们工作室经过3年多的审辨式教学实践研究表明：

（1）少年儿童能"用审辨的意识去交流"，锻炼反应能力。

审辨式课堂教学上，我们有意识地进行"审题小柯南""解说小老师""倾听小模范""质疑小能手""感悟小精灵"的评比，在期末进行校级评比并大力表彰。由此，小学生逐渐形成了审辨思维的意识。

某学生直率地说："课堂中，同学们之间互相解说、倾听、质疑、争辩、补充，可以增加同学们的反应能力，可以锻炼同学们的查漏补缺能力，可以呈现一题多解并优化现象。在这个交流、思辨、碰撞过程中，同学们的开心、快乐、惊喜、惊讶、伤心都能充分体现出来，能让同学们过上一个难忘的快乐童年。"

（2）少年儿童能"用自己的心灵去感悟"，体会当解说小老师的作用。

某实验学校五年级某同学在审辨课堂中积极争当解说小老师。笔者采用个别访谈的方式访问他："为什么要争当解说小老师？"他认为："当解说小老师好处多多，不仅可以提高我的语言组织能力，还可以让别人验证我的方法是否正确、简洁，可以提高自己的自信心，做同学们的好榜样。更重要的是，如果我的方法与众不同，可以很好地促使我反思自己的优势或不足，提高自身思考力，还可以完善同学们的思路。因此，我们上课积极举手，争做解说小老师。"

（3）少年儿童能"用自己的语言去提问"，增强提问意识和能力。

统计每堂课学生的提问数量，也会发现有较为明显的变化（图 1 – 1）。

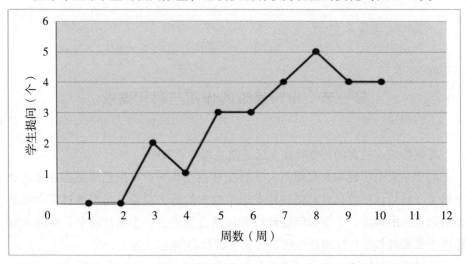

图 1 – 1　学生提问数量统计图

（4）少年儿童能"用自己的思维去创新"，创造性地提出自己的独特见解。

部分学生使用独创方法解决判断推理问题。如让没有学过百分数应用的五年级学生阅读一道国际学生评估项目（PISA）检测题，结果学生根据自己的理解用独到的方法进行判断推理，解决了这道 PISA 检测题。

表 1 – 1　视频和音频播放器送检情况统计表

	共有视频的张数	送去维修的次品情况
视频播放器	2000 张	每 100 件中有 5 件次品
音频播放器	6000 张	每 100 件中有 3 件次品

有一位检测员提出以下看法："平均看来，每天送去维修的视频播放器数量要比送去维修的音频播放器数量多。"请根据表 1 – 1 判断这位检测员的看法是否正确，写出数学论证过程来支持你的答案。

某学生非常有个性的回答，视频和音频播放器的总数不一样，视频播放器

2000 张＝20×100，音频播放器 6000 张＝60×100，根据条件推出：视频播放器次品是 20×5＝100（张），音频播放器次品是 60×3＝180（张），所以视频播放器次品 100 张＜音频播放器次品 180 张，检测员的看法是错误的。

21 世纪人才所需的 5C 核心素养是指"文化理解与传承、沟通、合作、审辨思维、创新"。新时代需要审辨思维的人才。作为"21 世纪核心素养 5C 模型"之一的审辨思维，正好为少年儿童的学习提供了教学方向与实施框架。作为一种反思性思维，它的本质特征为：大胆质疑，审慎思考，严密论证，开放包容。这种审辨思维既是一种能力，又是一种素养。审辨思维观念下的小学教学，可以使少年儿童实现深度学习，可以体会自己独到的见解。

第二节　让儿童的思维在审辨中生长

近年来"可见思维"教学风靡全国，但很多教师只会进行并停滞于"可见思维"。根据少年儿童思维发展特点，应该借助"可见思维"进行抽象逻辑思维的培养，因为掌握比较完善的逻辑推理能力是儿童智力发展的重要环节和主要标志。

为了短时间内取得较好的应试能力，许多教师会把策略性思维任务通过"刷题"下降到记忆。如果遵循学生认知规律，小学四、五年级间就有一个抽象逻辑思维发展的加速期，并且四年级是思维独创性发展的一个转折点。

但许多教师的教学现状堪忧：没有很好地遵循学生认知规律充分开发儿童的审辨思维能力。目前，有很多少年儿童的思维缺乏批判性，年龄越小的儿童越明显。他们常常不根据客观情况的变化，盲目按照教师所说的每一句话去做，以教师的言语作为衡量事物对错的唯一标准。这一方面要求教师的言行要慎重，时刻考虑如何做有利于小学生身心健康发展；另一方面，也向教师提出了新的课题，如何使学生逐步克服这种盲目性，而多一些批判性和理性思考。

2017 年颁布的《普通高中课程标准》将审辨思维培养作为重要的课程目标，并要求在高中各学科教材修订和教学实践中落实审辨思维的培养。近年来，一些中学教师进行了"审辨式思维课堂"改革。在 2019 年 4 月，光明日报出版社出版发行了《审辨式思维：创生激荡心灵的课堂》。该书强调各学科在教学过程中应该培养学生具有这些优秀的思维品质：培养学生的思维独立，思维主动，思维勤奋，思维顽强。有个别小学也开展了审辨式教学研讨。但是，目前在小学数学教学改革中，尚未形成系统的"小学数学审辨思维培养的实践研究"。

我国的小学数学课堂对于培养小学生的审辨思维能力仍然缺乏一定的重视，这就需要教师转变教学方法，加强对小学生审辨思维能力的培养，以便充分发挥学生的潜能。

综上所述：今天，迫切需要改变"科学真理"这种陈旧的学习方式，不应再简单地向学生灌输特定的结论，而应小心翼翼地呵护学生学习的好奇心，应鼓励学生持有怀疑精神，应努力保护和激发学生的创造力，倡导研究性学习，倡导审辨式论证，重视发展学生的审辨式思维能力，从而使学习成为一个探索和发现的过程，而不仅仅是一个记忆和拷贝的过程。

经过这几年的实践，我们工作室成员深刻体会到审辨思维会让学生的学习成为一个探索和发现的过程，学生在长期的审辨中不断生长思维，思维的品质得到发展，思考问题的方式与角度也产生了改变。这就是我们想要学生通过数学课所得到的收获。数学的学习不仅仅是知识的学习，更是解决问题的方法、思考问题方式的改变，而审辨，则是这一系列变化的催化剂，是学生思维生长的催化剂。如工作室成员何春艳老师以"分数的再认识"为例，翔实地记录了学生在审辨中探索与发现的全过程。

审辨思维让学习成为一个探索和发现的过程
——以"分数的再认识"为例
何春艳

传统课堂强调知识的传授，认为教师传授的知识越多，学生获取的知识越多，课堂教学效益就越高。我们应该更关注教学内容的内涵和本质，关注教学过程中学生对问题的审辨式理解与表达。不仅要让学生学习数学知识，更要注重培养学生的数学品质、严谨的科学态度、数学"冲动"的意识、数学方法的相通性、替代的数学思想、专注学习的能力等审辨思维。让学生学会用审辨思维去学习，学会质疑，"授之以渔"而不是"授之以鱼"。本文以"分数的再认识"为例，不仅要讲清概念——"分数是什么"，更要说明"为什么"。

一、从分数的产生认识分数

本节课引领学生体验分数的产生过程。分数是基于日常生活实际需要产生的，在进行测量、分物或计算时，往往不能正好得到整数的结果，这时常用分数表示。

师：（展示课件）用"1"来表述。

生：1个圆、1米、1把香蕉、一堆糖。

师：仔细看大屏幕，我们再来看看，1个圆、1米、1把香蕉、一堆糖都可以用自然数 1 来表示，这个 1 在数学上有个专有名词叫单位"1"或整体"1"（一段路程、一项工程、一筐苹果、一本书、一段时间等都可以看作整体"1"）。

二、从度量结果来认识分数的意义

从单位"1"的认识来认识分数单位，再把分数单位作为学生认识的另一个起点，重新构建对分数的认识。分数墙的构建过程中，从分数单位 $\frac{1}{2}$，$\frac{1}{3}$，$\frac{1}{4}$ 到 $\frac{1}{n}$，学生也学会了用更多元、更丰富的角度来客观地认识分数。就这样，利用分数单位，通过度量，充分地理解分数的意义，很好地构建起分数认识的一个回路。

（一）解决问题，感受分数的产生过程

师：今天我们就来研究分数的意义，同学们想提什么问题？

生：分数是什么？

师：我们要弄清楚分数的意义，就必须弄清楚分数是怎么来的。你们三年级学过分数吧，谁来说说分数是怎么来的？

（学生自由回答，教师总结）

师：分数是通过分东西产生的。其实分数的产生不仅仅是从分物来的，它还和测量有关。

（课件展示：人类历史上最早产生的数是自然数，此后在度量和平均分割时往往不能正好得到整数的结果，这样就产生了分数。测量物体时往往会得到不是整数的数，古人就发明了分数来补充整数）

（二）师生共同用树枝量黑板长度

师：现在有个时光穿梭机，回到古代。这时候我们已经是古人了。

师：现在呢，老师想请你们这些古人以我这根树枝的长度为测量标准来测量黑板的长度。

师：你们预测一下将会遇到什么情况？

（生预测）

师：你们这些预测都是对的吗？你们可能刚好量完，也可能量着量着没有量完。

师：你们开始测量吧！树枝无法量完黑板的时候怎么办呢？是不是有这样的可能呢？

师：聪明的原始人有办法，你有什么办法？你准备怎么处理这根木棒？

生：折断。

师：原始人像你们一样聪明，会把这根树枝折断。但折的时候不能乱折，我们应该怎么分？

生：平均分。

（师板书：平均分）

师：文明的原始人就是把树枝平均分成小一段再进行测量的。小一段成了新的测量标准，再进行测量。

（三）产生新的度量标准，也就是分数单位

（师拿起一根树枝）

师：这是什么？

生：这是一根树枝，也可以看作单位"1"。

师：把单位"1"平均分成4份，每份就是？

生：$\frac{1}{4}$。

师：好，这个时候我们就已经开始了平均分，这个$\frac{1}{4}$是怎么得来的呢？

生：把单位"1"平均分成4份，每份就是$\frac{1}{4}$。

师：说得太好了，现在这个$\frac{1}{4}$这么长，我们以这个$\frac{1}{4}$作为新的测量标准，然后去测量。

师：下面有这样一条线段，请问是四分之几？

生：$\frac{3}{4}$。

师：（展示课件）一起说1个$\frac{1}{4}$，2个$\frac{1}{4}$，3个$\frac{1}{4}$，也就是$\frac{3}{4}$。

（量了3次，刚好量完）

师：好极了，我还是以上面的$\frac{1}{4}$为测量标准，下面这条线段，请同学们目测一下有多长？好，一起数1个$\frac{1}{4}$，2个$\frac{1}{4}$，3个$\frac{1}{4}$，4个$\frac{1}{4}$，也就是$\frac{4}{4}$。$\frac{4}{4}$，也就是刚刚的"1"。$\frac{1}{4}$作为新的测量标准，也就是新的分数单位。还是以它为分数单位。（板书：分数单位）

师：继续——

生：$\frac{5}{4}$，5个$\frac{1}{4}$就是$\frac{5}{4}$。

师：屏幕上出现了 $\frac{3}{4}$，$\frac{4}{4}$，$\frac{5}{4}$ 三个分数。想一想这几个分数是怎么来的？

生：都是用 $\frac{1}{4}$ 量出来的。

师：也就是把单位"1"平均分成 4 份，取其中的一份就是 $\frac{1}{4}$，出现了新的测量标准。这个新的测量标准就是"分数单位"了。用这个分数单位再去测量（板书：测量），量了 3 次得到哪个分数？量了 4 次得到什么分数？量了 5 次又得到什么分数？量 8 次呢？测的结果就是分数。这就是分数产生的过程了。分数实际上是测量和计数的完美结合，看似在测量，实际上这里有计数。

（四）课件呈现分数墙（感知分数的计量作用和分数的意义）

师：看单位"1"，把单位"1"平均分成 2 份，每一份就是 $\frac{1}{2}$。$\frac{1}{2}$ 就可以作为新的测量标准去量，量了 3 次是多少？量 5 次呢？

生：量 3 次是 $\frac{3}{2}$，量 5 次是 $\frac{5}{2}$。

师：还是单位"1"，把单位"1"平均分成 3 份，每份就是 $\frac{1}{3}$。好，这个 $\frac{1}{3}$ 就是新的测量标准也就是分数单位。量 4 次，你们猜得到了什么分数？

生：$\frac{4}{3}$。

师：还是这个单位"1"，把它平均分成 4 份，每份就是 $\frac{1}{4}$，这个 $\frac{1}{4}$ 就可以作为新的测量标准去计数，也就是分数单位。好，量 9 次，就可以得到什么分数？

生：$\frac{9}{4}$。

师：接下去继续把单位"1"平均分成 5 份，每份就是 $\frac{1}{5}$，这个 $\frac{1}{5}$ 就是新的测量标准，它的分数单位就是 $\frac{1}{5}$。一直往下分，写得完吗？

生：写不完。

师：此刻，同学们面前就是一面美丽的分数墙（图 1-2）。这面墙当中蕴藏着丰富的数学信息。分数的加减乘除都蕴藏在里面，比如，$\frac{1}{2} + \frac{1}{2} = 1$，但是我们今天不研究这个。看到这个分数墙，同学们有其他发现吗？看懂什么了吗？

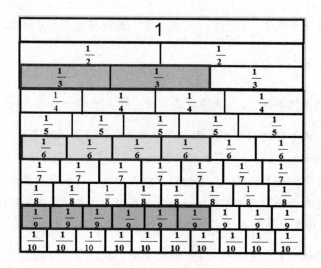

图1-2　分数墙

生1：分母越来越小。

生2：把"1"平均分得份数越多，一份就越少。

生3：它们的和永远是一样的。

师：昨天我在其他班上课的时候，有个孩子说数学上的1比孙悟空厉害多了，孙悟空有72变，数学上的1有无穷的变化。这个分数墙告诉我们好多内容，我们越学到后面越能发现它的妙处。

师：这幅图中还蕴藏着重要的内涵。（课件呈现 $\frac{2}{3}$）涂色部分是几分之几？它是怎么来的呢？我们回想一下这个过程。

师：把单位"1"平均分成3份，表示这样2份的数就是 $\frac{2}{3}$。这就是分数 $\frac{2}{3}$ 的真正意义。

师：$\frac{4}{6}$ 是什么意思？同桌之间互相说一说。

师：同学们猜我接下来会出哪个数？（课件呈现 $\frac{6}{9}$）$\frac{6}{9}$ 是什么意思？同学们能说说我为什么会选 $\frac{6}{9}$ 吗？依据是什么呢？

师：仔细观察这三个分数——$\frac{2}{3}$，$\frac{4}{6}$，$\frac{6}{9}$，有什么发现？

生：这三个分数的大小是一样的。

师：虽然他们大小一样，意义一样吗？$\frac{2}{3}$是把单位"1"平均分成3份，涂其中的2份。$\frac{4}{6}$呢？$\frac{6}{9}$呢？

生：$\frac{4}{6}$是把单位"1"平均分成6份，$\frac{6}{9}$是把单位"1"平均分成9份。

师：所以他们大小相等，意义不同。

师：下面还有和这3个分数相等的分数吗？刚才说单位"1"比孙悟空厉害，实际上$\frac{2}{3}$是不是也比孙悟空厉害？它也有无穷的变化。

师：像这样，把单位"1"平均分成若干份，表示这样的一份或几份的数叫作分数，这就是分数的意义。

三、认识分数的绝对性与相对性

整个小学阶段，学生对于数的认识是从自然数到小数、分数延伸发展，由原来的绝对数值向相对数值拓展。从认识表示数量与顺序的绝对值到认识表示相对数值的分数，相对于自然数而言，无疑是一次数的认识的质的飞跃。在课堂中创设情境，可以引导学生一起较好地探讨分数的绝对性与相对性问题。

活动：将每幅图的$\frac{2}{3}$涂上颜色，并说说涂色的花各有几枝（图1-3）。

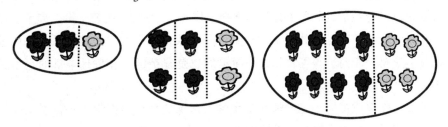

图1-3　给花涂色题目

想一想：同样都是$\frac{2}{3}$，为什么花的枝数会不同呢？

课堂上设计了多个情境来引领学生认识分数的相对性，如"给不同的图（3朵花、6朵花、9朵花）的$\frac{2}{3}$涂色，说说涂色的花各有几朵"，并讨论"为什么都是$\frac{2}{3}$，但是每幅图里涂色的花朵的数量是不一样的"。

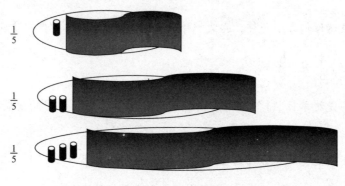

$\dfrac{1}{5}$

$\dfrac{1}{5}$

$\dfrac{1}{5}$

图 1 – 4　3 幅与 $\dfrac{1}{5}$ 对应的图片

再如呈现 3 幅与 $\dfrac{1}{5}$ 对应的图片（图 1 – 4），来讨论单位"1"的数量不相等。在学生解决这些问题的过程中，相信他们也能较好地认识到分数的相对性；同一个分数因单位"1"的不同所代表的数量多少也会有所不同。当然，同一事物因相对的单位"1"不同也需要用不同的分数表示。分数的相对性这一非常抽象的本质特征也随着问题的解决逐步被学生深刻地认识与理解。

相信通过这节课的学习，学生学会了换个角度看分数。用审辨思维去学习的分数依然是曾经学过的那个分数，即把单位"1"平均分成若干份，表示这样的一份或几份的数就是分数。学生还知道了分数是两个数之间的关系，是度量的结果，它是一个商，等等。分数是简单的也是复杂的，分数是丰富的也是灵动的。

又如工作室成员何小龙老师在学生学习新课之后，根据学生实际学情需求实施精准引导，让更多的学生适性发展。

辩出明白

——"0 除以任何数都得 0"错误的原因

何小龙

作业中有这样一道判断题，即 0 除以任何数都得 0，对吗？

首先，"0 除以任何数都得 0"这句话显然是错的，因为在除法算式中，除数不能为 0。其次，三年级的学生在《0 × 5 = ?》这节课中已经知道了"0 乘任何数都得 0""0 加任何数都得原数"，"0 除以不是 0 的数都得 0"会在三年级下册《猴子的烦恼》一课中学习。

既然作业中出现了这样的问题，是避而不谈还是面对呢？如果面对，是直接告诉学生"除数不能为0"还是探究为什么除数不能为0呢？我选择了后者，下面是我们的探究过程。

板书两组算式，一组是被除数为0的除法算式，如0÷5，0÷8；一组是除数为0的算式，如5÷0，8÷0。

一审：被除数为0，除数不为0时，商等于几？

师：0÷5可能会等于几？

生1：可能等于5。

生2：可能等于0，因为0乘任何数都等于0，所以0除以任何数也等于0。

师：到底等于几呢？我想请计算器来解答。

利用计算器，慢慢地按出0÷5的过程，通过投影学生看到0÷5的结果为0。

师：把0平均分成5份，结果当然还是等于0。那0÷8等于几呢？

学生异口同声地说等于0。

思考：基于学生的经验，这个环节我先让学生猜测被除数为0，除数不为0时，商可能等于几，后利用计算器这样的"权威"直观展示出被除数为0，除数不为0时，商是等于0的。通过这样的过程，了解了学生的不确信经验，为后面研究除数不能为0做好铺垫。

二辨：被除数不为0，除数为0时，商等于几？

师：5÷0可能会等于几？

生1：应该还是等于0。

生2：可能等于5。

师：到底哪个是对的，我们还是请计算器来帮忙。

再次利用计算器，慢慢地按出5÷0的过程，通过投影学生看到5÷0的结果为错误。

师：为什么会显示错误？是不是我按错了？还是这个错误有特殊的意义？

生1：不是按错了，是指5÷0这个算式是错的。

生2：既然是错的，说明5÷0这样的算式不成立。

师：为什么5÷0这样的算式会不成立呢？

生：如果5÷0=5，我们知道被除数=商×除数，5÷0=5这个算式中的商乘除数是等于0的，不等于5。如果5÷0=0，商乘除数也是等于0的，不等于5，所以5÷0是得不到结果的，既然得不到结果，这样的算式就不成立了。

师：商不等于5或0，就能说明没有结果了吗？

生：不管商是几，商乘除数都等于 0，不等于 5，所以这个算式不可能成立。

师：8÷0 会等于几呢？

学生异口同声地说这个算式是错误的。

师：通过前面两组算式，你们觉得 0 不能做……

生：0 不能为除数，如果 0 为除数，这个算式的结果就是错误的。

（师板书：0 不能为除数）

思考：在被除数为 0 与除数为 0 的思维碰撞中，让学生再次经历猜想与验证的过程。利用计算器验证出 5÷0 的结果为错误，还追问了"为什么 5÷0 这样的算式会不成立"，使学生明白其中的原理。

三辨：被除数和除数都为 0 时，商等于几？

师：0÷0 又会等于几呢？

生1：应该等于 1，因为 2÷2=1，3÷3=1，所以 0÷0=1。

生2：我也觉得等于 1，0÷0 表示 0 里面有几个 0，0 里面有一个 0，所以等于 1。

生3：我觉得任何数都可以，根据被除数等于商乘除数，商不管等于几，除数如果是 0，那么商乘除数都等于 0，算式成立。

生4：前面说除数不能为 0，所以这个算式还是不成立，如果要算的话显示是错误的。

师：以上几种说法，到底哪一种是对的呢？如果是错的，你会怎么来解释？

生1：第一位和第二位同学的是错的，0 表示没有，那没有里面怎么会有 1 个 0 呢？

生2：我觉得第三位同学说的 0÷0=0 是没有意义的，比如，0 个苹果，平均分给 0 个人，这样的问题没有意义啊！

师：同学们通过除法意义和生活中的意义来反驳了前三位同学的观点，到底 0÷0 等于几呢，我们还是请计算器来帮忙。利用计算器，慢慢地按出 0÷0 的过程，通过投影学生看到 0÷0 的结果为错误。

师：结果还是错误，为什么会显示错误呢？就像前面同学说的，0÷0 在解决生活问题时没有意义，所以 0÷0 的结果也没有意义。

师：现在你觉得"0 除以任何数都得 0"这句话对吗？

生：错的，除数不能为 0，如果除数等于 0，计算的结果是错误的。

思考：当提出"0÷0 的商是多少"这个问题时，学生提出了多种观点，有的从除法意义的角度出发、有的从前面被除数为 0 和除数为 0 时发现的规律进行猜想，学生在辩证环节中，逐步明晰对错，理解了除数不能为 0 的道理。

在整个教学活动中，学生在何小龙老师的引导下，不断地经历猜想、验证、思辨的过程。对除法算式中"被除数、除数中一个为 0 时，商是多少"的问题进行了深入的思考，明白了除数为 0 时的商是错误的。

第二章

我的儿童数学教学观——审辨中学会思考

第一节 培养多维审辨 构建学思模型

笔者及其团队首先着力培养具有审辨思维素养的新生代教师。我们在浙江省蒋巧君名师工作室平台开辟了专栏《审辨台》，让教师们根据教学中的疑难问题展开审辨，如工作室成员东阳市的杜黎明老师有感而发的文章之《一道题引发的一场头脑风暴》，激活了教师的审辨思维。

一道题引发的一场头脑风暴
杜黎明

随着通信技术的不断发展，教学探讨活动的方式也多元化起来。当我们遇到不懂的、不会的、不明白的问题时，首先想到的就是求助互联网。

在"蒋巧君名师工作室"的微信群里，永康的朱老师发来了一张图片（图2-1），随图而至的是一条求助信息："请各位帮忙解读一下第一题的意图！"

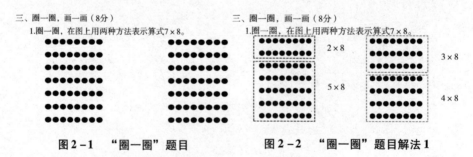

图2-1 "圈一圈"题目   图2-2 "圈一圈"题目解法1

许久之后来自温州的南老师答复了一句：横着圈，圈7行表示7个8；竖着圈，圈8列表示8个7。

求助者表示得到了满意的答复。原以为这个话题会就此打住，毕竟这样的情景在蒋老师工作室这个群里会时常上演。

大概这道题是试卷中的一个题目，过了两天，朱老师又发来一张图片（图2-2），当然还有这位老师的第二次求助信息："为什么我觉得这种思路也是对的呢？请各位帮忙理一下。"这个话题显然更有挑战性，群内的各种思维都被激活了。现摘录主要观点如下。

胡老师：我也是这么想的。这道题的意图应该是这样的。

何老师：我觉得这种题目应该关注乘法的意义，如果学生能体现7个8或8个7，就值得肯定。

此时永康的朱老师又发来一种学生答案（图2-3）。

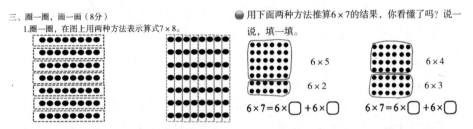

三、圈一圈，画一画（8分）
　1.圈一圈，在图上用两种方法表示算式7×8。

●用下面两种方法推算6×7的结果，你看懂了吗？说一说，填一填。

6×5
6×2
$6 \times 7 = 6 \times \square + 6 \times \square$

6×4
6×3
$6 \times 7 = 6 \times \square + 6 \times \square$

图2-3　"圈一圈"题目解法2　　　图2-4　"圈一圈"题目解法3

何老师：都对。

（原来作壁上观的我，此时也加入了讨论）我：可以从乘法分配律的角度思考，几个8加几个8，或是几个7加几个7。

（我之所以如此答复，是因为出现了图2-3这种"老师说不能空题"的应付式答案）

朱老师：图2-3具有指向意义，图2-2偏向推理。推理是理解的深入，那就都对吧。

何老师：对，理解意义即可。

徐老师：不管是哪一种，最根本的还是7个8或是8个7相加，只不过，还可以从和的角度思考。

此时我们的导师蒋老师适时地进行了评价：审辨得好！

卷入这场风暴的老师更多了，微信群变得异常热闹。

何老师：几个8应该是最直观的意义，不过思维最浅。

我：图2-3我不太赞同，我偏向于图2-2。

何老师：我们教乘法时，就是这么理解意义的（指图2-3）。到7的乘法口诀就有推理了，但是有算式铺垫（教材截图，图2-4）。

陈老师：个人觉得题意应该是推理。

何老师：我个人认为，都是对的，只是后面我们应该多引导学生用图2-2

的方法，提升数学思维，也为后面的研究做好铺垫。

何老师的话也为本次审辨式网络答疑活动画上了一个句号。面对这样的题目，我们老师要做的是什么呢？首先充分解读出题人的意图，这种意图有时候就是教材编者的意图，那就是返回教材认真研读。其次就是认真地去读懂学生，尤其是读懂不同层次的学生（图 2-2 与图 2-3 两种不同的答案，实际上就是学生的两种不同思维层次），肯定他们、引导他们、提升他们。

然而令我没想到的是，审辨活动居然还在继续。

第二天，乐清的翁老师又在群里发了一段话：按照我们人教版教材编排的情况来看这道题，学生对于理解"$2 \times 8 + 5 \times 8$"这样的表达式是有一定困难的（主要在于乘法和加法的四则运算不认可），个人觉得给我们的教学启示是，所有学生都要学会图 2-3 的方法（下要保底），然后引导学生去理解图 2-2 和相应的变式，注重图、语言、意义的沟通，忽略算式表征（上不封顶）。

翁老师的这段话实际上也是为那位第一天提问的、来自温州的南老师的发言做了一个注解，在人教版教材中，学生对题目的理解局限在 7 个 8 或是 8 个 7 即可。由一道题的解读到对教材的理解，审辨的思路更宽了。但从翁老师的答复来看，他对北师大版教材也有所了解，但解决这个问题依然是在人教版的框架之下进行的，于是我又发了下面这段话：

北师大版教材在学习乘法口诀的时候，已经引入"2 个 8 + 5 个 8 = 7 个 8"这样的表述，只不过没有出现乘法分配律。北师大版教材是作为一种学生记忆乘法口诀的方法来介绍的。七八等于多少不知道（或是忘记了），你可以怎么想？我已经知道了五八四十，也知道了二八十六，5 个 8 + 2 个 8 = 7 个 8，所以 $7 \times 8 = 40（5 \times 8）+ 16（2 \times 8）= 56$，也就是"七八五十六"。

朱老师所使用的教材是北师大版的，因此从学生解题的角度来看，肯定不能只局限在图 2-3 的方法中，学生应当熟练掌握图 2-2 的方法。这就是北师大版与人教版在这一内容编排上的区别。教材有差异，学生的达成度也应当有区别。

翁老师：从这点可以看出北师大版这块内容的编排比人教版更利于学生四年级对乘法分配律的学习和对乘法意义的深入理解。

我：上《乘法分配律》这节课的时候，我就带着学生一起回顾了教材中曾经出现过的乘法分配律。

翁老师：我们教乘法分配律时是让学生用面积模型、生活意义模型和乘法意义模型等不同表征去建构，但是如果老师没有在前面提前渗透相关知识的话，学生对于乘法意义的理解还是需要自己跨出一步的。从教学效果来看，学生还是可以自我建构，跳过来的。但是教材的编写里面没有明确凸显出这样的表述。个人觉得在二年级就可以渗透这些知识了。

乘法分配律显然是运算律教学中的一个难点，翁老师对这个问题也有颇为深入的思考，并进行了实践。

我：所以需要老师通盘考虑、提前渗透，做好知识上的储备，这样有利于学生"跳一跳摘桃子"。乘法口诀学习、乘法口（笔）算当中都可以进行乘法分配律的提前渗透。

翁老师：是的，但我们教材没有编写这一点，很多新老师如果就照教材上课，学生是缺失这一块的。总的来说，人教版教材编写过于简单，不够细致，不利于学，很大程度上要依靠老师个人的理解。

对于翁老师这个对"人教版"教材的总体评价给了我们一个启示：教材是螺旋上升编排的，那么老师就要有一个通盘考虑的"大局"意识，把知识点融会贯通，提前布局，及早渗透。

从解决一道题目开始的这场审辨，终于在蒋老师"意义理解是教学的本质"的总结性陈词中徐徐拉下了帷幕。

这场审辨从一道题目的解决开始，参与探讨的老师不断呈现自己的观点，并试图在对教材的解读中寻找理论依据，因此把审辨的焦点集中在对教材的解读中。当然这次网络教学研讨最精彩的部分应该是教材的对比解读，以及对不同教材话语体系下教师教学行为差异的尝试解读。

审问之，明辨之。或许这便是教研之乐！

如果一个教师能经常进行思辨并且善于思辨，那么就容易发现问题，容易找到创新点，也就能促进专业化水平的自主发展。原因有以下三点。

一、善于思辨已有认知，能自主完善认知结构

人们大脑中建构的已有认知不一定都与客观事实、客观规律相吻合。因此，建构不等于意义建构，建构分为意义建构和不良建构。意义建构所指的"意义"是人们公认的事物的性质、规律以及事物之间的内在联系，也就是被认为与客观规律一致的内容。而不良建构是指个人所建构的对事物的理解是其他人不能接受的。

如果善于思辨已有的认知结构，能使意义建构的部分更加清晰牢固，能对不良建构的部分加以否定，使已有认知结构得以发展，从而自主完善认知结构。如果一个人无法辨析自己已建构的认知思考的真与假、对与错，那么，其已有

的认知结构将停滞不前。

二、善于思辨书本知识，能发现问题改革创新

数学的书本知识虽然通过了权威机构的审定，但它不一定是对现实的准确表征，它只是一种较为可靠的假设。那么，从另一个角度去思考，数学的书本知识肯定存在着不可靠假设的可能。

善于思辨书本知识，能发现书本中不尽如人意的假设。如边到底是射线还是线段？面对自相矛盾的课本知识，笔者对教材进行了创造性改编，写成论文发表在数学专业刊物上，目的是使自己的看法及时得到数学权威共同体的注意或接受，既能使教材中不再出现这种自相矛盾的课本知识，也能体现个人思辨后的成果价值。

新课程改革倡导"用教材教"而不是"教教材"，其实质就是要求教师善于思辨，区分对与错、合适与不合适等。在"用教材教"的过程中，善于发现问题、解决问题，提高改革创新的能力。教师只有做到这一点，才能培养出善于思辨、开拓创新的学生。

三、善于思辨名人言行，能挑战权威自主发展

纵观数学历史，不难发现，有许多具有较强改革创新能力的数学天才，因为顾及自己的声誉，惧怕名人的权威，而放弃了体现自己人生价值的机会，同时也影响了数学的发展。如数学王子高斯有能力发现非欧几何，却没有胆量公开自己的发现。这一数学历史事件说明：一个人如果有发现问题、解决问题的能力，但是不具备向权威挑战的精神，也是不能体现其应有的价值的。

因此，教师要善于思辨名人言行，勇于挑战权威，勇于发表自己独特的见解，但是要特别注意：这样做，对事不对人。

教师只有勇于发表自己的见解，才会成为自己的主人，否则，将会成为别人的傀儡。

总之，善于思辨，能有力促使教师在专业认知结构、改革创新能力和勇于挑战精神这三个方面自主发展。如近年来笔者喜欢不断对教育教学中的各种现象进行思辨，在理论与实践之间上下而求索，相继在数学专业期刊上发表了《学生为什么听不懂老师的话》《走出建构数学教学的误区》等思辨性很强的文章。

孔子说：学而不思则罔。学习是走近先哲，思辨是站在先哲的肩膀上，善于思辨是敢质疑先哲的思想提升自己。所以，思辨是提升教师专业化水平的有

效途径。

在思辨中自我完善，在思辨中自我提升，在思辨中自我发展。在审辨教学过程中，期待每一个教师去思辨，期待每一个教师专业化水平日新月异。

根据小学生审辨思维的发展特点，笔者及团队从审辨思维"推理四能力""形式四评比""梯度三层次""场域三时空""内容四要素"五个方面，分层、有序、有法地开展小学数学审辨思维培养，提升小学学生审辨思维的认知能力和人格气质，逐渐形成了"四肢舒展""头脑发达"的"学思模型"（图2－5）。

要提升小学生数学学力水平，目标是要提升学生的量化推理能力。为了达到这个目标，我们通过审辨思维这一思维方式提升思维过程中思维的含金量，审辨课堂教学通过形式四评比激励学生不断发展审辨思维内容四要素，为了让审辨思维更加持久、稳定地发展，我们加强场域三时空和梯度三层次的构建，让学生迈开有力的双腿走得更稳更远。"学思模型"多维度培养学生质疑批判、分析论证、综合生成、反思评价的意识、方法、能力和习惯，使其成为"四肢舒展""头脑发达"的健康可持续的"人"。

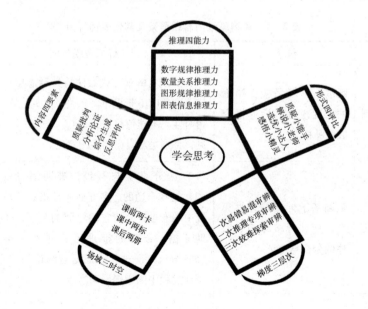

图2－5　学思模型

经过笔者及工作室成员3年多的实践、总结、提炼，"学思模型"成果已初步显现。

（一）构建了审辨思维内容四要素的课堂，着力培养学生的审辨思维能力

一个具有审辨思维的个体，在面对不同情境时，不但能够不懈质疑、理性分析、不断反思，得出合理结论或提出有效解决方案，而且能慎重考虑他人观点，尊重他人挑战自己观点的权利。审辨思维内容四要素包括质疑批判、分析论证、综合生成和反思评价。审辨思维内容四要素既各有侧重，又相互关联。从思维倾向的角度来看，质疑批判始于对信息和观点的批判质疑，最后又回归到对意见的包容理解，倾向于从多角度考虑问题；从思维过程的角度来看，分析论证侧重于将研究对象分为几个部分，分别加以考察，并借助证据进行推理；综合生成侧重于对各个部分或属性取舍权衡、整合统一，做出决策、产生解决方案；反思评价则贯穿质疑批判、分析论证、综合生成的全过程，并对其进行监控和调节，使思维更加理性、审慎。为了更加清晰地呈现审辨思维内容四要素，我们参考了马利红等专家撰写的《审辨思维：21 世纪核心素养 5C 模型之二》中关于审辨思维的简要描述，表 2 – 1 列举了不同要素的代表性行为表现。我们以此为培养学生审辨思维的行为标准，试图逐渐提升学生的审辨能力。

表 2 – 1　审辨思维内容四要素及其代表性行为

要素	描述	行为表现举例
质疑批判	既包括不轻易接受结论的态度，也包括追根究底的品格。	（1）对既有的观点或做法持怀疑态度；（2）能从不同角度不断提出新问题；（3）坚守真理的相对性，不迷信权威；（4）考虑并包容不同意见，特别是与自己相左的意见。
分析论证	强调基于证据的理性思考，能进行多角度、有序的分析与论证。	（1）区分事实与假设，辨别信息的真伪；（2）选择合适的、多方面的证据；（3）识别系统中的变量，分析它们之间的关系；（4）能借助证据、合理的推理形式进行有效论证；（5）分析论证过程或证据与结论的关系，发现论证过程中的逻辑漏洞。
综合生成	在分析论证的基础上继续将系统整合与重构，形成观点、策略、产品或其他新成果的过程。	（1）综合不同角度的分析论证得出结论；（2）形成问题，解决方案；（3）设计与开发新产品。

要素	描述	行为表现举例
反思评价	基于一定标准对思维过程、思维成果以及行动进行监控、反思、评价和改进，促进自我导向、自我约束、自我监控和自我修正。	（1）评价证据的可靠性及论证过程的逻辑性；（2）区分因果与相关，考虑其他原因或解释；（3）复盘任务执行过程及完成情况，反思经验与教训；（4）基于证据评价自己、他人或团队的行为表现；（5）能在对思维、行为、产品等进行评价的过程中运用适当的标准。

　　笔者及团队根据审辨思维内容四要素，创设了审辨式课堂新样态，如图2-6所示。

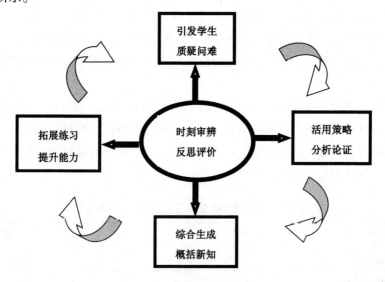

图2-6　审辨式课堂新样态

　　目前，笔者及团队分类分层整理了"乘积哪个大""乘法分配律与结合律辨析""探寻周长与面积的奥秘"等50多个典型的审辨课例，并在市级及以上区域进行推广。笔者及团队已经有《多维辨析中碰撞出深度思维的火花》《变—辨—辩—编：练习课中培养学生审辨式思维的教学路径尝试》《一道题引发的一场头脑风暴》《刨根问底　深度审辨　别有洞天——以稍复杂平均数应用题审辨探究为例》等10多篇教师审辨式论文在市级及市级以上级别平台获奖或发表。在浙江省的江汇教育广场中的"蒋巧君名师工作室"平台中，设有"审辨式论坛""审辨式课例""审辨式微课"等专栏，着力培养师生的审辨思维能力。

（二）进行了量化推理能力的训练，有效提升学生数理审辨的认知技能

根据国内外的成功经验，量化推理能力是学生分析性思维和审辨性思维能力的重要指标之一。量化推理能力水平的高低会直接或间接影响学生的数学、物理等学科的成绩，对学生理科思维的发展和自然科学素养的提高起着十分重要的作用。

量化推理能力包括数字规律、数量关系、图形规律和图表信息四个方面的思维能力。数字规律指的是分析数字的变化趋势和排列特点，找出数字之间的联系，并具有辨认这种联系的充分性和准确性的能力；数量关系指的是运用算术、几何、代数和数据分析等基础知识和技能，对已知数据进行综合分析和推理论证，最终解决实际问题的能力；图形规律指的是根据图形形状、静态位置、动态平移或旋转，以及点、线、面、体等空间之间的关系，具有找出图形变化的趋势与特点的能力；图表信息指的是能够从图或表中提取有效信息，对数据进行分析和整合、发现规律并最终具有有效地解决综合性问题的能力。

我们从数字规律、数量关系、图形规律和图表信息四个方面提升量化推理能力并进行测评。

我们试图通过表2-2中分值的设置编制比较科学合理的题目，利用对比学校和实验学校实验前后的测试结果，经过数据分析得出比较科学的结论：对实验学校高段学生进行量化推理题目专项干预之后，在提升量化推理能力方面进行测试，探究其与对比学校相比是否存在显著性差异。

表2-2　小学数学审辨思维量化推理能力测评分值表

题　型	题目数	每题分值	总分值
数字规律	5	5	25
数量关系	5	5	25
图形规律	5	5	25
图表信息	5	5	25
总　计	20	—	100

（三）采用了累积式激励的方法，学生初步形成了审辨思维的人格气质

构建认知与人格融合生长的小学高段数学审辨思维培养：形式四评比（图2-7）。要求实验学校每一课、每一天、每一周、每一月、每一年都重视"质疑小能手""解说小老师""选优小达人""感悟小精灵"的"形式四评比"。

实验班学生在长时间的熏陶之下，逐渐形成审辨意识到审辨方法，日积月

累形成审辨习惯，学生初步具备了审辨思维人格气质：不懈质疑、主动积极，猜想验证、有理有据，反思评价、包容异己，态度科学、力行担责。

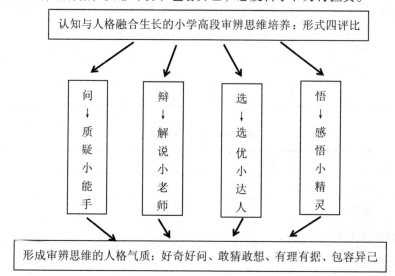

图2-7 审辨思维培养激励方法结构图

（四）进行了跨越时空式的关联学习，巩固了审辨思维的稳定成果

小学高段数学审辨思维的培养：场域三时空。即课前两卡、课中两标、课后两册。结构图详见图2-8。

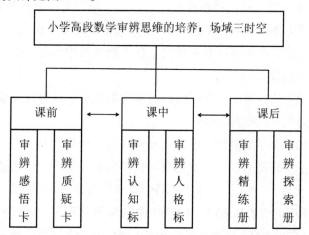

图2-8 审辨思维培养场域三时空结构图

课前：自主阅读审辨感悟卡（表2-3）和审辨质疑卡（表2-4）。

表2-3　审辨感悟卡

班级		姓名		评价	
	单元				
	课题				
	学习目标				
	我的感悟				

表2-4　审辨质疑卡

班级		姓名		评价	
	单元				
	课题				
我对此课题已掌握的知识					
	阅读教材				
	我的困惑				
	尝试练习				

课中，审辨的题材应该是：学生不是粗心，是不懂；学生不是操练，是探究；学生不是费时，是增效。审辨课堂教学中，要求教师尽量让学生经历"尝试探索—审一审、试一试，辨析论证—辨一辨、辩一辩，发现规律—变一变、找一找"的思考过程。教师引领学生在仔细观察中探究，在比较分析中发现，在猜想验证中生成，在多维审辨中优化，在不同意见中包容，让学生的认知与人格得到提升与成长。

课后，完成易错、易混、难度较高的审辨精练册和对好奇现象进行项目式综合实践活动后形成的审辨探索册。

笔者及其团队基于学情精心设计《易错易混审辨册》是为了给学生减负增效，提升学生的辨析能力。同时根据《易错易混审辨册》制作审辨微课，我们研发了"数与代数""图形与几何"领域40多节微课：《圆周长—半和半圆的周长》《组合图形的周长和面积》《圆柱的侧面积和体积》《分数与百分数辨析》《正比例和反比例的判断》《速度的平均数与平均速度》《探究数字规律》等易错点难点的辨析探究，让学生随时随地各取所需、反复自学、修炼，让不同审辨水平的毕业班学生更好地适性发展，也有利于新教师甚至家长观看学习。

笔者及其团队基于学生好奇心兴趣点引领开展实践探索活动，是为了激发学生在实际生活中发现数学问题、积极探索并解决问题的兴趣，培养学生独立思考问题和解决问题的能力，提升学生高阶思维水平。

我们组织学生在课前、课中、课后跨越时空学习审辨思维，时时处处用审辨思维方式去解决问题，促进学生逐渐形成使用审辨思维的习惯。

（五）设计了合理的递进式课程，促进审辨思维的适性发展

作为一名教师，要牢记不让任何一个学生掉队。"下要保底，上不封顶"的审辨式思维课堂如何体现呢？具体见图2-9。

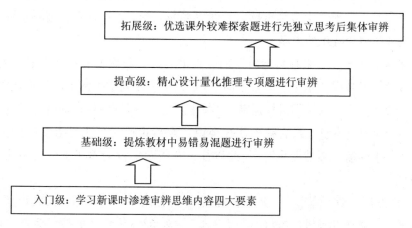

图2-9 小学高段数学审辨思维层级培养结构图示

笔者及团队秉承"循序渐进，分层审辨，因材施教，培优辅差，适性发展"的教学理念，跨年段统整式备课，全方位审辨式上课。首先在每一堂新课上合理渗透审辨思维内容四大要素；学习新课之后，基于学情精心设计易错易混审辨练习课，争取事半功倍；有目的地进行量化推理专项题目审辨；在拓展课上优选课外较难探索题目，先进行独立思考，再进行集体审辨，同时引进益智器具，手脑并用提升思辨能力。

笔者及团队坚信：长此以往，学生不仅能形成良好的审辨思维认知技能，而且能形成良好的审辨思维人格气质。

第二节 "疑—析—评—拓"审辨课特征

人们思考问题的视角不同，提出问题后寻找解决方案的过程自然也会不同，通过对这些不同意见的分析、评估、判断、综合，生成合理的解决方案或做出准确的决策，是审辨思维的终极目标。因此，小学数学教学应该在哲学视野下

培养学生的审辨思维。

笔者及团队在具体数学教学过程中，主要从质疑批判、分析论证、综合生成和反思评价这四大要素着手，引导学生的一般思维"再向前一步"，进行高阶思维，在循环反复中螺旋式提升学生的审辨思维能力。

一、多维审题，大胆质疑，细心求证

横看成岭侧成峰，远近高低各不同。数学概念外延是丰富多彩的，需要教师精心预设，引领学生多维审题，看到更多的风景。大胆质疑，细心求证，才能看到数学概念真正的内涵。

如学生在学习"平移与旋转"时，根据北师大版教材三年级下册的安排，很多教师一般教授"水平、垂直方向平移"，学生在列举生活中的平移现象时，往往会说他们喜欢的"滑滑梯运动""缆车运动"，但这两项运动既不是水平平移，也不是垂直平移。最后教师往往会说"今后再研究"来结束学生的思考，使学生的求知欲"戛然而止"。长此以往，有些学生就会养成不会大胆质疑的习惯。

"滑滑梯运动、缆车运动是平移现象吗?"面对学生的疑惑，某教坛新秀勇于尝试，引领学生大胆"再向前迈一步"：学生学习了"水平、垂直方向平移"，知道了"整个物体沿着一条直线直直地运动"叫平移后。该教坛新秀继续这样的教学：

师：这个（图2-10，图2-11）是平移吗？这个平移有什么不一样？

图2-10　平移示意图1　　　　图2-11　平移示意图2

生：它是先向右平移，再向上平移的。

生：它也可以先向上平移，再向右平移。

师：对，我们可以把它看成两次平移运动的结果。

师：还可以怎么验证？

（旋转观察图2-12，图2-13）

 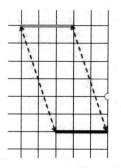

图2-12 旋转观察图1 　　　　图2-13 旋转观察图2

师：通过旋转观察你发现了什么？

生：它也是沿着直线做运动的。

师：这条直线在哪里呢？

生：斜着的这条。

师：是呀，如果我们把两头连起来观察，发现它也是沿着一条直线运动，这样的运动方式也是平移。

师（小结）：刚才我们研究了平移的几种不一样的情况，你能用自己的话来说一说什么是平移吗？

生：平移就是整个物体沿着一条直线、朝着同一方向做相等距离的运动。

该教师将学生平移一次的结果分层处理，第一层为水平、垂直的样式（图2-10,图2-11），观察平移都是沿着一条直线运动，平移时小棒上每组对应点的距离都是相等的。第二层为斜着的样式（图2-12，图2-13），通过视觉旋转观察以及进行两次平移，进一步丰富平移的表象认识到平移是沿着一条直线运动，在体验中进一步发展空间观念，最后回归生活中的平移，用数学思维思考世界，使学生顿悟他们喜欢的"滑滑梯运动""缆车运动"也是"平移运动"。整个求证过程借助清晰的图片证据。

启示：数学老师在教学过程中，注意要引导学生养成"我质疑，因为……""我同意，因为……"的思维表达方式，有理有据才能做到"有理不在声高"，逻辑思维清晰才能确保思维结果的客观性、科学性。

二、情境判断，综合生成，反思评价

大家知道，许多"混淆不清"的数学问题困扰着学困生，如"数与数字""圆周长的一半与半圆的周长""省略与改写""比与比值"……学生在困惑之

时，思维处于愤悱状态，拥有强烈的求知欲望，教师要趁热打铁，"打破砂锅问到底"，点燃学生审辨思维的火花，使其走向深度学习，大胆探究，也许会"挖地三尺有黄金"。

如《乘法分配律》的新课教学中，学生结合具体生活情境能够理解其中的道理，但到了练习与复习阶段，很多学生对乘法分配律与乘法结合律混淆不清。教师们往往会引导学生根据乘法分配律与乘法结合律公式辨析异同：乘法结合律是同级运算，运算符号都是"×"，只是改变运算顺序；乘法分配律是两级运算，有乘加、乘减，运算符号有"×""＋""－"。进行典型题目的操练，效果往往不是很好，怎么办呢？

某教师引领学生进入"情境判断"，具体如下。

师：你们能不能根据"$3 \times 4 \times 25$"和"$25 \times (63 + 37)$"这两个算式，来编则数学故事呢？

生1：学校新建了一幢教学楼，教学楼有3层，每层楼4间教室，每间教室配备25套桌椅，学校一共要购进多少套新桌椅？该题的算式是$3 \times 4 \times 25$。

生2：学校运动队给同学们买了25套运动装，上衣63元，下装37元，共需多少元？该题的算式是$25 \times (63 + 37)$。

师（小结）：上面两个数学问题对应不同的两种运算律，乘法结合律和乘法分配律，大家写出它们的公式，然后结合上面的应用题讨论一下它们的异同。

教师引导学生"再向前迈一步"，乘法分配律和乘法结合律在图形题上也不同，如图2－14和图2－15所示。

图2－14　长方形总面积　　　　图2－15　长方形总面积

师（点评）：图2－14求长方形总面积用乘法结合律$17 \times (4 \times 5)$；图2－15求长方形总面积却用乘法分配律$5 \times (23 + 17)$。接着再看学生还会不会混淆不清，让学生在导学单上反思评价自己认为易错的题。

① $8 \times (125 \times 25) \times 40$　　② $999 \times 99 + 999$　　③ 84×25

该教师把学生带入现实数学生活情境中意义理解乘法分配律与乘法结合律的异同，进行"情境判断"，然后比较辨析乘法分配律与乘法结合律公式的异同，最后让学生自己反思评价含糊不清的易错问题。该教学在"意义理解"的基础上深度审辨，能使学生有效辨析乘法分配律与乘法结合律的异同，提升学习效果。

三、将错纠错，假设辨认，拓展创新

很多教师往往会在讲完一题的标准答案后马上讲下一题，不会充分利用不同学生不同意见的时机"再向前迈一步"，引导学生进行审辨，失去了纠错后让学生思辨的宝贵机会。很多名师、专家都说数学教学是"试错"教学，学生是在不断"纠错"中成长的。但实际教学，特别是优质课比赛、高档次大规模公开教学或日常教学中，为了在有限的、宝贵的课堂时间内呈现预设内容，往往会遗忘"错误的角落"。如果巧妙运用学生的错误资源"将错纠错"，假设"错误的答案"是对的，往往会出现一些"别有洞天"的经典题型。所以，很多时候，将"错误"纠错到底，不是浪费时间，而是"再向前迈一步"，走到更深更远的数学问题世界中去，动态生成一些经典题型。

如《植树问题》的教学，一般教学是由例题引出三种类型的植树问题，然后进行变式练习、拓展练习。该教师不走寻常之路，巧妙运用学生的错误资源"将错纠错"，既完成纠错任务，又引出一些植树问题中拓展性的经典题型。

先出示例题，让学生审一审，试一试：

同学们在全长100米的小路一边植树，每间隔5米栽一棵（两端要栽）。一共需要多少棵树苗？

学生交流反馈后，主要有下面这些答案：

①$100 \div 5 = 20$（棵） ② $100 \div 5 + 1 = 21$（棵） ③$100 \div 5 - 1 = 19$（棵）

④ $100 \div 5 \times 2 = 40$（棵） ⑤ $100 \div 5 \times 2 + 2 = 42$（棵）

教师采用"数形结合法"，引导学生明白植树问题的三种类型。

第一种：两端都栽，棵数＝间隔数＋1，$100 \div 5 + 1 = 21$（棵）；

第二种：只栽一端，棵树＝间隔数，$100 \div 5 = 20$（棵）；

第三种：两端都不栽，棵数＝间隔数－1，$100 \div 5 - 1 = 19$（棵）。

师追问：还有两个算式，为什么不对呢？先来看"$100 \div 5 \times 2 = 40$（棵）"，假设这个算式是对的，与这个算式相对应的数学问题情境又是怎样的呢？同桌之间相互讨论一下。

汇报交流：把两端都栽改成只栽一端，把在小路的一边种树改成在小路的两边种树。

师再问：看看"$100 \div 5 \times 2 + 2 = 42$（棵）"算式表示怎样的植树情境呢？学生互动审辨后达成一致意见：在两端栽的情况下，一边的棵数是 $100 \div 5 + 1$，因为要栽两边，所以还要乘2，就是 $100 \div 5 \times 2 + 1 + 1$。

该教师针对学生的错题，引领学生思考假设算式是对的，将会出现怎样的植树景象。该问题既有趣又有营养，激发学生好奇心的同时，通过学习共同体的审辨探究发现了植树问题中拓展性的经典题型。

研究证明，只有基于审辨思维的有意识学习和科学合理的教学才有助于学生在学习上取得进步。在对学生进行审辨思维的训练后，学生对教学目标、教学内容、教学方法和班级状况的满意度均有所提高。可见，发展审辨思维对学生的成长和发展至关重要。同时，审辨思维也是个体应对压力和避免盲目从众的有效策略。

第三节　"变—辨—辩—编"审辨练习课

在小学数学的练习课中，大家往往还是注重结论，轻视审辨；注重题海练习，轻视理解分析。大家似乎很难在普遍觉得枯燥无味的练习课中去培养学生的审辨式思维，一个重要的原因就是没有形成一条双向积极的教学路径。笔者切实关注学生学习心理，以《乘法结合律 VS 乘法分配律》一课的教学实践为例，对在练习课中落实审辨式思维进行不断的尝试探索，总结形成了一条"变—辨—辩—编"式的教学路径，希望促进学生审辨式思维的形成。

一、变——在变换形式中产生审辨意识

"变"就是形式改变。简便计算虽说是为了让计算变得更简单，但其中的思维过程并不简单。笔者发现在分别学习乘法结合律与乘法分配律的新课时，学生非常容易接受，掌握情况也很理想，但是到了综合应用时，学生的思维开始混乱，各类混用错误开始显现。

为了更清晰地呈现学生脑海中运算律的题目形式，笔者选取了极具特点的数据"125"，让学生根据提示"$125 \times \square \bigcirc \square$，□里填数，○里填运算符号"，自行写出一个简便算式（可以加小括号），再用简便方法计算出结果。

一次次的形式变化，不仅营造出了轻松、开放的课堂氛围，让练习课活了起来，同时还深化了题目考查的灵活度，学生的审辨意识开始生成。

二、辨——在比较辨析中培养审辨能力

"辨"就是辨别、辨析。学生在比较辨别的过程中，能对知识进行梳理辨析。在乘法结合律与乘法分配律的单项新授课时，学生掌握情况良好，就是因为题型唯一，学生无须分辨即可计算。而在练习课中，多种运算律综合，学生无法快速准确地分辨，从而混为一谈，错用乱用。对此，笔者让学生经历"辨析数据特点—辨析运算符号—辨析运算定律"这样的辨析过程，来培养学生的审辨能力。

笔者选取了几位同学，让其上台展示自己写的简便计算，呈现了"$125 \times (8 + 80)$""$125 \times (8 \times 6)$""$125 \times 8 \times 4$""$125 \times (8 + 4)$""$125 \times (4 - 1)$"这样几道简便算式。同时规范说题格式："我出的题是：＿＿＿，它可以这样计算：＿＿＿，它在第＿＿＿步运用了＿＿运算律。"学生在这一过程中分辨这些题分别属于乘法结合律还是乘法分配律。

理想的审辨式思维者通常具有下列特质：遇到事情能做出谨慎判断，处理事情能做到三思而后行，分析事情能理性地选择判断标准。自行出题，学生对于自己题目的理解肯定比较透彻，但将不同学生的不同题目一块呈现，且格式类型还十分相似时，学生就会遇到难题，这恰恰也是最好的教学契机。这节练习课里，学生在一次次的分辨乘法结合律与乘法分配律的过程中，不断提升了审辨能力。

三、辩——在辩论本质中形成审辨习惯

"辩"就是表达辩论。良好的数学语言表达能力有助于发展学生的审辨式思维，提高学生的数学素养。北京语言大学的谢小庆教授提出审辨式思维的一条重要标准，就是要让学生学会逻辑严谨地证明自己的观点。但在练习课中，老师往往让学生闯一次次的关卡，做一道道的习题，通过所谓"熟能生巧"来让学生形成技能技巧，而忽视了学生语言表达的锻炼和审辨习惯的养成。为此，笔者设计了以下三"辩"。

（一）"辩"过程

在呈现"$125 \times 8 \times 4$"一题时，生1给出解法："$125 \times 8 \times 4 = 125 \times 8 \times 125 \times 4$"，引起了一波辩论高潮。生2表示题中只有一个125，生1的做法中多了一个125，是错误的，应该是"$125 \times 8 \times 4 = (125 \times 8) \times 4$"。生3表示这一题中只有乘法运算，属于乘法结合律，乘法结合律不会改变样子，生1的做法是错

误的。生 4 表示对于这个算式按照平常的从左到右的顺序计算，已经很简便了，不用再采用乘法结合律、乘法分配律的形式去做。生生互辩的过程让学生注意到无须复杂化。随后，笔者再追问：那这一题怎么改能变成一道可以简便计算的题呢？学生给出了多种修改方案。

（二）"辩"意义

对两个乘法运算律的计算过程，学生联系意义进行解说。对乘法分配律的题：$125 \times (8+4)$，联系乘法意义，就是求 $(8+4)$ 个 125 是多少，也就是 12 个 125 是多少，计算量大。而这一过程也可以等于 8 个 125 加 4 个 125，口算就能解决。对乘法结合律的题：$125 \times (8 \times 6)$，先算 6 个 8，再与 125 相乘，计算量大。运用乘法结合律，先算前两个数相乘，则可以口算解决。学生根据乘法意义，对题目进行解说，分辩因果关系。

（三）"辩"本质

笔者在让学生辨析了乘法结合律与乘法分配律的题目后提出，这两种运算律有什么特征，该如何区分呢？随后，结合所列题目，组织小组交流讨论。在学生的交流汇报中，笔者通过一次次地追问"为什么"来引导学生有理有据地解说，要求所说的每一个观点都有依据，具有合理性、普适性和科学性。在学生辩论交流中，逐步提炼出两种运算律的特征，①乘法结合律：改变顺序，同级运算，运算符号都是"×"；②乘法分配律：改变样子，两级运算，运算符号有"×""+""-"。

在练习课中，教师多问"为什么"，学生才能不断地进行思辨。生生辩论互动的过程就是拂去面纱，让蒙住的知识点清晰明朗的过程。经过深刻的思辨、科学的解说、严密的论证，学生的审辩习惯就可逐渐形成。

四、编——在创编新题中形成审辩思维

"编"就是创编数学题。在编题的过程中，能极大地调动学生参与学习的积极性，同时学生也能更清楚知识的脉络，形成审辩式思维。为此，笔者设计了三个类别的创编新题活动。

（一）创编生活问题

编一编可以运用乘法结合律和乘法分配律解决的生活问题。

生 1：有 8 辆卡车，每次运 125 千克沙子，运了 4 次，一共运了多少千克沙子？这题可以运用乘法结合律。

生 2：有 8 箱苹果，每箱有 125 千克，又进了 4 箱苹果，一共有多少千克苹

果？这题可以运用乘法分配律。

数学与实际生活息息相关，来源于生活最终运用于生活。让理论与实际相联系，搭建数学运算律与生活原型的模型，可以使练习课的教学活动更富有现实意义。同时学生创编题目时，需周密地考虑条件、问题、数量关系等，学生的审辨式思维得以形成。

（二）创编图形问题

（1）求几个相同长方形的总面积用"乘法结合律"。

（2）求宽相等的不同长方形的总面积用"乘法分配律"。

图 2 – 16　求几个相同长方形的总面积　　图 2 – 17　求宽相等的不同长方形的总面积

创编图形问题，究其本质就是"数形结合"。图 2 – 16 的大长方形面积既可以用"长×宽"计算，也可以看成 4 个相同小长方形的面积之和，是乘法结合律的运用，因此可得 17 × （5 × 4）＝17 × 5 × 4。图 2 – 17 的大长方形面积既可以用"长×宽"计算，也可以看成 2 个小长方形面积之和，是乘法分配律的运用，因此可得 （23 + 17）×5 = 23 × 5 + 17 × 5。

（三）创编易错难题

生 1 给出 999 × 99 + 999（隐藏一个因数）。

生 2 给出 84 × 25（转化成不同形式，将运用不同的运算律）。

生 3 给出 178 × 101 ［需转化成 178 × （100 + 1） 的形式再运用乘法分配律］。

生 4 给出 9.9 × 18 + 0.1 × 18（在小数计算中同样适用）。

在经历了"联系生活""数形结合"的创编过程后，再次抽象到纯数字的题型创编，结合乘法意义，归纳易错难题。这时还有学生将本节课知识拓展延伸，运用在小数计算中，这正是审辨式思维发展达成的体现。

概括而言，在"变—辨—辩—编"的教学路径下，学生经历"变化形式—比较辨析—辩论本质—创编新题"这一系列的活动，思维变得更精细精准，由低阶的思维技能发展到高阶的思维能力，形成现代社会所需的审辨式思维。

作为一名教师，应时刻提醒自己：教有教法，但无定法，贵在得法。同样是审辨练习课，根据练习的需要灵活设计练习路径是很有必要的。如工作室成员朱志英老师根据学生"进一步体会小数的意义和小数的基本性质，掌握小数加减法的计算方法"的真实需求，精心设计了《小数的意义和加减法》审辨练习课。

审辨内容：《小数的意义和加减法》

引导者：工作室成员　朱志英

审辨目标：

1. 通过练习，进一步体会小数的意义和小数的基本性质，掌握小数加减法的计算方法。

2. 通过活动，进一步培养学生收集信息、提出问题、分析问题、解决问题的能力。

3. 培养学生自主探索、合作交流的能力。

审辨重点：

进一步体会小数的意义和小数的基本性质，掌握小数加减法的计算方法。

审辨难点：

进一步理解、掌握小数的意义。

教材分析：

本章是在学生熟练地掌握了整数的四则运算，以及在对分数和小数有了初步认识的基础上进行教学的。本章包括小数的意义、小数的大小比较、小数的加减法等内容。小数的意义是本单元教学的重点，难点，也是后续学生继续学习小数相关知识的基础。

学情分析：

四年级的孩子，思维刚好处于形象思维向抽象思维过渡的阶段，初具一定的抽象思维能力，但其抽象的程度还不高，很多时候还需要借助直观图形来帮助其理解，特别是抽象能力比较薄弱的孩子。四则运算方面，由于有了整数四则运算的基础，相对于小数的意义理解来说，学生对小数的运算掌握得相对较好。

审辨点分析：

正确地把几点几千克转化为几千克、几克。通过学生之间的互相探讨、质疑，再辅以直观图形进行论证，进一步理解小数的意义。

教学过程：

一、视频导入，感受小数点的重要性

1. 观看视频《小数点的悲剧》，谈谈看后的感受。

2. 师（导入）：是啊，尽管只是一个小小的小数点，但由于疏忽，悲剧发生了。这个短片使我们警醒：我们要以更加严谨的态度对待学习和科学，以更加认真的态度对待工作和生活！（板书：严谨、认真）

师：老师希望，在接下来的学习中，大家都能认真对待每一个问题，哪怕只是一个小数点。

二、开心一刻，进一步体会小数的意义

引入：下面就让我们进入今天的学习。先让我们来看看《马大哈的数学日记》。

1. 请某生读日记。

2. 学生尝试添加小数点。

3. 反馈交流，并说明理由。

4. 填一填，进一步理解小数的实际意义。

重点探究：0.05 千克 = （　　　　）千克（　　　　）克

本题的难点在于 0.05 千克到底等于几克？是 500 克，50 克，还是 5 克？估计这三种情况都会出现。

此时，可以把三种情况都展示出来，引导学生展开讨论，并在学生的发言过程中适时辅以课件演示，帮助学生理解，并请学生说说为什么 0.05 千克不等于 500 克，也不等于 5 克。通过正反两面进行辩证分析，从而帮助学生进一步理解小数的意义。

5. 小结。有没有小数点，这个数所表示的意义也就不一样。对待学习一定要严谨、认真。

三、购物清单，进一步巩固小数的加减法

刚才，同学们不仅进一步理解了小数的意义（出示课题），还帮马大哈纠正了错误。他在感谢的同时，向同学们发出了新的挑战。你们敢接受挑战吗？

1. 出示购物清单。

橡皮　　　　3.2 元

跳绳　　　　3.8 元

洗发水　　　38 元

西瓜　　　　4.05 千克　　　36.05 元

2. 挑战一：你知道购买哪种物品花的钱最多，哪种物品花的钱最少吗？

3. 挑战二：口头提出一步计算的加、减法问题各一个，两步计算的问题各一个，并写出相应的算式。

教师巡视，板书算式：

$3.8 + 36.05$ $38 - 36.05$

$3.2 + 38 + 36.05$ $38 - (3.2 + 3.8)$ $38 - 3.2 - 3.8$

4. 看算式，猜猜同伴的问题。

5. 算一算。

6. 反馈交流。

（1）$38 - 36.05$ 为什么可以在 38 的后面补上 0，你的依据是什么？

（2）$38 - (3.2 + 3.8)$ 和 $38 - 3.2 - 3.8$ 解决的是同一个问题，哪一个算式计算更简便呢？

解决问题时，我们可以根据数字的特点灵活选择解题方法。

（3）说说计算时要注意什么？（贴板书）

四、拓展题

之前马大哈的妈妈在超市买了西瓜和洗发水，她付了 100 元，找回来 26.95 元，她总觉得找的钱不对，想用计算器算一算。可是，她忽然发现计算器的小数点按钮坏了，小数点无法显示了。你有办法帮助她用这个计算器验证一下找回来的钱对不对吗？

学生独立思考后，小组讨论交流，最后全班交流。

五、板书设计

小数的意义和加减法练习课

转化　　　　　　　　计算　　　　严谨

0.05 千克 $= \dfrac{50}{1000}$ 千克 $= 50$ 克　小数点对齐　认真

教学反思：

本节练习课，抓住学生学习中的难点、易错点，展开练习，力求练习更有针对性、时效性。

一开始播放的小视频，触动了学生的心灵。我适时引导学生以严谨、认真的态度来对待学习、生活。教学不仅关注学生的学习，还关注学生的思想教育。

接着通过一则数学日记——《马大哈的数学日记》引入小数，在轻松、愉快的学习中，借助人民币单位、面积单位、质量单位等单位名称的现实背景，引导加深学生对小数意义的理解。在这些单位的转化中，紧扣本节课的难点、易错点——质量单位的转化（0.05 千克等于几千克、几克），引导学生论述各自的理由，并积极开展质疑、讨论、辨证，再辅以直观图形进行理解，化抽象为直观。通过直观的视觉，帮助学生进一步理解小数的意义，较好地突破了难点。

小数的加减运算是本单元学习的另一重点。设计时，我将这部分内容与解决问题相结合，力求既兼顾计算，又兼顾问题解决，让每个学生都经历提出问题并解决问题的过程。计算中，学生最容易出错的就是被减数小数部分的位数比减数少的情况。交流时着重让孩子讨论这种情况的解决方法。最后的挑战，用计算器进行验证，其本质仍然是利用小数的意义进行解决。

当然，在这节课中，还存在许多不足，还有许多需要改进的地方。就比如说，面积单位、质量单位的换算，怎样处理可以让孩子学得更轻松、有效？复习课、练习课怎样设计更能激发学生的学习兴趣，同时又能达到高效？今后我还将继续努力、不断探索。

第四节 "疑—证—知—评"审辨复习课

复习课不是"炒冷饭"，也不是画画思维导图、做做题目而已。复习课要"温故知新"，整节复习课中的每个环节都要设有反思评价，在不断完善自我认知系统的同时，不断拓展解题策略系统，从而不断提升自我监控能力。这样的复习课突出培养学生的审辨思维能力。

复习课不仅仅是认知与技能方面的复习与操练，更重要的是问题解决策略方面的复习和活学活用。本书以北师大版六年级下册《鸡兔同笼》复习课为例，探讨如何开展审辨式复习，如何引领学生在解题方法的复习中"温故知新"。

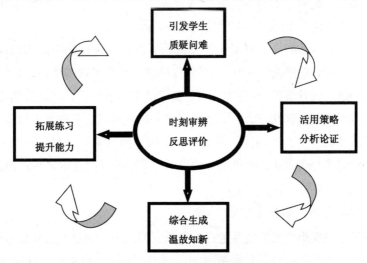

图 2-18 审辨式复习课新样态

一、引发追忆，质疑问难

复习课不同于新课，它没有固定的教材，应该基于学情的需求有针对性地进行复习。复习课中首先要引导学生对要复习的内容进行自主追忆。追忆既是提取旧知的过程，同时也是进一步强化记忆的过程，还是互相启发获得联想结果的过程。在学生追忆的过程中，教师应该创设合适的时空让学生"质疑问难"，充分暴露复习的"需求点"，同时培养学生"质疑问难"的意识、方法、能力与习惯。在信息爆炸的社会，质疑批判为我们辨别信息来源、分析评价信息内容，进而做出正确选择和决策奠定了基础，是分析论证、综合生成、反思评估发生和发展的基础。与质疑批判相关的具体行为表现为：对既有的观点或做法持怀疑态度；能从不同角度不断提出新问题；坚守真理的相对性，不迷信权威；考虑并包容不同意见，特别是与自己的意见不一致的。

教师根据六年级学生有一定的独立思考和小组合作能力的特点，在《鸡兔同笼》复习课开始前放手让学生自主解决"笼子里有若干只鸡和兔，从上面数，有 35 个头，从下面数，有 94 条腿，鸡和兔各有几只？"一题，通过解题引发学生追忆小学阶段解决"鸡兔同笼"问题的多种方法，并在 4 人小组里互相交流讨论，有画图法、列表法、算术法、方程法。教师展示学生的各种解题方法，为他们创设质疑问难的机会："同学们，通过课前对'鸡兔同笼'的独立思考和小组交流之后，现在你对哪种解题方法有疑问？"有学生提出自己的疑惑，并由其他同学解说。此时，老师要当好"踢球高手"，把学生的"不懂和疑问"导回到学生中去，让学生之间的多维互动互评得以开展。

学生用什么方法解决"鸡兔同笼"问题，往往体现出他当时所处的思维水平或喜欢选用的解题思路。此时，教师可以提问："你喜欢用哪种方法解决'鸡兔同笼'问题，为什么？"这既能充分暴露学生此时的学情，又能在集中讨论辨析中进一步理解其他解题方法，更能体现出对每种解题方法的反思评价。因此，教师应该适时展开"方法选优"活动，让习惯于用形象思维解决问题的学困生能够掌握画图法与列表法，积极主动地去理解比较抽象的算术法和方程法。

二、观察思考，辨析论证

审辨思维是提出恰当问题并进行合理论证的能力，包括对各种信息的理解、识别、分析、综合、比较、判断等方面的能力。其中，分析和论证能力最为重要，是最常见的审辨思维技能。因此，在审辨式复习课呈现学生思维多元化表征之后，教师要引导学生观察思考、辨析论证，让学生在对多元化表征中进行归类比较、在深度辨析中走向深度思考，进行深度学习，由此得出更深层次的结论，真正实现"温故知新"。

在《鸡兔同笼》复习课展示学生各种解题策略之后，教师要引导学生仔细观察板书，辨析论证：如果把画图法、列表法、算术法、方程法这四种方法分成两类，如何分？为什么这样分？请说明理由。学生可能会有如下分类：

（1）画图法、列表法、算术法分为一类，方程法分为一类。理由是方程法有 X，用字母表示数是算术与代数最显著的区别。

（2）画图法、列表法分为一类，算术法、方程法分为一类。理由是画图法、列表法的特点是具体形象，不用算式表示；算术法、方程法的特点是概括抽象，都用算式表示。

（3）画图法和算术法分为一类，列表法和方程法分为一类。理由是画图法和算术法假设笼中全部是鸡或者兔，算术法就是把画图的过程变为算式，画图的每一步都对应一个算式。列表法和方程法也有联系，它们两边都是未知数。如果鸡是 1，兔就是（35 – 1），如果鸡是 2，兔就是（35 – 2）……如果鸡是 x，兔就是（35 – x）。每只鸡两条腿，所以要乘 2，兔子则乘 4，鸡腿加兔腿等于 94 条腿。我们可以发现列表法和方程法也是对应的。

该环节通过学生多角度的观察分类、辨析概括，透过不同方法的表象找到不同策略之间的异同。学生在充满激情的思辨中走向深度学习，展现了学生思维的深刻性和独创性，提升了学生的审辨思维技能。

三、综合生成，温故知新

审辨式复习课既要体现出对学生思维深刻性和独创性的培养，又要充分体现对学生思维系统性与宏观性的培养。综合生成是一种高层次思维能力，它建立在分析和论证的基础上，最终形成的可能是观点、策略。在信息纷繁芜杂的当今社会，综合生成将不同的信息片段整合成一个新的统一体，有助于我们得到更多的解决方案，进而做出正确的决策。

《鸡兔同笼》复习课在学生对方法进行多维分类辨析之后，教师趁热打铁追问："这些方法有没有相通的地方？"在教师追问之下，学生仔细思考第三种分类的理由："画图法和算术法假设笼中全部是鸡或者兔；列表法和方程法两边都是未知数，实际上也是假设。"学生最终发现画图法、算术法、方程法、列表法都在运用"假设"的方法解决"鸡兔同笼"问题，只是表现手段多元化而已。

此时，教师再追问："哪些同学喜欢的解题方法有变化了？"有些学困生会由原先喜欢列表法改选为喜欢用方程法解决"鸡兔同笼"问题。教师及时引导学生进行反思评价，让学生感悟到解决数学问题的方法"殊途同归"，没有最好，只有更好。解题思路越简洁方便，其思维品质越好。

四、活用策略，提升学力

审辨式复习课的目标不仅是为了能让学生举一反三、触类旁通，更重要的是培养学生创造性地活学活用解题策略解决新问题的能力。如果在复习课只是追求对前面同类题型的"熟能生巧"，会导致解题思路的僵化，结果会"熟能生笨"。

《鸡兔同笼》复习课的最后环节是解决综合复习题，与前面题目不一样，此时需要学生活学活用解题策略。学生即使不能独立解决该问题，也能在讨论交流环节学习到面对新问题要活用策略的方法。例如，对于习题："神秘的太空有一个'克洛王国'，这里的动物都非常奇特，有双头一脚没有翅膀的双头蛇，有三头一脚一对翅膀的独足龙，还有四头两脚两对翅膀的双飞龙。一天双头蛇家族、独足龙家族和双飞龙家族在林间聚会，蘑菇怪数了数发现这些双头蛇、独足龙、双飞龙一共有227个头，104只脚，79对翅膀。请你帮蘑菇怪算算参加聚会的双飞龙有多少只?"，解决的切入口可以多元，不同学生解决问题的策略不一定一样，但这道题需要综合运用"鸡兔同笼"的多种策略解决问题，先让学生独立思考，自主解题后再交流讨论，在优化解题策略的同时，更要重视引导学生包容异己、博采众长。接下来列举其中一种综合运用各种方法的解题思路。

第一步：用图表法理解题意（表2-5）。

表2-5　图表法解题表

动物名称		头（个）	脚（只）	翅膀（对）
双头蛇	每只	2	1	0
	总只数	50	25	0
独足龙	每只	3	1	1
	总只数			
双飞龙	每只	4	2	2
	总只数			
3种动物总数		227	104	79

第二步：用假设法求出双头蛇的只数。引导学生观察表2-5，可知独足龙一脚一对翅，双飞龙两脚两对翅，假设双头蛇也有1对翅膀，那么应该有104对翅膀，而实际上它只有79对翅膀，说明"104-79"的结果是双头蛇的只数，因为双头蛇没有翅膀。

第三步：用算术法求出双头蛇的只数：104-79=25（只），双头蛇的头：25×2=50（个），"双头蛇"的脚有25只；独足龙和双飞龙的头共有"227-50=177（个）"，独足龙和双飞龙的脚共有"104-25=79（只）"。

第四步：用图表法和方程法厘清独足龙和双飞龙的数量关系（表2-6）。

表2-6 图表、方程结合法解题表

动物名称		头（个）	脚（只）
独足龙	每只	3	1
	总只数 x	3x	x
双飞龙	每只	4	2
	总只数 (79-x)÷2	4×[(79-x)÷2]	79-x
两种动物总数		177	79

根据表中的已知条件，用方程法解决。解：设独足龙有x只，那么双飞龙有（79-x）÷2只。根据题意列出方程：$3x+4×[(79-x)÷2]=177$，求出方程的解是19，即独足龙有19只。

第五步，用算术法求出双飞龙的只数：（79-19）÷2=30（只）。

教师也可以根据学情，给学有余力的学生介绍一下"三元一次"方程法，拓展学优生的解题思路。

审辨式复习课引领学生在比较中辨析，在辨析中发现，在发现中有新的收获。长此以往，学生将逐渐成为拥有"不懈质疑、主动积极，猜想验证、有理有据，反思评价、包容异己"的审辨思维素养的新生代。

本着"教无定法"的教学理念，笔者工作室在复习课设计方面"百家争鸣""百花齐放"，下面列举邵雅露老师和朱婵媛老师在审辨复习课方面的探索与实践：

基于审辨，复习出新，总复习课可以这样上！
——以《立体图形的表面积》总复习审辨课为例
邵雅露

【摘要】一节复习课的设计，离不开整理、串联、练习三个环节。如何将三个环节设计得当以避免复习课"炒冷饭"的现状，是现今很多数学老师头疼的问题，六年级总复习课尤甚。本文以《立体图形的表面积》总复习为例，在整理、串联、练习三个环节进行了精心设计，融入审辨思维，得出了复习课要在旧的知识体系上进行新的建构这一结论，让学生在总复习课上得到新的收获，促进学生审辨思维的发展。

【关键词】审辨思维；总复习；小学数学；结构化；推陈出新

一、课前慎思

如何让学生立在课堂的"正中央"呢？

拿到一个复习课题，我们教师第一步想的应该是什么呢？是这个内容应该怎样复习？还是学生的起点和难点在哪里？如果仅从内容入手设计，那么我想这节复习课很大程度上会与学生脱节，空洞而重复，俗称"炒冷饭"。我认为复习课设计应先思考的是：哪些知识是学生已经掌握了的？哪些是学生的困难区？哪些知识点可以融入审辨思维？基于学情和审辨思维培养的教学设计才能更贴近学生，让复习落到实处，在复习中让学生感受到旧知的新意。基于以上分析，我在课前做了以下思考。

（一）基于学情，我思考复习什么

在备课前，我对学生做了前测：默写长方体、正方体、圆柱的表面积公式，完成不同类型的5道练习。通过前测，我发现学生对公式已滚瓜烂熟，那么，这节复习课中"理"的环节是不是就不需要了呢？并不是，"理"是复习课中不可或缺的一环，我们应该从学情中意识到的是：这节课的"理"不能局限于割裂化表面积公式的整理，而应该是把长方体、正方体、圆柱三者结合，构建直柱体三者之间的内在联系，使知识结构化。由此，本课的第一个板块产生。

5道不同题型的练习错误率较高，学生对"无盖""通风管""切面"等题型思路模糊，不知道如何运用公式，这是本节课的困难区所在。基于困难区分析，我确定了本课的第二板块：分类整理题型，归纳解题思路。

（二）基于核心素养，我思考怎么复习

数学建模，从体积角度，学生已经掌握长方体、正方体、圆柱之间的联系，体积都可以用"底面积×高"来计算，那么表面积呢？相通吗？我认为这个数学课上没有涉及的知识是本节复习课中"理＋联"的精华所在。如何让学生直观感受到直柱体之间的侧面积和表面积的共同之处呢？根据侧面积的特点，我想到可以开展用 A4 纸创造立体图形的活动，通过动手操作感知 3 个立体图形之间的联系。

培养审辨意识，第二板块的目标设想是让学生分类整理题型，归纳解题思路。这是复习课中"练＋联"的一环，那么怎么练，边做题边总结？毫无疑问，这样设计毫无新意，我想何不转换思路，师退生进呢？给出条件，让学生自己去编写题目更能考查学生的审辨能力。

基于对学情对内容和审辨环节的分析，我设计了本节课的预学单，把本节课的复习板块提前展示给学生，让学生事先心里有"谱"，走在老师教学的前面。这样这节课基本定型了。

二、课中笃行

(一) 开门见山，直接引入

师：今天我们来上一节总复习课——《立体图形表面积》。首先，请同学们快速回忆咱们小学阶段学过的立体图形。

生：长方体、正方体、圆柱、圆锥（板贴 4 个立体图形）。

师：既然这节课复习表面积，那么我们可以先把哪个立体图形放一边？

生：圆锥，它的展开图是扇形，我们还没有学习。

师：是的，所以，其实这节课我们就是要对长方体、正方体、圆柱这 3 个立体图形的表面积进行整理复习。

设计意图：复习课相较于新授课少了些神秘多了份熟悉，因此，此处设计通过师生间的谈话直接引入本节课要复习的内容，开门见山，让学生做好学的准备。

(二) 推陈出新，审题意，辨联系

师：课前，老师在大家的学习单上设计了两大任务，第一个任务是用一张 A4 纸，你能创造出哪些立体图形？这张纸与立体图形之间有什么联系？

"立体图形的表面积"总复习学习单

做一做，想一想，写一写。

用一张 A4 纸（长方形），你能创造出哪些立体图形（不改变纸的大小)？这张纸与立体图形之间有什么联系？

师：同学们在课前已经进行了深入的思考，哪位同学愿意上来演示你的作品，一边操作一边说说 A4 纸与你创造的立体图形之间的联系。

生：我把这张 A4 纸卷起来，就变成了一个圆柱。这张 A4 纸的面积就是圆柱的侧面积。

师：这张 A4 纸的长、宽和圆柱之间有联系吗？

生：A4 纸的长是圆柱的底面周长，A4 纸的宽是圆柱的高。

师：这位同学通过卷一卷创造出了圆柱，谁能卷出不一样的圆柱。

生：还可以把宽卷起来。

师：他们俩卷出的圆柱有什么区别和联系吗？

生：一个把长卷起来，长方形的长是圆柱底面周长，宽是高；一个同学把宽卷起来，那么宽是圆柱的底面周长，长是圆柱的高。相同点是他们的侧面积相同，都是这张 A4 纸的面积。

师：哪位同学还有新的想法？

生：我把这张 A4 纸转一转，可以转出一个圆柱！

师：你的描述不准确，应该怎么转？

生：把长当轴转，也可以把宽当轴转，有两种转法。

师：这时的 A4 纸和圆柱有什么联系呢？

生：当轴的那条边是圆柱的高，旋转的边是半径。

师：你总结得十分到位。除了圆柱，你还能创造出其他立体图形吗？

生（把长方形纸对折再对折）：我把这张 A4 纸折成一个长方体，这张纸的面积就是长方体的侧面积。

师：A4 纸的长、宽和长方体有联系吗？

生：长方形的长就是长方体的底面周长，长方形的宽就是长方体的高。

师：那这张纸可以折成正方体吗？

生：不行！

师：怎么样的 A4 纸可以折成正方体呢？

生：正方形的纸。

师：有不同的意见吗？

生：长是宽的 4 倍的纸。

师：你是怎么想的？

生：如果这张纸可以折成正方体，那么长就是底面周长，宽就是高，因为正方体的底面是正方形，正方形的周长是边长的 4 倍。

师：大家听明白了吗？

生：听懂了。

师：同学们真棒！

师：通过折一折和卷一卷，同学们用 A4 纸创造出了长方体和圆柱，并得出了这张纸的面积就是长方体和圆柱的侧面积，真的很棒！但是老师有个问题，关于侧面积，我们只学习了圆柱的侧面积公式，谁能快速回忆起来？

生：$S_侧 = Ch$（教师把公式贴在圆柱的旁边）。

师：正确，那么长方体有侧面积公式吗？

生：$S_侧 = 长 \times 高 \times 2 + 宽 \times 高 \times 2$。

师：还有其他想法吗？

生：我觉得也可以用 $S_侧 = Ch$。

师：你是怎么想的？能拿着折好的长方体上台演示给大家看吗？

生：大家请看，这张纸是长方形，它的面积是长×宽，长就是长方体的周长，宽是高，所以长方体的侧面积也可以用周长×高来计算。

师：把掌声送给他！那么这个侧面积公式正方体适用吗？

生：可以用。

师（小结）：也就是说 $S_侧 = Ch$ 是长方体、正方体、圆柱的侧面积的通用公式，你们的发现真了不起！

师：那么，有没有一个通用的表面积公式呢？

生：都可以用 $S_底 \times 2 + S_侧$ 来计算。

师：大家同意吗？

生：同意！

师（小结）：通过大家的齐心探讨，我们发现了 3 个立体图形之间的两个通用公式——$S_侧 = Ch$ 和 $S_表 = S_底 \times 2 + S_侧$（贴在黑板上），看来这节复习课咱们温故知新了。

师：知道了通用公式，现在请大家回想一下 3 个立体图形各自详细的表面积公式，想到哪个说哪个。

生：长方体的表面积＝长×宽×2＋长×高×2＋宽×高×2（教师把字母公式贴在黑板上）。

生：正方体的表面积＝棱长×棱长×6。

生：圆柱的表面积＝$2\pi r^2 + 2\pi rh$。

师：其实圆柱的表面积还有一个拓展公式，有同学知道吗？

师：没关系，我们这节课来推导一下，大家请看以下这个公式。

$$圆柱的表面积 = 2\pi r^2 + 2\pi rh$$
$$= 2\pi r \times (r + h)$$
$$= C \times (r + h)$$

师（小结）：当我们碰到给出圆柱周长求表面积题目时用这个公式会更加容易计算。

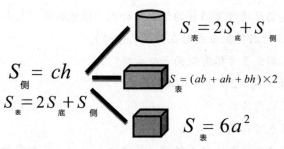

图2-19　公式串联

师：所有的表面积公式都整理在黑板上了，有同学肯定会想既然3个立体图形各自的公式都掌握了，通用公式有什么用呢？下面咱们来做一道练习。

出示练习：一个长方体，表面积是184平方分米，一个底面面积是32平方分米，底面周长是24分米，求这个长方体的体积。

（3分钟后）

师：很多同学都已经完成了，我来采访一位同学，看看他做这道题时的思路和感受。

师：（找到一位同学）这位同学，你是怎样思考这道题目的？

生：我用了长方体的表面积、侧面积和体积的三个通用公式。先用 $184 - 32 \times 2 = 120$（平方分米）算出侧面积，再用 $120 \div 24 = 5$（分米）算出高，最后用 $32 \times 5 = 160$（立方分米）算出体积。

师：能说说你拿到题的感受吗？

生：我发现了这道题不能用长方体的表面积＝长×宽×2＋长×高×2＋宽×高×2来计算，长、宽、高都不知道。我觉得通用公式还是很有用的！

设计意图：这个环节意图通过一张纸的操作，激发学生的审辨思维，把分散的知识进行串联。在折一折、卷一卷的操作过程中，直观展示长方形纸与立体图形（直柱体）侧面积之间的联系，让学生推陈出新。通过动手探究、深入思考，把知识结构化，统一表面积、侧面积通用公式，让学生的类比推理能力得到发展。通过这个环节，让学生在原有的知识基础上得到提升，把知识从厚变薄，再从薄变厚。在生生互动和师生互动中，审辨思维悄然扎根。

（三）合作归纳，辨题型，悟通理

师：同学们刚才不仅回忆了三种立体图形表面积公式，还把三者沟通联系了起来，真的特别厉害，但是这样的复习是远远不够的。我们还需要把这些公式很好地运用到解决实际的问题中去。

师：作业纸中，老师给大家出了第二个任务。

选择合适的条件，编几道关于"立体图形表面积"的题目并解答。不改变数据，可做一些修改使语言通顺，至少3道（不同星级难度）。

(1) 长方体的长为8厘米，宽为4厘米

(2) 高为5厘米

(3) 棱长之和为96厘米的正方体

(4) 圆柱底面半径为3厘米

(5) 鱼缸（无盖）

(6) 做成2根通风管

(7) 切割成大小相同的两部分

(8) 削成一个最大的圆柱

---

1. 合作探究，总结提升

师：接下来，请你们进行小组讨论，完成以下任务。

(1) 在小组中分享自己编写的题目、解题思路。

(2) 把大家的题目进行分类，归纳出解决表面积问题的不同类型及方法，完成合作单。

设计意图：让学生在合作探究的过程中把编写的题目抽象化，建构模型，不再停留在做题检测的阶段，对学生的建模思想、抽象能力、应用意思有很大的考验。

2. 组织交流，理出题型

师：请一个出题"专家"小组上台汇报发言。

生1：我们小组整理出的题型是鱼缸型。

师：一定是鱼缸吗？

生：还能是游泳池、水桶……

师：那我们改个名字，其他组怎么说？

生：无盖型。

师：总结到位。那么无盖型应该怎么解题呢？

生1：只需要算1个底面积和1个侧面积。

师：三种立体图形都是这样吗？

生：对！

"立体图形的表面积"小组合作单

各编写小组注意：

请你们在互相分享好题的基础上对小组成员编写的题目类型根据不同的解题思路进行分类，总结"立体图形表面积"题型，比一比哪个小组整理得最全面。

题型类别	举例（题目）
求表面积 （通风管：表面积就是侧面积）	一根圆柱通风管，底面半径为3厘米，高为5厘米，求通风管的表面积。
求表面积 （鱼缸无盖）	1、一个圆柱鱼缸，底面半径为3厘米，高为5厘米，求表面积。 2、棱长之和为96厘米的正方体鱼缸，求表面积。
求表面积 （完整）	1、长方体的长为8厘米，宽为4厘米，高为5厘米，求表面积。 2、棱长之和为96厘米的正方体，求表面积。 3、圆柱底面半径为3厘米，高为5厘米，求表面积。
求切割表面积	把长为8厘米，宽为4厘米的长方体切割成大小相同的两部分，求增加的面积。或求切割后一半立体图形的表面积。

图2-20 题型建模

（师板书：无盖型　1底 +1侧）

生1：通风管型。

师：还碰到过什么管？

生：水管、吸管。

生1：可以叫管型。

师：大家觉得呢？

生：可以！

师：那小专家，管型题目怎么思考？

生1：管型只需要算1个侧面积，三种立体图形都这样。

师：这次说得很完整，很棒！

生1：我有补充，压路机也是这一类型。

师：是的，你真善于归类！

师：还有哪个小组有补充？

生2：我们还总结出了一种切割型。

师：一般这种题目会怎么出题？

生2：问增加的面积。

师：请这位专家代表来说说切割型的解题思路。你可以结合模型来讲解。

生2：大家看这个圆柱可以横着切，增加的两个面是两个底面。

师：横着切我们一般说与底面平行切即平切，继续。

生2：还可以竖着切，切出两个长方形。

师：竖着切是这样切吗？（老师进行不规则竖切）

生2：不对，要沿高切。

师：沿高切？

生2：沿直径切。

师：你们同意哪个说法？

生：沿直径切。

师：切出来的两个长方形有公式吗？

生2：$2dh$。

师：真棒，接下来你切哪个？

生2：正方体。

师：为什么？

生2：它不论怎么切增加的两个面都相同，都是 $2a^2$。

师：长方体呢？有几种切割方法？

生2：3种，可能是长宽面，也可能是长高面，还可能是宽高面。

师：所以需要我们……

生：具体问题具体分析。

师：还有吗？

生2：我们还总结了一种削圆柱形的题，正方体削圆柱比较简单。

师：你具体说一说。

生2：正方体的棱长就是圆柱的直径和高。

师：长方体呢？

生2：我认为长方体比较复杂，可以将它的不同的3个面做底去削，需要结合具体题目去算。

师：是的，你对长方体总结得真到位，掌声送给她。

师：还有一种最常见的大家都没有说到。

生：普通型、完整型。

师：对啦，我们在做完整型题目的过程中只需要做什么？

生：代公式。

师：有时候求表面积的题目不会直接问表面积是多少，而会以什么形式求表面积呢？

生：涂油漆。

生：贴瓷砖。

师：是的。此外，我们在做题的过程中还要注意单位！

设计意图：这个环节老师以退为进，通过生生间的互辨，把立体图形表面积中最为复杂的题型回顾整理，培养学生的归类意识和审辨意识，把整节审辨课的审辨气氛推向高潮，不仅让学生在互辨中提高分析和表达能力，更能让学生悟出题型归类是今后图形复习的高效手段。

（四）审辨思考，学反思，会评价

三棱柱、四棱柱也能用这个万能的表面积公式吗？在初中学习遇到上述题型的话，你会有思路吗？

设计意图：六年级的总复习课不能只着眼于小学段的知识，需要通过这个环节意图把小学段知识与初中段知识串联，让学生感受到直棱柱之间的共性，掌握知识的同时学会研究的方法和复习的策略。

（五）板书设计

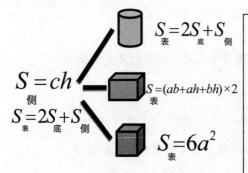

（1）普通立体图形：按表面积公式解题（注意单位）

（2）无盖题：长方体正方体5个面，圆柱1底+1侧

（3）通风管题：长方体正方体4个面，圆柱1侧

（4）切割题：表面积增加两个面。圆柱沿直径切 $S=2dh$ 与底面平行切 $S=2\pi r^2$

（5）切面题：高相同，与长方形（正方形）中切出的最大的圆有关

图 2-21 "立体图形表面积"板书

教学反思：

这节课后，一群学生围着我审辨三棱柱和四棱柱，有的用 A4 纸折了出来，有的画出了示意图来和我探讨，都一致地认为三棱柱和四棱柱也可以用这两个公式，上面的题型也都适用，并发出感叹：原来初中数学也挺简单！我想这就是一节基于审辨的复习课的魅力所在！

审·试·辨·辩·变·找
——小学数学总复习易错问题审辨课探索
朱婵媛

【前言】

时钟问题就是研究钟面上时针和分针、分针运动关系的问题。小学阶段对于时钟问题的学习和处理主要集中于五、六年级，难度系数比较大。时钟问题作为一个单独的分支，同学们需要知道时针和分针运动的规律，能够理解时钟问题中的一些特殊名词。比如，"重合""扫过""面积"和"路程"等。在时钟问题的处理中，同学们也会接触到常见的数形结合思维，对学生数学思维和数学核心素养的培养十分有利。本文以《圆里面的时钟问题》为例，通过"审一审，试一试""辨一辨，辩一辩""变一变，找一找"这三个活动来帮助学生找到时钟问题的处理窍门。

【教学流程】

一、审一审，试一试

师：老师最近遇到了一个比较棘手的问题，请同学们帮我解决一下。"一个挂钟分针长8厘米，时针长5厘米。一昼夜时针与分针尖端所走的路程比是多少？"同学们要认真读题，一定要读懂题目的意思。有需要的话还可以画出一些图形帮助我们思考。

生：这里为什么要告诉我们时针和分针的长度呢？

师：时针和分针转一圈会形成一个什么图形呢？

图 2 - 22　时针、分针扫过的路程示意图

生：转一圈就是一个圆形呀。所以时针和分针的长度分别就表示圆形的半径。那又应该怎么求呢？

师：这就要靠同学们自己思考了。

51

设计意图：教师首先应带领学生找到时钟问题和圆之间的联系。对于时钟问题的求解，审题是非常关键的一步。为了培养学生的审题能力，教师还以一种潜在的方式向学生介绍数形结合的方法。给予学生一些提示之后，要求学生独立思考，锻炼自己的解题能力。

二、辨一辨，辩一辩

师：老师已经收集了班上同学对于这道题目的解答，总共有4种答案。现在我们一起来分析一下，看看谁的答案是对的。每位同学都要睁大眼睛"辨一辨"，然后有理有据地"辩一辩"。

①$5\pi : 8\pi = 5 : 8$ ②$2\pi \times 5 \times 12 : 2\pi \times 8 \times 12 = 5 : 8$

③$2\pi \times 5 : 2\pi \times 8 \times 12 = 5 : 96$ ④$2\pi \times 5 \times 2 : 2\pi \times 8 \times 24 = 5 : 96$

师：我们现在开始讨论这几个式子，首先请这些答案的主人来分享一下自己的解题思路，然后我们再来展开具体的讨论。

答案一：

生1：通过刚刚的讨论，如果要求时针和分针尖端所走的路程，就是要计算时针和分针所扫过的圆的周长。所以分针所走过的路程就是8π，时针所走过的路程就是5π。

生2：圆周长的计算公式是什么？我记得好像是$2\pi r$，但是你用的公式是πr，你计算的是圆周长的一半，是不符合题意的。

生1：嗯，确实是我弄错了。那我的答案可以排除了。

答案二：

生3：我用的是正确的公式，首先计算出时针和分针每转一圈所走过的路程，分别是$2\pi \times 5$和$2\pi \times 8$。然后我注意到题目中有一个关键词"一昼夜"。一昼夜就说明，这个时钟一晚上都在走动，所以分针不可能只转了一圈。一个夜晚总共有12小时，他们都转了12圈。所以我就得到了第2个式子$2\pi \times 5 \times 12 : 2\pi \times 8 \times 12 = 5 : 8$。虽然我和学生1列的式子不同，但最终的答案一样。

生4：一昼夜不是12小时吧？而且时针的转动和分针的转动并不同步。我观察我们家里的时钟发现，时针转得很慢，分针转得很快，那么一晚上时针和分针所转的圈数也应该是不同的呀。

生3：听你这么说，我觉得也很有道理，所以我的圈数错了，那正确的圈数又应该是什么呢？

答案三和答案四：

生5：在我看来，经过一昼夜，分针会转12圈，时针会转1圈。

生6：我觉得时针会转2圈，分针会转24圈。

生7：到底是谁说得对呢？

（教师见学生5和学生6没有办法清楚地表达自己的想法，所以提出了几个问题带领大家一起思考）

师：弄清楚时针和分针分别转了多少圈，首先要明白一昼夜有多少小时。

生5：一昼夜包括白天和晚上，一天是24小时。

师：那时针转一圈和分针转一圈分别表示多少小时呢？

生6：观看刚刚画出来的钟，时针每走过一个刻度代表经过了1小时，所以时针走一圈就经过了12小时。而分针走一个刻度代表5分钟，所以分针走一圈就走了60分钟，也就是1小时。

师：我们已经知道了一昼夜的总时长，也知道分针和时针转一圈经过了多少小时，现在可以算出它的圈数了吗？

生5：一昼夜是24小时，时针转一圈经过了12小时，所以时针总共转了 $24 \div 12 = 2$（圈）；分针转一圈是1小时，总共有24小时，所以分针总共转了 $24 \div 1 = 24$（圈）。所以第四种答案才是正确的。

设计意图：大部分学生都会在圈数问题上出错，为了弄清楚时针和分针分别转了多少圈，首先要弄懂时针和分针的转动规律（它们转一圈表示过了几小时），然后根据题目中所显示的时间来计算具体的圈数。教师首先让学生自由地表达自己的看法，同学之间相互交流会碰撞出不一样的火花，课堂会更精彩。教师要引导学生多交流，展现数学学科的魅力。当讨论进行不下去时，教师就要发挥引导作用，让这个讨论能够继续进行下去。

三、变一变，找一找

师：有些同学认为自己会做了一类题目，但实际上只是看懂了解题过程，并没有真正领会这类题目的解决办法。老师需要提供一两个变式题目来检验同学们的掌握情况。能够真正地做到举一反三、触类旁通的同学才算真正掌握了这类问题的解决窍门。

师：我们一起再来看一道时钟问题吧。"一个挂钟分针长8厘米，时针长5厘米。从8时到8时45分，分针扫过的面积有多大？"请同学们仔细想一想这个问题求的是什么？

生：这个问题是求解分针扫过的面积。

师：那请同学们找一找这道问题和刚刚那一道问题的不同之处。

生：第一，条件不同。第一个问题的时间限制是"一昼夜"，而第二个问题的时间限制是"从8：00到8：45"。第二，问题的所求不同。第一个问题是求路程，第二个问题是求面积。

师：那同学们会求这一道题目吗？解答这类问题的窍门在哪里呢？

生：既然是求面积，我们首先要选定圆的面积公式，然后再根据题目中的时间要求确定面积的大小。

师：这个同学说得非常有道理。看来同学们已经找到了这类问题的解题规律了。有没有同学可以分享一下自己的解题思路和解题过程的呢？给大家几分钟时间思考一下。

生：从8：00到8：45，总共经过了45分钟。分针走一圈会经历60分钟。也就是说，在这个问题中，分针走了这个圆周长的 $\frac{3}{4}$，那么分针扫过的面积也是 $\frac{3}{4}$。我还画了一个图在草稿本上，数量关系看得非常清楚。具体的计算公式是 $3.14 \times 8^2 \times \frac{3}{4} = 150.72$（平方厘米）。

师：这个同学的解题思路非常清晰，而且解题的步骤也完全正确。根据以上的分析过程，有没有同学可以总结一下此类问题的解决窍门或者解题过程呢？

生：我觉得时钟问题的求解主要分三步。第一步要明确问题的所求。第一个问题求的是路程，第二个问题求的是面积。第二步要选择合适的公式。如果是求路程的话，我们就用 $2\pi r$。如果是求面积，就用 πr^2。第三步根据题目的条件仔细计算。套公式计算时一定要仔细。

生：我觉得还有一个步骤非常重要，就是画图。有的时候光看题干的文字描述，我觉得我很难完成第一步和第三步。我必须要借助具体的图形才能够读懂题目的意思。

生：我也是这样认为的。画图能够让我快速地理解题意，加快我的解题速度。

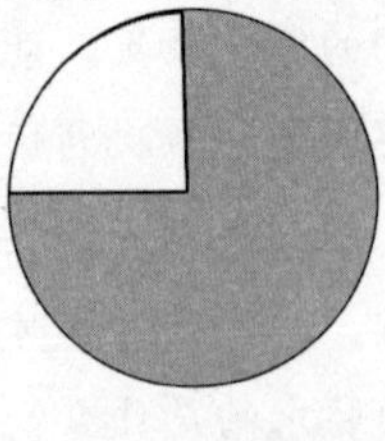

师：我们对这类问题已经认识得比较深刻了。在前两类问题中，我们一直讨论的是时针和分针，如果换成秒针，同学们会不会计算？知不知道秒针的运动规律是什么呢？请同学们根据我们刚刚总结的三步解题法来解决这个问题。"一个挂钟的秒针长10厘米，经过1小时，这个秒针划过多少面积？秒针针尖所走过的路程是

图2-23 分针走过的圆周长示意图

54

多长?"

生:秒针走一圈会经过1分钟,1小时等于60分钟,所以秒针走了60圈,秒针划过的面积为 $3.14 \times 10^2 \times 60 = 18840$(平方厘米),秒针走过的路程为 $2 \times 3.14 \times 10 \times 60 = 3768$(厘米)。

师:看来同学们已经可以熟练地解决这个问题了,今后在处理时钟问题时,大家一定不要害怕,相信自己一定可以解决它!

设计意图:在处理变式类问题时,教师引导学生分析题目的不同之处,从而提炼出这些问题的解决办法,对学生进行了一个系统的训练。在以上问题的分析中,教师有意识地引导学生分析数学思想的妙处,加深学生对数学思想的认识。教师在其中发挥了衔接作用,衔接不同的环节,课堂的大部分还是交给学生自己思考、讨论。在复习课堂上,教师需要传授的理论知识并不多,教师不如多放手,让学生在课堂上自由地复习。

教学反思:

在小学数学毕业班的数学总复习中,为了体现整个复习过程的系统性,让学生的复习思路更为清晰,教师会经常归纳一些常见的数学问题类型,探讨不同类型问题的解决办法。而本文提出的"审一审,试一试""辨一辨,辩一辩""变一变,找一找"这三个环节都有具体的意义,并且取得了令人满意的成果。在这个过程中,笔者也进行了一些思考,收获了以下两点教学经验。

一、开展互动交流、引发思考

《圆里面的时钟问题》信息量大,学生分析起来具有一定的难度。当独自应对一个比较难的数学问题时,大部分学生都会有退缩的表现。但教师通过互动、交流便可以对学生的行为、思维有一定的引导。学生都在讨论一个问题时,胜负欲就会有所表现。学生会非常愿意解决这类问题,自然而然地就忽略了问题的难度。当学生解决掉这类比较复杂的问题时,其自信心也会有所提升。下次遇到其他困难的问题,学生也不会轻易地放弃。

二、数形结合、动手操作很有必要

很多教师在教《圆里面的时钟问题》时,会让学生提前准备一个时钟。在课堂上学生不仅可以操作时钟里面的时针、分针、秒针,形成直观认识,还可以观察它们的运动,从而总结出时针、分针、秒针运动的规律。在这类问题的复习课上,学生的手中虽然没有时钟,但是学生的手中还有铅笔,可以在图上画出具体的时钟唤醒自己脑海中有关时钟的记忆。数形结合方法在以上三个问题的解决中得到了广泛的应用，而且收获了大部分学生的好感。很多学生都认为数形结合是一种非常好的办法，能够帮助他们认识抽象的数学题干。学习数学就是这样的，你思路卡住、脑海中一片空白时，不妨画一画，也许就能够找到解决问题的途径。

第三章

我的工作室审辨课例——审辨中深度理解

第一节　审辨常态课

比勤奋更重要的是学习力。学生的学习力水平与其学科成绩有着非常直接的关系。学习力主要包括思维能力、沟通能力和合作能力。一个人的学习力涉及信息提取、比较分析、综合概括、整合诠释、论证评价、反思质疑、沟通合作，以及对数字规律、数量关系、图形图表的领悟和运用水平等众多方面。其中，思维能力的核心是分析性思维和审辨性思维能力。而量化推理能力是个体分析性思维和审辨性思维能力的重要指标之一。

如何在数学课堂中有效提高学生的量化推理能力呢？我们倡导师生之间进行对话教学，让设问、追问、反问成为常态。

"学起于思，思源于疑。"如果不善于质疑，学生就不会有真正的学习兴趣和动力，学习也只是被动的机械式学习，缺乏创新精神。质疑能力直接影响整个民族创新精神的培养，影响民族的未来。

设问句式是以自问自答的形式，故意先提出问题，自己提问自己回答。设问除了能引起注意外，也能启发学生思考，还可以加强教师想表达的思想。

课堂追问所产生的刺激有助于打破学生的认知平衡，激发学生的学习内驱力，保持学生思考的延续性，促使他们进行深度思考，提升学习效率。追问是对前一个提问的深入和发展，具有一定的随机性，通过问题的环环相扣对问题进行深入了解。追问的方式主要有探因、追根、迁移、质疑等。课堂追问艺术实际上是对学生思维的引导，通过既定的追问内容来引导学生向正确的方向思考。

反问句分为肯定反问句和否定反问句。肯定反问句表示否定的意思，否定反问句表示肯定的意思。反问的作用是加强语气，把本来已确定的思想表现得更加鲜明、强烈。反问句式不但比一般陈述句语气更为有力，而且感情色彩更为鲜明。反问句，就是明知故问，一般由陈述句改变而来，句子中充满了说话人充沛强烈的感情，或肯定或否定，且只问不答。

探寻数字规律课例 1：《巧算 24》

引导者： 工作室成员　楼晗韬

参与审辨对象： 三年级学生

审辨目标：

1. 了解"算 24"的游戏规则，能用"有 3 算 8""有 4 算 6"等技巧快速完成简单的"算 24"游戏。

2. 在探索技巧的过程中经历猜想、举例、验证、质疑、辨析、修正的过程，提高发现问题、提出问题、解决问题的能力，发展审辨式思维。

3. 通过对"算 24"游戏的技巧探索，感受数学的严谨性。

审辨重点：

探索技巧的过程中发展审辨式思维。

审辨难点：

探索技巧的过程中引发质疑，并通过合作优化结论。

教学过程：

一、谈话引入

师：同学们，你们喜欢玩游戏吗？（学生回答喜欢）今天我们就要来玩一整节课的游戏，你们准备好了吗？

师：瞧，这个游戏的名字叫作"算 24"，有同学玩过吗？

（若有学生玩过，则让他简单介绍游戏规则）

介绍游戏规则：根据题目给出的 4 个数，利用加、减、乘、除算出 24，每个数必须用一次且只能用一次。

师：你们从规则中知道了什么？

（学生自由发言）

师：那我们先来试一次吧，给你们一分钟，看看哪几位同学能又好又快地算出 24。

（出示题目：4　6　2　1）

（学生独立尝试完成，个别同学展示后，根据学生的错误进行讲解，加深他们对规则的理解）

二、逐步尝试，探索技巧

（一）低起点，初步感知

师：既然要研究方法，那我们不妨从最简单的开始，第一关——用两个数算24。想一想，如果让你从1~10中选两个数算出24，你会选哪两个数？

生：3和8，4和6。

师：为什么？

生：因为三八二十四（教师板书3×8＝24）、四六二十四（教师板书4×6＝24）。

师：看来两个数的计算非常简单，我们用乘法口诀找出了3×8和4×6。那我们接下来马上进入第二关——用三个数算24。

（二）破难点，深层探究

课件展示4道练习题（①3 9 1；②1 3 6；③4 7 1；④9 3 8）

学生先独立完成，教师根据学生的回答呈现答案，对学生及时予以肯定。

师：如何对4道题进行分类？（填序号）你的分类依据是什么？（同桌讨论）

生：②③分为一类，它们是用4×6＝24算出24的；①④分为一类，它们是用3×8＝24算出24的。

师：有同学跟他的分类是一样的吗？大部分同学都是这样分的，那我们就用这样的分类结果继续研究吧。

师：先观察第一类的两道题目，有什么不同？和你的同桌说一说。

学生汇报第一类：②③。

生1：一个用加法一个用减法。（教师追问还有什么不同吗？谁补充）

生2：第②题先算出4，第③题先算出6。（教师追问为什么一个先算出了4，另一个先算出了6，但最后都用了4×6算出24）

生3：第②题题目中有6，只要算出4就可以了，第③题题目中有4，那就算出6就可以了。

师：请学生说一说如果有（ ），那么算（ ）？（板书有××算××）

学生汇报第一类：①④。

生4：第一步一个先算出8，另一个先算出3。（教师追问为什么一个算8，另一个算3，但都能用3×8算出24）

生5：第①题题目上已经有3了，而第④题题目上有8。

师：也就是说，如果题目上有3了，那么需要先算出8。

师：请学生说一说如果有（ ），那么算（ ）？（板书有××算××）

师："9 3 8"这道题也有3，为什么不算8？

（学生观察反馈）

（三）试结论，验证正误

师：刚才同学们发现的技巧能不能让我们更快地算出24呢？我们来验证

一下。

出示练习题：①10 2 3；②8 2 6；③8 4 6。

生1：$10-2=8$，$3\times8=24$。

生2：$6\div2=3$，$3\times8=24$；$8\div2=4$，$4\times6=24$。

生3：$8-4=4$，$4\times6=24$。

师：题目中有8，为什么不能有8算3？题目中有4，为什么不能有4算6？

师：回顾刚才这3道题的计算过程，在解题前，首先是干什么？刚才我们大家说的有一个共同的地方就是先看清题目，数学上叫作审题。（板书：审）

师：接下来要干什么？接下来要分析题目的特点选择方法，并大胆尝试计算。（板书：析、试）

师：像刚才最后一题并不是第一次尝试就能算出结果的，如果像刚才那样，那要怎么办呢？那就要换一种方法再次尝试。（板书：改）

三、拓展延伸，方法应用

师：第二关也被我们同学轻易地闯了过去，还找到了算24的技巧。接下来是难度升级的第三关，你准备好挑战了吗（用4个数算24）？

（出示题目：3 4 8 10）

（学生独立完成后汇报）

生1：有3，用$10-8=2$，$2\times4=8$。

生2：有4，用$10-8=2$，$2\times3=6$。

生3：有8，用$10-4-3=3$。

师：看来刚才在3个数计算里找出的方法，在4个数计算的问题里同样可以使用。

师：我们用刚才讲的方法来试一试2 3 5 9；3 9 6 1。

（学生独立完成，师检查）

师：说一说你的想法，用的是哪种方法，为什么会选择这种方法？

生：（有3算8）$9-5=4$，$2\times4=8$，$3\times8=24$；

（有6算4）$9\div3=3$，$3+1=4$，$4\times6=24$。

师：还有其他的方法能算出24吗？同桌讨论一下。

生：$2\times3=6$，$9-5=4$，$4\times6=24$；

$6-3=3$，$9-1=8$，$3\times8=24$。

师：同学们真善于思考发现，这两种方法还是用$3\times8=24$，或$4\times6=24$的方法算出24的，但是和刚才不同，4和6两个数都是题目中没有的，需要计算得到。这就需要同学们将题目中的数"转化"为4和6。（板书：转化）

师：这些方法大家都已经体验过了，最后再给大家一道思考题，你们能想出办法解决吗？

（出示题目：3　9　5　8）

生：$3 \times 9 = 27$，$27 + 5 = 32$，$32 - 8 = 24$。

四、课堂总结，巩固提升

师：通过今天这节课，你学到了什么？今天我们通过探索发现了几个算 24 的技巧，那这些技巧是不是万能的？它们可以解决所有"算 24"的问题吗？

师：其实并不是，我们在算 24 中也有很多时候不能用今天学习的技巧解决，我们今天学习的不过是一种应用较广，命中率比较高的技巧。

师（总结）：同学们，我们这节课要找的"巧"其实并不是"算 24"里这几个小小的技巧，而是我们在探索的过程中体验、感知的解题策略技巧。刚才在学习过程中我们说的"审、析、试、改"，其实应用在完成其他数学练习甚至是非数学的问题时，都是非常实用有效的。希望同学们能通过这节课，真正体会到"巧"的奥秘。

五、板书设计

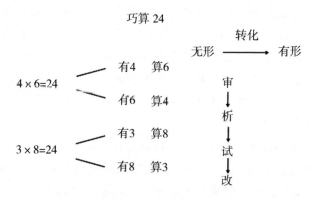

图 3 - 1　"巧算 24"板书

附：《算 24》合作学习单

1. 独立完成以下 4 题，将计算过程写在"＿＿＿＿＿＿"上。

①1　3　6　　②3　9　1　　③4　7　1　　④9　3　8

＿＿＿＿＿＿　　＿＿＿＿＿＿　　＿＿＿＿＿＿　　＿＿＿＿＿＿

2. 同桌讨论，如何对上面 4 题进行分类？你的分类依据是什么？

第一类：＿＿＿＿＿＿＿＿＿（填序号）

第二类：＿＿＿＿＿＿＿＿＿（填序号）

3. 选择适当的技巧完成下面各题，将计算过程写在"_____"上。

①10 2 3　　②8 2 6　　③8 4 6

_____　　_____　　_____

4. 用"3 4 8 10"4个数算出24，把你能想到的方法都写下来。

_____

5. 选择适当的技巧完成下面各题，将计算过程写在"_____"上。

①2 3 5 9　　②3 9 6 1

_____　　_____

_____　　_____

_____　　_____

教学反思：

本节课抛弃了传统的"利用扑克牌算24"的教学模式，采用直接引入的方式进入课题，通过与学生的交流及试玩的过程激发学生的学习乐趣，调动学生探索的积极性。

一、由易到难，探索技巧

本节课从两个数开始，循序渐进，通过对3个数的题目进行分类比较，找寻"算24"的技巧，如"有4算6""有6算4"……在对几个技巧简单地进行巩固之后，进行拓展延伸，思考"在4个数的题目中，这些技巧还适用吗？"学生通过独立思考，共找出了9种不同的计算方法，并发现刚才的技巧同样适用，体验到计算方法的多样性和灵活性。

二、由浅入深，突破定势

本节课的第二个设计点在于对练习题的设计。从3个数的"10 2 3"这种常规类型的问题，再到"8 2 6"这种可以用两种不同的技巧解决的问题，然后到"8 4 6"这种有特殊数字但是不能用相应技巧解决的问题，逐步深入，让学生在练习中不断巩固技巧，同时也在突破技巧。在4个数的练习中，我设计了"2 3 5 9"和"3 9 6 1"两道题，这两道题的共同之处在于既能用所学技巧解题，又能用技巧之外的方法进行解题。同学们的思考和论证，打破了使用技巧解题的思维定式，转而寻找更多的方法。最后的思维拓展题同样是为了突破思维定式所设计，同学们会发现算24不光能用乘法，加法、减法同样是非常重要的。

三、借助方法的学习，体验思维的训练

本节课的定位不仅仅局限于学生对计算方法的掌握，更重要的是在解题、探索方法的过程中，训练、提高学生的思维水平。同桌讨论分析、学生展示方法、学生进行质疑等过程，可以充分地激发学生的审辨思维，让学生在学习交流中学会总结、学会质疑。

探寻数字规律课例2：《填数游戏》

引导者：工作室成员 于建玲

参与审辨对象：二年级学生

审辨目标：

1. 通过填数游戏积累推理的经验，明白当横行、竖行、斜行中3个数的和一定时要先找到公用的数，掌握填数游戏的技巧，初步提高学生的分析推理能力。

2. 在探索、尝试、交流等活动中，体会填数游戏的乐趣，激发学习兴趣。

3. 培养学生观察、语言表达、分析推理和初步运用数学解决问题的能力，体会数学历史的源远流长，激发学习数学的自信心。

审辨重点：

经历填数游戏活动，掌握填数游戏的技巧，初步提高学生的分析推理能力。

审辨难点：

培养学生观察、语言表达、分析推理和初步运用数学解决问题的能力。

教学过程：

一、复习旧知，适时引入

师：孩子们，你们还记得一年级的时候老师教你们的填数游戏吗？想一想，我们已经学过哪些填数游戏了？（课件出示一些填数游戏，复习旧知）

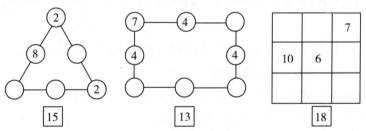

图3-2 填数游戏1 图3-3 填数游戏2 图3-4 填数游戏3

师：还记得这类题怎么解吗？（选择图3-4进行详细解答）

（学生回答）

师：没错，像解这类题我们是有技巧的，必须从已知两个数的那条线开始求出第三个数，因为3个数中有两个数已知，根据和就可以很快确定第三个数。我们继续来学习填数游戏，来看看今天的填数游戏又有什么解题技巧呢？

二、合作探究，攻克难关

（一）填数游戏 4：小试牛刀

1. 将 1、2、3、4、5 五个数填入下面的方格里（图 3 - 5），使横行与竖行上的各三个数相加的和相等。

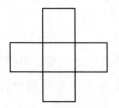

图 3 - 5　填数游戏 4

学生先独立尝试，然后教师再反馈学生的解法。白板展示学生的各种解法，然后一一验证学生的填法是否正确。询问有没有在中间方格填 2、填 4 的学生？解这道题的窍门是什么？如何来确定中间的数？

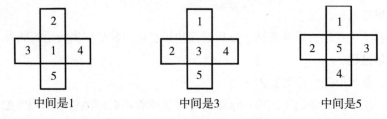

中间是1　　　　　　　中间是3　　　　　　　中间是5

图 3 - 6　填数游戏 4 答案 1　　图 3 - 7　填数游戏 4 答案 2　　图 3 - 8　填数游戏 4 答案 3

小结：先确定中间的数，然后去掉中间的那个数，其余两个数都是一个大数配一个小数，而且它们的和相等。

2. 如果把这道题改成"使横行与竖行上的各 3 个数相加的和等于 10"那又会怎么样呢？为什么中间只能填 5 呢？中间这个"5"有其他的办法来确定吗？

教师介绍方法：$1 + 2 + 3 + 4 + 5 = 15$，$10 + 10 = 20$，$20 - 15 = 5$。

小结：可以根据数字的特点来确定中间的数，也可以用求和的方法来确定中间的数，但不管用什么办法，这类题必须要先确定中间的数。

（二）填数游戏 5：更上一层楼

将 1、2、3、4、5、6 六个数填入下面的圆圈里（图 3 - 9），使每条线上的三个数之和等于 12。

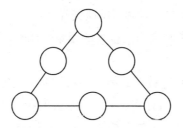

图 3 - 9 填数游戏 5

这类题又该怎么解呢？同样，学生先独立尝试，教师再反馈。

师：说说你是怎么解的？三个角上的三个数能不能选 1、2、3？

小结：先确定三个角上的三个数，再填其他的数。那三个角上的三个数怎么确定呢？

教师介绍方法：$12 + 12 + 12 = 36$，$1 + 2 + 3 + 4 + 5 + 6 = 21$，$36 - 21 = 15$，$15 = 4 + 5 + 6$,所以三个角要填 4、5、6。

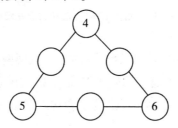

图 3 - 10 填数游戏 5 答案

变式：如果三个角上填 1、2、3 这三个数，那这一题的题目可以怎样改？三条线上的三个数相加会是几呢？（让学生学会举一反三）

（三）填数游戏 6：挑战极限

将 3、4、5、6、7、8、9、10、11 九个数填入下面的方格里（图 3 - 11），使横行、竖行、斜行上的各三个数的和等于 21。

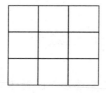

图 3 - 11 填数游戏 6

同样，学生先自己解答，教师再反馈交流。

孩子在解答这个问题时会遇到很大的困难，此时，老师要有针对性地进行重点分析、引导。

分析：根据以往的解题技巧，第一步我们要先确定最中间的数为7，因为它重复使用的次数最多，同时发现另外两个数的和为21－7＝14；第二步确定4个角上的数，因为它们也会被重复使用。重点探究发现这4个角上的数和最中间的数的特别之处，对引出复习旧知时用到的这一题进行观察分析。你发现了什么？

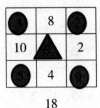

18

图3－12　和为18时，填数游戏6解法

小结：和是18，中间的数为双数，4角上的数两两对应之和为12，而且都是单数。以此类推，是不是这一题的和21是单数，中间的7是单数，所以4角上的数因为两两对应之和是14都应该是双数呢？根据这一发现把4角确定下来（图3－12）。

再根据之和等于21来确定其他几个数。

4		8
	7	
6		10

4	11	6
9	7	5
8	3	10

图3－13　和为21时，填数游戏6步骤1　图3－14　和为21时，填数游戏6步骤2

三、课堂小结

学了今天的填数游戏，你有什么发现呢？

四、拓展延伸

这个填数游戏我们还可以给它逐步拓展延伸。

如图3－15，图3－16，图3－17所示：

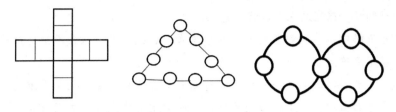

图3-15　填数游戏7　　图3-16　填数游戏8　　图3-17　填数游戏9

教学反思:

本课是在一年级《填数游戏》的基础上进行学习的拓展课。一年级时,学生知道了已知3个数的和来填具体的数,一定要先知道其中的两个数才能确定第三个数,否则答案是不唯一的。本节课我的目的是让学生体验到方法的多样化,然后在多样化之后找相同点,由表及里,由浅入深,从课本走向奥数这是一场思维审辨课的盛宴。

在本节课中,我安排了3次挑战。在过程中,学生的思维逐步加深,审辨能力也越来越强。

第一板块:牛刀小试。将1、2、3、4、5这5个数填入方格中,使横行和竖行上的各3个数相加的和相等。在开放式问题的驱动下,学生想到了多种解决方法,老师引导学生在多种答案中寻找相同点,让学生自己明白了解题窍门:先确定中间数,再使两边之和相等。紧接着,老师把问题变一变:使横行和竖行上的各3个数相加的和等于10,怎么办呢?有什么窍门吗?学生在老师的追问中,反思、探寻中间数确定方法的奥秘:$10 \times 2 - 15 = 5$,中间数重复了两次,相差数就是中间数。

第二板块:更上一层楼。将1、2、3、4、5、6这6个数填入圆圈中,使每边3数之和等于12。在学生反复探索解题之后,引导学生观察、比较,寻找发现3个角上都是4、5、6,并思考原因。在上面解题思路的正迁移下,学生马上想到3个角上的数是重复两次的,算式表示为:$12 \times 3 - 21 = 15 = 4 + 5 + 6$。由此推导出3个角上的数是4、5、6。老师又把问题变一变:如果3个角上填的数是1、2、3,那么每边的和应该是几呢?正、反两方面的审辨思维,给学生一种全新的感受。

第三板块:挑战极限。用3、4、5、6、7、8、9、10、11这9个数在空白的九宫格上填数,要求横行、竖行和斜行上的各3个数相加的和都是21。该问题是与上面不一样的变式题,如何找中间数呢?4个角上的数又有什么秘密呢?这是一个非常有趣又是一个非常值得去探究的问题,果不其然,真的激起了学生强烈的求知欲，探究起来也非常有意思。

在整节课中，学生都在变与不变中思考，在先确定什么，再确定什么中探究，拓宽了思维。

建议：本节课三个板块的填数游戏题目，皆可视为重叠问题，重复的数以不同颜色先后出现，利于成绩处于中下游的学生形象感知，先求重复次数最多的数，再依次确定其他数。如何求出"重复的数"是难点，也是审辨点。

探寻数字规律课例3：《乘积哪个大》

引导者： 工作室成员　李玲静

参与审辨对象： 四年级学生

审辨目标：

1. 理解乘法算式的意义，并学会快速比较两组算式乘积的大小。

2. 通过观察、对比、数形结合等策略积累比较经验，并能灵活比较乘积大小。

3. 发展数感、运算能力，激发学好数学的积极情感。

审辨重点：

观察、对比乘法算式的特点，选择合适的方法比较大小。

审辨难点：

沟通数与形之间的关联，利用关联迁移方法，并灵活选择策略判断。

学情分析：

从"KFS第二课堂"的后台数据结果看，部分比较大小的乘法题错误率较高，其中有3道题的数据特别突出，均低于50%，分别是（40＋4）×25○11×（4×25）得分率41%、257×75○256×76得分率39%、342×248○343×247得分率24%，再看在做题时大部分学生都没有留下草稿，可见学生面对稍复杂数据的比大小缺乏一定的意义理解和解决策略，凭感觉答题的情况占了大多数。从单道题的运算上看，学生的得分率就高很多，比如，对于（40＋4）×25的运算学生很少会出错，11×（4×25）的运算学生也很少会出错，但是将两个算式放在一起比大小，出错率明显就高很多。因为面对257×75○256×76、342×248○343×247这样大数据的比较时，学生计算的耐心与细心受到很大的挑战，精确计算的同学容易出错。如果要找规律，数据又很大，就很难在短时间内选择一种较好的方法比较出大小。

审辨过程：

一、读取数据包，精准化学情

上周我们全体同学去机房做了一个专题测试《乘积哪个大》，老师通过后台数据库调取，拿到了两个我们需要特别关注的数据包 A 和数据包 B。

二、分析数据包 A，精准化策略

呈现数据包 A（表 3-1），猜一猜数据包 A 中这 4 道题得分率低的原因。

表 3-1　数据包 A

题目	得分率
$96 \times 30 \bigcirc 95 \times 48$	86%
$125 \times 6 \times 8 \bigcirc 125 \times 14$	77%
$128 \times 10 \bigcirc 128 \times 9 + 28$	61%
$(40 + 4) \times 25 \bigcirc 11 \times (4 \times 25)$	45%

对比几种思路，判断方法上有何异同。

小结：在判断乘积哪个大的时候，我们有时候可以利用乘法意义来判断，有时候可以通过估算来解决，有时候可以利用运算律转化意义来比较大小，如果一下子没有办法看出来的，我们用精确计算来判断。

三、分析数据包 B，精准迁移

（一）猜测

"$342 \times 248 \bigcirc 343 \times 247$" 这道题目的得分率会是多少？为什么？

引导：此题为三位数乘三位数，超出了教材的内容标准，但是还有 36% 的同学做对了，说明同学们还是很厉害的。那么上面 3 道题的得分率估计一下会是多少呢？为什么要往高了估？（因为是学过的内容）

（二）呈现数据包 B（表 3-2）

表 3-2　数据包 B

题目	得分率
$36 \times 34 \bigcirc 37 \times 33$	68%
$51 \times 29 \bigcirc 21 \times 59$	65%
$257 \times 75 \bigcirc 256 \times 76$	45%
$342 \times 248 \bigcirc 343 \times 247$	36%

谈一谈：你喜欢这几道题吗？为什么不喜欢？

（计算量太大、数字好像很容易出错……）

师：有部分同学已经感觉到有一定的规律存在，为了方便观察，我们把最后一道题拿开，以前3道题为例子研究规律。

（三）探究规律

出示规律研究学习单（表3-3）。

引导：我们借助一张学习单来深入研究一下，这样一类题有什么特点，判断上会不会有些小窍门？

表3-3　规律研究学习单

乘数	乘数	和	差	积
36×34○37×33				

乘数	乘数	和	差	积
51×29○21×59				

乘数	乘数	和	差	积
257×75○256×76				

结论：＿＿＿＿＿＿＿＿＿＿＿＿＿＿＿＿＿＿＿＿＿

（四）交流汇报

达成共识：在和一定的情况下，两个乘数差越小，积越大。

（五）举例迁移

1. 素材观察，同桌交流

引导：长方形周长相等、面积如何变化（图3-18）？

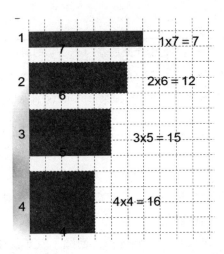

图 3 – 18 长方形的长、宽和面积变化

小结：在周长相等的情况下，两条边的数值越接近，面积越大。

2. 几何画板演示

是不是所有的长方形都存在这样的规律呢？

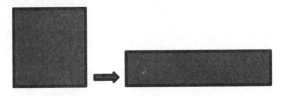

图 3 – 19 几何画板的变化演示

表 3 – 4 长方形长、宽变化及面积变化表

长	宽	长与宽的差	长方形的周长	长方形的面积
10.00 厘米	10.00 厘米	0.00 厘米	40.00 厘米	100.00 平方厘米
10.56 厘米	9.44 厘米	1.12 厘米	40.00 厘米	99.69 平方厘米
11.03 厘米	8.97 厘米	2.06 厘米	40.00 厘米	98.94 平方厘米
11.67 厘米	8.33 厘米	3.34 厘米	40.00 厘米	97.21 平方厘米
12.36 厘米	7.64 厘米	4.72 厘米	40.00 厘米	94.43 平方厘米
13.31 厘米	6.69 厘米	6.62 厘米	40.00 厘米	89.04 平方厘米
14.31 厘米	5.69 厘米	8.62 厘米	40.00 厘米	81.42 平方厘米
15.21 厘米	4.79 厘米	10.42 厘米	40.00 厘米	72.85 平方厘米

长	宽	长与宽的差	长方形的周长	长方形的面积
15.98 厘米	4.02 厘米	11.96 厘米	40.00 厘米	64.24 平方厘米
16.54 厘米	3.46 厘米	13.08 厘米	40.00 厘米	57.22 平方厘米
16.72 厘米	3.28 厘米	13.44 厘米	40.00 厘米	54.84 平方厘米

你发现了什么？

达成共识：周长不变的情况下，长和宽越接近，面积越大。

四、梳理对比，精准联结

我们今天利用学习单探究了一些规律，回顾了三年级学的长方形和正方形周长的问题，将这 3 个材料放在一起比一比，你发现了什么？

小结：它们是有联系的，看来道理都是相通的，我们在判断的时候可以从多些角度想一想，思维会更开阔一些！

五、分类练习，精准巩固

1. $342 \times 248 \bigcirc 343 \times 247$

2. 快速口答

$32 \times 28 \bigcirc 33 \times 27$

$72 \times 22 \bigcirc 63 \times 31$

$172 \times 22 \bigcirc 63 \times 131$

思考：学了规律后一定是用规律判断最简便吗？

六、课堂小结

回顾这节课，我们是怎么进行的？

分析—猜想—验证。

教学反思：

精，谓之非常，指教学中数据的可靠性；准，谓之水平，指教学中目标的达成水平。本节课旨在借助精准教学的数据分析，精准定位学情，精准选择内容，精准方法迁移，促进学生深度学习，发展数学思维。

在比较两个算式的大小时可以看出一个孩子的思维品质，同时也可以通过策略的多元渗透，发展学生思维的灵活性及广度。

一、分析，让模块数据服务课堂，精准教学

学生要学会用数学的眼光观察世界，这节课以后台的数据包 A、B 为载体，引发孩子们的好奇心，在错误中思辨，在对比中建构。

在"KFS第二课堂"测试的22道题目中，有3道题的平均正确率低于50%，需要教师在教学过程中给予重视。有两道题属于运算律层面的比较大小，5道题属于运算技巧层面的比较大小，很明显学生缺失的是这两个方面的能力。所以本节课的设计是基于对前测的数据分析而展开的，教师根据学生存在的实际问题选择两组比较有代表性的素材。数据包A主要复习了乘法意义、运算律的易混淆点，数据包B主要解决运算技巧层面的问题。课后，进行了后测，通过平台同类型题目的推送，发现学生解决相关问题的正确率明显提高。

二、联结，让枯燥的计算丰润起来，丰富数感

有专家通过调查，发现学生最喜欢的数学学习过程是可操作的、整体的、有用的、有趣的、关联的、可生长的、一种很自然的潜移默化的领悟，其中，关联是最难的。将知识与知识联结、将知识与生活联结、将知识与情感联结都是其中的一种。这节课的第三环节力图让孩子们经历一个潜移默化的过程：感悟有规律存在——规律的探究得出—规律的应用。这个过程是很平顺的，但是得出规律并不是简单地让学生应用这个规律，我们数学的思维方式是要学会灵活运用规律解决问题。因此在最后环节安排了一道破规律应用的题目，让学生学会举一反三，灵活运用。

三、拓展，让精准教学走向深入，深度学习

精准分析数据的教学是手段，既可以关注学生的个性化思维特征，又可以快速统计出共性存在的问题，帮助教师从宏观和微观上把握教学。从数据的结果上看，面对两组数较大的乘法算式比较，学生无从下手。如果单纯告诉他们和相等，两个乘数越接近，积越大，很多学生都是不理解的，只会套用一下结论而已。而通过与长方形、正方形的周长面积问题进行关联，让学生发现道理是相通的，打开了学生的视野，能够让知识更生动、更深刻地被建构，让深度学习自然而然地发生。

在巩固练习的环节安排了最后一道计算题，如果套用规律，会花费更久的时间，反而利用估算能马上得出结论。在多种方法呈现后，需要灵活选取合适的方法进行判断。

附：说课《乘积哪个大》

一、为什么要设计这样一节课——大数据下的单元模块学情采集

为什么要设计这样一节课？比大小是学生一年级第一学期学习的，后面就没再专门教授过了，而是将其渗透在每一次计算学习之中。乘法学完就有乘法的比大小，除法学完就有除法的比大小。在比大小时，有些学生凭感觉填符号，

做得很快，也有严谨的学生按部就班一道一道地计算出结果再比较它们的大小，速度上慢了一些。

我们先来看"KFS第二课堂"平台上的一组数据：

（1）义乌绣湖小学四年级学生乘积比大小题目的内容及正确率（表3－5）。

表3－5　义乌绣湖小学四年级学生乘积比大小题目的内容及正确率

题号	题目类型	题目内容	正确率	做题时间/秒
1	填空题	在下面横线上填上">""<"或"=" 96×30 _____ 96×48	95%	27.17
2	填空题	在下面横线上填上">""<"或"=" 18×500 _____ 50×180	81%	17.76
3	填空题	在下面横线上填上">""<"或"=" 10×600 _____ 10660	83%	18.40
4	填空题	在下面横线上填上">""<"或"=" 6×128 _____ 125×6	90%	18.46
5	填空题	在下面横线上填上">""<"或"=" 260×46 _____ 460×26	73%	22.73
6	填空题	在下面横线上填上">""<"或"=" 201×54 _____ 54×200+1	85%	17.37
7	填空题	在下面横线上填上">""<"或"=" 70+0 _____ 70×0	83%	7.61
8	填空题	在下面横线上填上">""<"或"=" 342×248 _____ 343×247	24%	31.46
9	填空题	在下面横线上填上">""<"或"=" 300×10 _____ 10×310	90%	13.44
10	填空题	在下面横线上填上">""<"或"=" 31×3 _____ 13×3	88%	11.51
11	填空题	在下面横线上填上">""<"或"=" 125×6×8 _____ 125×14	68%	17.83

题号	题目类型	题目内容	正确率	做题时间/秒
12	填空题	在下面横线上填上">""<"或"=" 105×4 _____ 5×105	90%	12.29
13	填空题	在下面横线上填上">""<"或"=" 36×34 _____ 37×33	56%	26.02
14	填空题	在下面横线上填上">""<"或"=" 79×21 _____ 45×55	59%	24.00
15	填空题	在下面横线上填上">""<"或"=" 51×29 _____ 45×45	73%	19.44
16	填空题	在下面横线上填上">""<"或"=" 257×75 _____ 256×76	39%	17.63
17	填空题	在下面横线上填上">""<"或"=" $(40 + 4) \times 25$ _____ $11 \times (4 \times 25)$	41%	20.32
18	填空题	在下面横线上填上">""<"或"=" 135×32 _____ $135 \times 8 \times 4$	78%	11.12
19	填空题	在下面横线上填上">""<"或"=" $72 - 32 \div 8$ _____ $(72 - 32) \div 8$	73%	14.22
20	填空题	在下面横线上填上">""<"或"=" 4200 _____ 70×59	78%	16.76
21	填空题	在下面横线上填上">""<"或"=" 128×10 _____ $128 \times 9 + 28$	78%	13.15
22	填空题	在下面横线上填上">""<"或"=" $150 \times 3 \times 0$ _____ 3×1	78%	8.68

（2）义乌绣湖小学四年级学生乘积比大小题目的正确率与平均做题时间（表3-6）。

表3-6 义乌绣湖小学四年级学生乘积比大小题目的正确率与平均做题时间

题号	平均做题时间	平均做题时间（做错）	平均做题时间（做对）	平均正确率
1	27.17	46.00	26.23	95%
2	17.76	20.13	17.21	81%
3	18.40	20.71	17.94	83%
4	18.46	25.50	17.70	90%
5	22.73	37.27	17.40	73%
6	17.37	26.83	15.74	85%
7	7.61	6.43	7.85	83%
8	31.46	24.94	51.70	24%
9	13.44	12.00	13.59	90%
10	11.51	8.60	11.92	88%
11	17.83	12.92	20.11	68%
12	12.29	24.25	11.00	90%
13	26.02	12.83	36.35	56%
14	24.00	11.59	32.79	59%
15	19.44	17.82	20.03	73%
16	17.63	15.08	21.63	39%
17	20.32	12.63	31.18	41%
18	11.12	14.22	10.25	78%
19	14.22	11.91	15.07	73%
20	16.76	12.67	17.91	78%
21	13.15	11.00	13.75	78%
22	8.68	8.22	8.81	78%

从表3-6中可以较容易地发现，在简单的题目上，做对题目的学生比做错题目的学生花费时间少；但在较难的题目上，做对题目的学生会比做错题目的学生耗费更长的时间。此外，在22道填空题中，有3道题的平均正确率低于50%，需要教师在教学过程中加以重视。

第 11、17 题都属于运算律层面的比较大小，第 8、13、14、15、16 题属于运算技巧层面的比较大小，很明显学生缺失的是这两个方面的能力。于是就有了今天这一堂课。

用数学的眼光观察世界，用数学的思维思考世界，用数学的语言表达世界。这是数学的核心素养所在，那么这节课想体现的几个点是什么呢？

二、这节课想体现的观点是什么——基于模块分析的精准教学设计

（一）模块学习内容的精准选材与分析

从前测的草稿纸来看，很多关于这一组题的都是空白的。

说明：面对此类问题混编后学生的思维不够清晰，不能马上判断出大小，需要有针对性地指导。

从"KFS 第二课堂"平台上的数据分析来看。有 3 道题的平均正确率低于50%，需要教师在教学过程中加以重视，分别是第 8、16、17 题。第 17 题是数据包 A（表 3 - 1）中的最后一道题，第 8 和 16 题是数据包 B（表 3 - 2）中的两道题，因此也就构成了今天上课内容基本的两个板块。

（二）精准难点巧突破，数形结合让规律研究更丰富

面对数据大的比较，学生容易产生畏难的心理。如果让学生知道可以利用有些技巧快速解决，他们一定会非常开心，这可以让学生更喜欢数学。

数的运算是很枯燥的，借助长方形的面积问题进行迁移，借助几何画板支撑发现，可以使猜想的结论更准确、可靠，也可以发展学生的应用意识和创新意识。

我是双班数学教师，今天我呈现了其中一个班的课堂教学，其实我的另一个班已经完成了整个精准教学的任务。

三、上完这节课后有什么成效——利用精准教学后测试的对比报告

精准教学前后测题目的内容及正确率对比如表 3 - 7 所示。

表 3 - 7　精准教学前后测题目的内容及正确率对比

题目序号	后测题	前测题	后测正确率	前测正确率	差值
1	$72 \times 12 \bigcirc 73 \times 11$	$36 \times 34 \bigcirc 37 \times 33$	83%	56%	27%
2	$125 \times 48 \bigcirc 40 \times 125 + 8$	$128 \times 10 \bigcirc 128 \times 9 + 28$	85%	78%	7%
3	$120 \times 46 \bigcirc 460 \times 12$	$260 \times 46 \bigcirc 460 \times 26$	76%	73%	2%
4	$98 \times 45 \bigcirc 75 \times 46$	$51 \times 29 \bigcirc 45 \times 45$	78%	73%	5%
5	$128 \times 72 \bigcirc 78 \times 122$	$257 \times 75 \bigcirc 256 \times 76$	70%	39%	31%
6	$352 \times 256 \bigcirc 255 \times 353$	$342 \times 248 \bigcirc 343 \times 247$	60%	24%	36%

从表3－7中可以发现，后测所有题目的正确率均高于前测题目，其中属于"和相同两个数差越小，积越大"类型的3个题目（序号1、5、6），相比于前测，后测题目的正确率有了极大的提高，说明教师对这类题型的教学是卓有成效的。但针对运用"乘法分配律（序号2）""乘法结合律（序号3）"以及"两位数乘两位数（序号4）"3类题，后测题目正确率的提升并不明显，这可能是这类题本身的正确率就较高导致的。

表3－8　精准教学前后测题目配对样本 t 检验结果

题目序号	后测题	前测题	t 分数	自由度	P 值
1	$72 \times 12 \bigcirc 73 \times 11$	$36 \times 34 \bigcirc 37 \times 33$	2.905	39	0.006
2	$125 \times 48 \bigcirc 40 \times 125 + 8$	$128 \times 10 \bigcirc 128 \times 9 + 28$	0.374	39	0.711
3	$120 \times 46 \bigcirc 460 \times 12$	$260 \times 46 \bigcirc 460 \times 26$	0.628	39	0.534
4	$98 \times 45 \bigcirc 75 \times 46$	$51 \times 29 \bigcirc 45 \times 45$	0.628	39	0.534
5	$128 \times 72 \bigcirc 78 \times 122$	$257 \times 75 \bigcirc 256 \times 76$	2.762	39	0.009
6	$352 \times 256 \bigcirc 255 \times 353$	$342 \times 248 \bigcirc 343 \times 247$	2.940	39	0.005

为了检验学生在前测与后测中答题正确率是否发生了明显的变化，我们对前测与后测两组题目进行了配对样本 t 检验（表3－8）。结果显示，后测的第1、5、6题与对应的前测题目存在显著差异（$p < 0.05$），说明经过教师的讲解，班级学生的答题正确率得到了显著的提高。而后测中的第2、3、4题的正确率与对应的前测题目相比不存在显著差异，说明经过教师的讲解，班级学生的正确率并没有得到显著的提升。

表3－9　精准教学前后做对题目时间对比

序号	后测题	前测题	后测做对时间（秒）	前测做对时间（秒）	差值
1	$72 \times 12 \bigcirc 73 \times 11$	$36 \times 34 \bigcirc 37 \times 33$	39.00	36.35	2.65
2	$125 \times 48 \bigcirc 40 \times 125 + 8$	$128 \times 10 \bigcirc 128 \times 9 + 28$	24.97	13.75	11.22
3	$120 \times 46 \bigcirc 460 \times 12$	$260 \times 46 \bigcirc 460 \times 26$	20.97	17.40	3.57
4	$98 \times 45 \bigcirc 75 \times 46$	$51 \times 29 \bigcirc 45 \times 45$	56.38	20.03	36.35
5	$128 \times 72 \bigcirc 78 \times 122$	$257 \times 75 \bigcirc 256 \times 76$	64.25	21.63	42.62
6	$352 \times 256 \bigcirc 255 \times 353$	$342 \times 248 \bigcirc 343 \times 247$	44.44	51.70	−7.26

随着后测题目正确率的整体上升，后测中，做对题目学生的平均做题时间总体上也呈现上升的趋势（表 3-9）。做对题目学生的平均做题时间增加的原因可能是多样的，无法简单地将其归咎到某一点上。首先，由于题目正确率提升，原本做错题目的学生做对这道题可能需要花费更多的时间。其次，教师可能向学生传达了后测的重要性，促使学生花费更多的时间确保题目正确无误。

精准教学研究过程的启发：分析，让精准模块数据服务课堂，精准教学；联结，让枯燥的计算丰润起来，丰富数感；拓展，让精准教学走向深入，深度学习。

总结：力求做有广度、有深度、有精度的精准教学。让学生的数学思维更自然、更深刻；让数学的教育更深入、更有温度。

探寻数字规律课例 4：《等差数列》

引导者： 工作室成员 李晓敏

参与审辨对象： 六年级学生

审辨目标：

1. 理解等差数列的概念，掌握等差数列的通项公式。

2. 逐步灵活应用等差数列的概念和通项公式解决问题。

3. 通过教学，培养学生的观察、分析、归纳推理的能力，渗透由特殊到一般的思想。

审辨过程：

一、尝试探索：审一审，试一试

找规律，填一填

①8、11、14、17、(   )、23、(   )

②4、9、16、25、(   )、49、64

③1、8、27、(   )、125、(   )

④3、6、9、15、24、(   )、63、(   )

⑤30、24、18、(   )、6

⑥1、5、9、(   )、(   )

⑦$\frac{1}{2}$、1、(   )、2、(   )

二、辨析论证：辨一辨，辩一辩

（一）辨析解题

①从前 4 项看出后 1 项比前 1 项大 3，接下去第 5 项应填 20，第 7 项应填 26。

②前 4 项分别是 2^2、3^2、4^2、5^2，第 6、7 项是 7^2、8^2，则第 5 项是 6^2，即 36。

③类似第 2 题，前 3 项分别是 1^3、2^3、3^3，第 5 项是 5^3，则第 4、6 项分别是 4^3、6^3，即 64、216。

④任意相邻 2 项的和等于它们后面的项，缺项应填 39、102。

⑤从前 3 项看出后 1 项比前 1 项小 6，接下去的 3 项应填：12、6、0。

⑥从前 2 项看出后 1 项比前 1 项大 4，接下去的 2 项应填 13、17。

⑦从前 2 项和第 4 项看出后 1 项比前 1 项大 $\frac{1}{2}$，则第 3、5 项应是 $1\frac{1}{2}$、$2\frac{1}{2}$。

根据这些数列的规律，请同学们睁大眼睛"辨一辨"，有什么相似之处吗？

（二）辨一辨，辨一辨

①8、11、14、17、（　　　　）、23、（　　　　）

②1、5、9、（　　　　）、（　　　　）

③$\frac{1}{2}$、1、（　　　　）、2、（　　　　）

通过观察可以发现，这几组数列具有相同特点，从第 2 项起，每一项与它的前一项的差都等于同一个常数，具有这样特点的数列叫作"等差数列"，这个常数叫作等差数列的公差，通常用字母 d 表示。

三、发现规律：变一变，找一找

（一）找规律，填一填

①8、11、14、17、（　　　　）、23、（　　　　）

$11 = 8 + 3$

$a_2 = a_1 + d$

$14 = 11 + 3 = (8 + 3) + 3 = 8 + 2 \times 3$

$a_3 = a_2 + d = (a_1 + d) + d = a_1 + 2d$

$17 = 14 + 3 = (8 + 2 \times 3) + 3 = 8 + 3 \times 3$

$a_4 = a_3 + d = (a_1 + 2d) + d = a_1 + 3d$

……

②1、5、9、（　　　　）、（　　　　）

$5 = 1 + 4$

$a_2 = a_1 + d$

$9 = 5 + 4 = （1 + 4）+ 4 = 1 + 2 × 4$

$a_3 = a_2 + d = （a_1 + d）+ d = a_1 + 2d$

$13 = 9 + 4 = （1 + 2 × 4）+ 4 = 1 + 3 × 4$

$a_4 = a_3 + d = （a_1 + 2d）+ d = a_1 + 3d$

……

如果一个等差数列用字母表示为 a_1、a_2、a_3……a_n，它们的公差为 d，那么每一项都可以用字母公式表示出来，对比观察一下，有理有据地"辩一辩"，有什么发现吗？

等差数列从第 2 项起，每一项都等于第一项加上公差的若干倍，这个倍数等于这项的项数减 1 的差，所以可推理出 $a_n = a_1 + （n - 1）× d$。这个公式叫作等差数列的通项公式，利用通项公式可以求出等差数列中的任何一项。

（二）火眼金睛："辨一辨"

1. 这 4 组等差数列有什么不同？

①8、11、14、17、（　　　）、23、（　　　）

②1、5、9、（　　　）、（　　　）

加上公差 $a_n = a_1 + （n - 1）× d$

③ $\frac{1}{2}$、1、（　　　）、2、（　　　）

④30、24、18、（　　　）、6　　　　减去公差 $a_n = a_1 - （n - 1）× d$

四、活学活用

1. 20 个小朋友排成一排玩报数游戏，后一个同学报的数都比前一个同学报的数多 3。已知最后一个同学报的数是 62，第一个同学报的数是多少？

2. 等差数列 5、9、13……中，401 是第几项？

3. 梯子的最高一级宽 32 厘米，最低一级宽 110 厘米，中间还有 9 级，各级的宽度成等差数列。计算正中一级的宽度。

4. 按一定规律排列的算式：$4 + 2$，$5 + 8$，$6 + 14$，$7 + 20$，……，那么第 100 个算式是什么？

探寻图形规律课例 1：《数图形的学问》

引导者：工作室成员　朱振华

参与审辨对象：四年级学生

审辨目标：

1. 结合问题情境，把生活中的现实问题抽象成数图形的数学问题并利用多样化的画图策略解决问题，发展几何直观思维能力。

2. 在数图形的过程中，能够用分类数或者根据图形的规律数数，逐步形成有序思考的良好习惯，做到不重复、不遗漏，发展推理能力。

3. 在发现规律的进程中，能够独立思考和自主探究，有条理地表达解决问题的过程和结果，增强学习的自信心，提高对数学问题探索的兴趣。

审辨重点、难点：

引导学生按顺序数图形，并在有序数图形的基础上发现数图形的规律。

审辨过程：

一、创设情境，导入新课

师：请看大屏幕，今天我们一起来认识一个新朋友——"鼹鼠"，它有一个特长，那就是钻洞。

图 3 - 20 "鼹鼠钻洞"课件展示

师：请同学们仔细观察这幅图，你看懂了什么？（理解"任选""向前走"）

生1：鼹鼠可以从第一个洞口进入，从第二个洞口钻出；也可以从第一个洞口进入，从第三个洞口钻出（课件演示）；还可以从第一个洞口进入，从第四个洞口钻出。

师：还有其他同学举手，看来还有不同的路线。

生2：还可以从第二个洞口钻进，第三个洞口钻出来。

师：像大家说的这样，任选一个洞口进入，向前走，再任选一个洞口钻出来，可以看作是一条路线，那么一共有多少条不同的路线呢？这就是今天我们要研究的问题。（板书课题）

设计意图：教学中，教师没有直接呈现图中的信息，而是先让学生观察情境图，让学生"走进"情境，激发学习兴趣，同时利用课件演示"鼹鼠钻洞"的动画，结合交流，使学生对"任选""向前走""一进一出"的意思有了更为深刻的理解，为学生寻找有多少条路线做好了铺垫。

二、自主探索，学习新知

（一）尝试画图

师：有多少条不同的路线呢？我发现很多同学伸着手指在数。好数吗？

（学生跃跃欲试）

生1：好数。

生2：不好数。

师：感觉不好数的同学，遇到了什么困难？

生：路线多，数不清楚。

师：是啊，这样比画着数，很容易重复，也容易遗漏。怎样才能数得更清楚呢？

生1：按一定的顺序数，就不会遗漏，也不会重复。

生2：画图，仿照上面的样子画下来。

生3：画出路线图。

师：两位同学都想到了画图的方法。画图是学习数学的一种好办法，画图不仅形象直观，还可以把复杂的问题变简单。怎样画图呢？请同学们试一试。

学生画图，教师巡视。

教师展示学生作品并点评。教师有意识地先展示具象一点的图，再展示抽象的线段图。

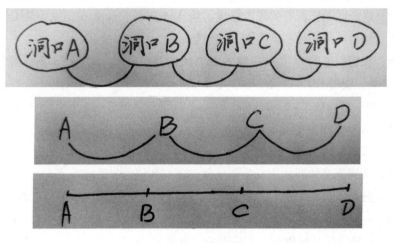

图3-21　"鼹鼠钻洞"解题示意图

师：你们真了不起，用相对简单的图（图3-21）就表示出了问题的信息，比如，用点表示洞口，且将每个洞口用A、B、C、D标注出来，线段AD则是表示两洞之间的距离，这就是我们以后学习数学经常要用的线段图。

设计意图：从示意图到线段图，需要学生从现实生活上升到数学问题。为了更好地让学生跨越这个"鸿沟"，在反馈环节，教师刻意先展示比较具象的示意图，再展示比较抽象的线段图，这是从生活到数学的跨越，是感性向理性的飞跃。"数"抽象，"形"直观，两者结合相得益彰，让学生感受到"数形结合"的优势。这样设计不仅符合学生的认知规律，更体现了新课程理念。

（二）数线路

师：刚才你们数出来有几条不同的线路？（6条）

师：真的是6条吗？谁愿意上来数给我看看？

生1：从同一点出发数。A→B，A→C，A→D，B→C，B→D，C→D，一共6条。

师：A→B，A→C，可以直接说成线段AB、线段AC。这位同学是这样来数的，哪位同学听懂了？

生2：线段AB、AC、AD、BC、BD、CD。

师：这位同学是按怎样的顺序来数的？

生3：先数A点的，再数B点的，最后数C点的。

生4：按点来数的。

生5：按从左往右的顺序数。

师：这个同学把所有的线段分成了从A点出发、从B点出发、从C点出发的三类。然后再从左往右，一类一类地数。

师：我们用他的方法一起数数看。线段AB、AC、AD是3条，线段BC、BD是2条，线段CD是1条，一共是6条。

（板书：按点数 3 + 2 + 1 = 6）

师：从D点出发的线段有吗？

生：没有，因为是往前走。

师：大家都会按照顺序有条理地数，还有其他的方法吗？

生：按照线段长短来数。线段AB、BC、CD、AC、BD、AD，一共6条。

师：这位同学是怎样数的呢？谁看懂了？

生1：按线段长短数的，先数短的，再数长的。

生2：先数最短的线段AB、BC、CD，再数比较长的线段AC、BD，最后数最长的线段AD。

师：这个同学是把线段按长短分成三类，再按由短到长的顺序来数。

师：我们一起来数一数，每一类各是3、2、1条，一共也是6条。

（板书：按长短数 3 + 2 + 1 = 6）

生3：以上两种方法最终都用"3 + 2 + 1 = 6"来解决，那不就是同一种方法吗？

师：是啊！都是用"$3+2+1=6$"来解决，那上面两种方法能说是同一种方法吗？仔细回忆一下刚才的思路，你有什么发现？

（先独立思考，再小组交流。引导学生从数学本质上来理解算式）

（这时一位学生举手，说他还有不同的方法）

（学生直接计算：$3×4÷2=6$）

师：你的想法与众不同，你怎么想到这个方法的？

师：有哪位同学能读懂这位同学的方法？（学生摇头）

师：大家都看不懂，请你来介绍一下。

生：我把先往前走，再往后走，都算上了。因为有 4 个点，每个点都可以和其他 3 个点组成一条线段，所以一共是"$3×4=12$"条线段。也就是说从 A 点出发的有 3 条，从 B 点出发的有 3 条……这样数下来，每条线段都重复了一次，所以要除以 2。

师：讲得真好！大家根据自己的理解，通过观察线段图，想到了这么多办法，真精彩！以上方法虽不完全一样，但殊途同归，得出的结果都是 6 条。

师：我们一起回顾一下，一个是按照点来数路线，一个是按照长短来数路线，每一类都是 3、2、1 条，都可以列出算式"$3+2+1=6$"，而"$3×4÷2=6$"这个算式比较特别，不过只要和我们的图对应起来，它也很容易理解。如果再来解决这样的问题，大家可以画图，也可以直接列算式。

设计意图：在学生之间交流的过程中，他们积累学习的经验，并在小组活动交流的过程中进一步提升自己的感知过程，开启数学的智慧。这使得学生在能从有序地描述，到用字母表示每个洞口、有顺序地数，最后得到利用有序数线段的方法中，可以做到不重不漏。在教学过程中，教师应该及时抓住学生的质疑点，利用学生之间的重复教、反复学等技巧来有效地激发学生的感知，通过学生对于简单易懂语言的易理解的特点传递知识。

教学反思：

学生在三年级就已经学习过搭配中的学问，掌握了搭配的方法，并能结合具体情境进行初步的有序思考，这些知识储备和已有的生活经验，将成为本节课数学学习生长的"土壤"。而本节课的教学着力点在于提升学生的经验水平，通过具体情境的创设，利用画图策略来解决实际问题，培养学生的审辨能力、有序思考能力、推理能力。同时也为今后"图形中的规律"等类似的数学知识的学习生长"播下种子"。

1. 本节课我先通过唤醒学生已学的搭配中的学问，让学生体验只有做到有序搭配才能做到不重不漏，为生长延伸至探究"数图形"的学问埋下伏笔。

2. 整节课围绕"你是怎样数的？"这一中心问题展开教学，让学生经历独立思考、动手操作、讨论交流的过程，使他们在交流中互相引导，探索出有序地数图形的方法。

3. 注重对学生审辨能力的培养，引导学生提出自己的疑惑，给予学生充分的时间上台展示，并说出自己的想法，使学生懂得表述有序数图形的方法，帮助学生主动构建知识。

4. 在游戏中抽象数学模型，在模型中学习数学知识原理。关于数线段的方法，有的学生已经掌握，但是不懂得拓展，背景变换下就不懂得迁移。因此，整节课围绕不同的背景材料，从中抽象出同一个数学模型，并在这个模型的基础上围绕"你是怎样数的？""你是怎么算的？"和"你有什么发现？"等一系列问题展开教学。

探寻图形规律课例2：《巧放方形》

引导者：工作室成员　鲍丽萍

参与审辨对象：四年级学生

审辨目标：

1. 在"巧放方形"的过程中，培养同学们的观察能力和空间观念。

2. 在动手操作中培养逆向思维能力，形成缜密思考的品质。

3. 经历游戏过程，培养学生手脑并用、协调运作的能力，养成有序操作的习惯。

审辨重点：

探索的过程中，培养学生的观察能力，发现按从大到小的顺序操作比较简便，会通过运用逆推思维来找出各积木之间的关系解决问题。

审辨难点：

最后3块积木的拼摆中，通过发现小正方形积木各边和其他积木边的关系，判断出小正方形积木的位置。

教材分析：

"巧放方形"是一种益智拼版，它规则简单，通过游戏教学能培养学生的观察能力和逆向思维能力，更能够培养学生手脑并用、协调运作的能力。

学情分析：

学生在日常生活中接触过很多积木类益智器具，有一定的数学经验。"巧放方形"这类的积木操作存在一定的难度，但学生能在已有的经验基础上，通过多次的探索操作发现无序的操作是没有意义的，总有一块积木不能放进去，从而引发思考，发现需要去观察并寻找各积木之间的联系，突破难点、解决问题。

审辨点分析：

1. 积木拼摆的顺序和方法。学生通过多次尝试探究发现按从大到小的顺序，有序地操作更清晰简便。

2. 小正方形积木各边和其他积木边的关系。最后剩下的 3 块积木比较困难，学生通过观察能够发现小正方形积木和其他两块积木之间边的关系，从而得出 3 块积木的拼摆方式，解决问题。

审辨过程：

一、谈话引入

师：同学们都喜欢玩积木吗？今天老师带来了一个特殊的积木游戏，我们一起看一看吧！

二、动手操作

（一）观察器具，熟悉规则

1. 操作规则介绍。

将小正方形和托盘里的 5 块积木全部放在托盘里，拼成一个新的正方形，要求所有积木不能重叠、交叉。

2. 学生尝试操作。

（二）观察交流，分享经验

1. 师生按从大到小的顺序观察各块积木。

2. 分享经验得出最大的多边形积木只有一种拼摆方式，并且按从大到小的顺序有序地拼摆比较容易拼摆。

（三）寻找联系，发现规律

1. 应该先拼摆哪块？为什么？

先拼最大的那块积木，它的长边刚好是托盘的边，只有一种拼摆方式。

2. 我们要添加的小正方形边长与小的两块积木有什么关系？

这两块积木都有一边和小正方形的边长相等（说明这是拼接的边）。

（四）总结方法，一起验证

1. 先拼摆最大的一块积木。

2. 再将两块直角三角形积木摆上，可以先确定大的再摆小的，有两种拼摆方式。

3. 选择一种方式保留。

4. 再把另外两块和小正方形边长相等的积木与小正方形拼在一起。

（五）不同拼法，总结提升

小结：只要同学们善于观察，发现规律，找到事物之间的联系，就能攻克难题，取得成功！

三、习题巩固，应用提升

1. 连一连，拼成完整的正方形。

2. 下面图形是从哪张对折纸上剪下来的？

图 3 - 22　折纸题

3. 观察小汽车停的是几号车位？

四、总结

这节课你有什么收获？如果让你玩"巧放圆形"你会玩吗？同学们可以回去玩一玩。

五、板书设计

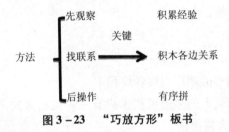

图 3 - 23　"巧放方形"板书

探寻图形规律课例 3：《图形中的规律》

引导者： 工作室成员　张珊珊

参与审辨对象： 五年级学生

审辨目标：

1. 初步体验找规律的一般方法，再从个别到普遍的发展中找出规律。

2. 引导学生在动手、动脑过程中，产生找规律解决更多实际问题的心理需求，激发学生的求知欲。体会解决问题的方法多样性以及选择不同的方法带来的影响。

3. 通过探索过程培养学生的抽象概括能力，数形结合的思想以及培养学生的优化意识，发展学生的归纳与概括的能力。

审辨重点：

让学生经历一个动手操作、探索发现的过程，找到这一类探究数学知识的方法。

审辨难点：

让学生用含有字母的式子表示所摆图形和所需根数之间的规律。

审辨过程：

一、谈话导入

师：同学们，摆一个三角形需要几根小棒？

生：3 根。

师：摆 3 个三角形需要多少根小棒呢？你是怎么摆的？

学生给出不同的答案，有的说 9 根，有的说 7 根，请学生上台摆出图形，说出两种摆法的不同之处。进而追问如果按照 7 根的方法摆，怎样摆 10 个三角形、20 个三角形、100 个三角形、n 个三角形呢？应该怎么算呢？带着这个疑问我们一起来学习一下图形中的规律。

（教师板书：图形中的规律）

设计意图：从学生熟悉的三角形开始，通过动手摆小棒在单一摆放中找规律，感受规律在解决问题中的重要性，尝试用字母表示这个规律，为后面图形中的规律学习打好基础。

二、探究新知

（一）动手操作

组织学生按照 7 根的摆法摆连续的三角形，并在表 3－10 中记录，寻找三角形个数和小棒根数的关系。当发现规律后再推算一下摆 10 个三角形需要多少根小棒。

表 3－10　三角形个数、所用小棒根数及它们之间的关系

三角形个数	摆成的图形	小棒根数	三角形个数和小棒根数的关系（用算式表示）
1	△	3	3
2	▽	5	3＋2
3	◁◁	7	3＋2＋2
4			
……	……	……	……
10			

思考：三角形个数和小棒根数有什么关系？

设计意图：教学时用算式表示出每次所摆图形需要的小棒根数，为下面总结提炼出表示规律的字母式子打下基础，帮助学生建立数学模型。

学生以小组为单位，共同摆一摆、填一填，并探讨三角形个数和小棒根数的关系。教师参与各个小组进行指导。

（二）汇报规律

各个小组反馈交流后重点汇报推算出摆 10 个这样的三角形需要的小棒根数，教师出示相应课件。

预设一：在第 1 个三角形的基础上，每多摆 1 个三角形就增加 2 根小棒。

生：当摆了 10 个三角形时，就有第 1 个三角形的 3 根小棒再加上后面增加的 9 份 2 根小棒。

算式：$3+2+2+2+2+2+2+2+2+2=21$（根）

教师引导学生回顾和描述规律：连续三角形每多摆 1 个三角形就增加 2 根小棒。课件展示简化算式 $3+2\times9=21$（根）理解算式及其中各数字的含义，并将三角形个数与小棒根数对应起来。

预设二：第 1 个三角形由 1 根小棒增加 2 根组成，每增加 1 个三角形就增加 2 根小棒。

学生展示摆的过程和所得规律：$1+2+2+2+2+2+2+2+2+2+2=21$（根）。

教师引导学生回顾和描述规律：连续三角形每多摆 1 个三角形就增加 2 根小棒。课件展示简化算式 $1+2\times10=21$（根），引导学生理解算式及其中各个数字的含义。

预设三：将第 2 个独立三角形与第 1 个三角形连接，去掉重合的 1 根小棒，同样得到每增加 1 个三角形就增加 2 根小棒。

生：将两个独立的三角形连接起来，有公用的边，因此在公用边的位置上多出 1 根小棒，需要去掉，即先用 3 根，去掉多余的 1 根，只用 2 根。也就是增加 1 个三角形，只需要增加 2 根小棒。

（学生讲解后，教师用课件展示图形排列过程）

师：摆第 2 个三角形时为什么减去 1？摆第 3 个三角形时为什么减去 2……

学生讨论得出：从第 2 个三角形开始每增加 1 个三角形就减少 1 根小棒。

师：推算一下，10 个这样的三角形要用多少根小棒？

生：$3\times10-(10-1)=21$（根）。

（三）总结规律

根据以上办法，追问学生摆30个三角形需要多少根小棒？学生可以轻松得出答案。再问当三角形个数增加到 n 时，上面三种算式会变成什么样？

学生小组合作交流。算式用字母表示：（1）$3+2×（n-1）$；（2）$1+2n$ 或 $2n+1$；（3）$3n-（n-1）$。

让学生小组合作整理（1）式和（3）式，得出 $1+2n$，我们发现三种方法最后都可以得出摆三角形规律的结论。

追问学生这些算法中他们最喜欢的算法及原因。

（在学生的交流中感受 $1+2n$ 这种算式的意义和简便性）

板书：$3+2×（n-1）$　　　$1+2n$ 或 $2n+1$　　　$3n-（n-1）$

设计意图：用列表的方法以及数形结合的思维寻找摆三角形的规律，并在学生充分交流的基础上找出普遍的、简单的规律。再用规律解决前面遇到的复杂问题，让学生体验寻找规律的办法和过程，总结解决这类问题的策略。

（四）拓展延伸

师：我们探索了摆成的三角形个数与用到的小棒根数的规律，如果我们按照上面的摆法摆正方形，那么它的个数与所需小棒之间又有着什么规律呢？小组合作，并在表 3-11 中记录，寻找正方形个数和小棒根数的关系。

课件展示不同的正方形的摆法，并说说每次需要多少根小棒，像这样摆正方形有什么规律？

表3-11　正方形个数、所用小棒根数及它们之间的关系

正方形个数	摆成的图形	小棒根数	正方形个数和小棒根数的关系（用算式表示）
1	□	4	
2	□□	$4+3$	
3	□□□	$4+3+3$	
4			
…	…	…	…
10			

学生汇报讨论结果。

板书：$4+3×9=31$（根）　　　$1+3×10=31$（根）　　　$4×10-9=31$（根）

提升难度，问学生摆 n 个连续正方形如何列式，学生可以自己总结出带字母的式子。请学生回答，同时以 PPT 形式展示结果。

(1) $4+3×（n-1）$；(2) $1+3n$ 或 $3n+1$；(3) $4×n-（n-1）$。

用三种方法得出不同的式子，请学生整理（1）式和（3）式得出的结果，与（2）式相同。

板书：正方形 $1+3n$ 或 $3n+1$

学习了摆三角形、正方形的规律，如果边数继续增加至五边形你们还能说出这里的规律吗？六边形呢？小组交流，课件展示，并且将五边形、六边形、七边形、八边形贴在黑板上，让学生更直观地感受到边数的增加。学生通过前面的学习可以直接得出 $1+4n$ 或 $4n+1$、$1+5n$ 或 $5n+1$、$1+6n$ 或 $6n+1$、$1+7n$ 或 $7n+1$ 的结论，教师随机提问 $1+6n$ 是怎么得到的，学生说出理由。

板书：五边形 $1+4n$ 或 $4n+1$　六边形 $1+5n$ 或 $5n+1$　七边形 $1+6n$ 或 $6n+1$　八边形 $1+7n$ 或 $7n+1$

三、应用规律

让学生完成导学单上面的两个练习，同时课件展示：

(1) 摆 100 个三角形需要多少根小棒呢？

(2) 51 根小棒可以摆多少个三角形呢？

学生独立计算，教师点名，让学生说出想法。

四、拓展练习

课件出示学校图书馆按下列方式摆放桌子和椅子（图 3-24）的情境，问 10 张桌子可以坐多少人？

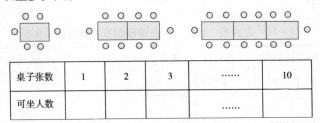

桌子张数	1	2	3	……	10
可坐人数				……	

图 3-24　拓展练习示意图

学生小组讨论，教师点名，让学生说出想法。

五、课后小结

在今天的实践活动中你有哪些收获？通过我们刚才的研究，你认为当许多图形排列在一起时，我们应如何去寻找规律？

六、板书设计

图形中的规律

n 个三角形　　　　正方形　　　　　　　$1+3n$ 或 $3n+1$

$3+2\times(n-1)$	五边形	$1+4n$ 或 $4n+1$
$1+2n$ 或 $2n+1$	六边形	$1+5n$ 或 $5n+1$
$3n-(n-1)$	七边形	$1+6n$ 或 $6n+1$

教学反思：

《图形中的规律》作为一节数学实践活动课，以数学活动为线索安排教学内容，充分体现了学生自主活动、探究、合作交流的学习方式，因此本节课的教学设计主要通过摆小棒、列表、观察与发现、小组交流等活动，引导学生从不同角度探究图形中的规律，体验探究的过程和方法，积累探究式学习的经验，感受数学魅力。

五年级的学生在一至四年级的学习中，已经学习过简单的排列规律，具备寻找规律的基本经验。前面的学习也为本节课的学习做了必要的经验铺垫。五年级学生已经具备动手实践的能力，在教师的引导下他们能够在动手摆小棒的过程中借助表格等多种形式发现和寻找规律。

数学教学活动必须建立在学生的认知发展水平和已有的学习经验基础之上。我们应激发学生的学习积极性，向学生提供充分参与数学活动的机会，帮助他们在自主探索和合作交流的过程中真正理解和掌握基本的数学知识与技能，数学思想和方法，获得丰富的数学活动经验。

本节课的教学设计突出以下几点：

（1）尊重学生的个性，鼓励解决问题策略的多样化。教学中应尊重每一个学生的个性特征，允许不同的学生从不同的角度认识问题，采用不同的知识与方法解决问题。

（2）让学生自主探究，与他人交流，主动获取知识。动手实践、自主探究、合作交流是学生学习数学的重要方式；数学学习过程充满着观察、实验、猜测、验证、推理与交流等探索性与挑战性活动。

（3）学用结合，边学边用，这是这节课的结构特点。规律归纳概括后，设计了相应的数学问题作为练习，让学生在练习中巩固，在实践应用中深化对规律的认识。

探寻图形规律课例4：《点阵的规律》

引导者：工作室成员　沈英

参与审辨对象：五年级学生

审辨目标：

1. 经历有趣的观察活动，发现点阵中隐含的规律，体会图形与数的关系。

2. 在发现、概括规律的过程中，培养观察、比较、概括的能力，发展数感和空间想象力。

3. 激发探索规律的兴趣和欲望，并获得成功的体验。

审辨重点：

引导学生，概括点阵中的规律。

审辨难点：

体会数形与数的联系。

审辨过程：

一、情景导入，引思激趣

（一）情景导入：最强大脑

让学生在 8 秒钟里分别说出下面 3 个算式的答案。

$1+2+3+4+5+6+7+8+9+8+7+6+5+4+3+2+1 = $ _____

$1+3+5+7+9+11+13+15 = $ _____

$\underbrace{1+3+5+7+9+11+13+\cdots\cdots}= $ _____

共有100个连续的奇数相加

（二）引思激趣

是不是在这么短的时间算出来不太可能？是不是有什么奥秘呢？想知道这个奥秘吗？这还得从点说起。

二、探索交流，发现规律

（一）引入点阵

教师出示几个杂乱的点，介绍将这些杂乱的点有规律地排列起来就能形成各式各样的形状。（动画演示）

师：像这样有规律排列的点子就叫作点阵。你们想知道的奥秘就在正方形点阵中。（板书：点阵中的规律）

（二）探索正方形点阵的规律

出示：⠿　　　?　　　●●●●
　　　　　　　　　　　　●●●●
　　　　　　　　　　　　●●●●

思考：按照这样的排列规律，第二个点阵是什么样子的？你是怎么想的？第五个点阵又是怎样的？

（三）探索 5×5 点阵的规律

师：你认为我们可以从哪些不同的角度观察这个点阵？

师：请同学们拿出作业纸，想一想怎么画能让别的同学一眼就看出你是怎么观察的，将这个点阵分一分，再写上有规律的算式。

● ● ● ● ●
● ● ● ● ●
● ● ● ● ●
● ● ● ● ●
● ● ● ● ●

1. 学生自主观察第 5 个点阵（利用横着看，斜着看等方法），根据要求写上有规律的算式。

小组内交流，教师巡视。

2. 展示学生的作品并让学生说一说这一算式是怎么得来的？

预设：

5×5

$1 + 2 + 3 + 4 + 5 + 4 + 3 + 2 + 1$

$1 + 3 + 5 + 7 + 9$

3. 教师通过课件演示：有效地理解 3 个不同算式的生成过程。

4. 纵向沟通算式之间的联系：为什么算式不同，而结果都是 25？

（四）探索其他正方形点阵的规律

1. 表示出 3×3 与 4×4 的点阵。

2. 横向比较这些算式之间的联系。

思考：$1 + 2 + 3 + 4 + 5 + 6 + 7 + 8 + 9 + 10 + 9 + 8 + 7 + 6 + 5 + 4 + 3 + 2 + 1$ 这么长的算式，都没有说错，你是怎么想出来的？$1 + 3 + 5 + 7 + 9 + 11 + 13$，为什么不加到 15？

（五）课堂小结

上完本堂课，你有什么收获？

教师引领学生从竖着看，到斜着看，还有拐弯看，多维审辨，多元表征，在数形结合中理解运算模型。

三、拓展延伸，内化提高

1. 8 秒钟最强大脑

$1 + 2 + 3 + 4 + 5 + 6 + 7 + 8 + 9 + 8 + 7 + 6 + 5 + 4 + 3 + 2 + 1 = $ _____

$1 + 3 + 5 + 7 + 9 + 11 + 13 + 15 = $ _____

$1 + 3 + 5 + 7 + 9 + 11 + 13 + \cdots\cdots = $ _____

共有100个连续的奇数相加

2. 独立完成练习卡

观察下列点阵，并在括号中填上适当的算式。

（1×2）　　（　　）　　（　　）　　（　　）

你能画出第5个点阵吗？

（1）观察点阵的规律，画出下一个图形。

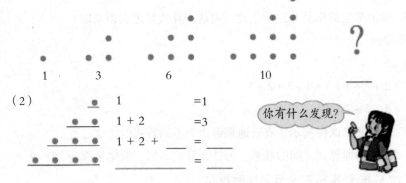

1　　　3　　　6　　　　10　　　＿＿

（2）

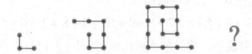

1	=1
1 + 2	=3
1 + 2 + ＿＿	=＿＿
	=＿＿

你有什么发现？

3. 选做

观察下图中已有的几个图形，按规律画出下一个图形。

教学反思：

本节课用8秒钟最强大脑的形式快速集中学生的学习注意力，同时在解决问题中促使学生产生困惑，寻求解题良策："听、问、思、辨"。

无序的乱点到有序的正方形、长方形、三角形和螺旋形点阵闪亮登场，马上吸引了学生的眼球。沈老师由扶到放，循循善诱，让学生在仔细观察，认真推测中有理有据地分析，"第5个点阵有多少个点？为什么这么快呢？你是怎么想的？"在教师由浅入深的追问中，促进学生的学习真实地发生。

本节课引领学生从竖着看，到斜着看，还有拐弯看，多维审辨，多元表征，在数形结合中理解运算模型："第9个方阵用算式怎么表达？为什么？""判断1+2+3+4+5+6+7+8+9+10+9+8+7+6+5+4+3+2+1这么长的算式，是第几个点阵？"让学生在结构化的学习中快速掌握规律，深度地理解各种算式中的每个数的意义。

学以致用，用点阵中的规律，解决课时"8秒钟最强大脑"，困难迎刃而解，充分呈现出学生学习的效果。这节课首尾呼应，答疑解惑，精心设计，由正方形点阵到长方形、三角形和螺旋形点阵，举一反三，触类旁通，又不失灵活。

探寻图形规律课例5：《组合图形的周长和面积》

引导者：工作室成员　邵雅露

参与审辨对象：六年级学生

审辨目标：

1. 通过自主探究、讨论交流等方式，区分组合图形的周长和面积。

2. 探索不同组合图形的面积和周长的通用解决方法。

3. 通过审辨易错点的探索，培养审辨思维。

审辨重点：

通过自主探究、讨论交流等方式，区分组合图形的周长和面积。

审辨难点：

探索不同组合图形的面积和周长的通用解决方法。

审辨过程：

一、审：开动脑筋"审一审"

师：今天我们来上一节特殊的复习课，整节课咱们就围绕一个题目，研究同学们在平时练习过程中的易错点"组合图形的周长和面积"（课件出示图3－25）。

提出要求：审一审，认真审题；试一试，独立解题。

《组合图形的周长和面积》研究单

本课主控探究题：

求下面组合图形的周长和面积。

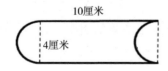

10厘米

4厘米

图3－25　《组合图形的周长和面积》研究单

设计意图：开头点明本节课的形式是一题一课，并提出审辨思维的第一要素是审，把"辨"建立在认真审题、独立思考的基础上会使其更为深刻。

二、辨：火眼金睛"辨一辨"

师：同学们都已经快速地完成了练习，这道题难吗？

生：简单。

师：真的简单吗？老师发现大部分同学有这样两种答案，我们一起来"辨一辨"到底哪种答案是正确的，错误的答案又是怎么产生的呢？

（展示两种答案）

答案一：	答案二：
①面积：$10 \times 4 = 40$ 平方厘米	①面积：$10 \times 4 = 40$ 平方厘米
②周长：$(10 + 4) \times 2 = 28$ 厘米	②周长：$10 \times 2 + 4 \times 3.14 = 32.56$ 厘米

设计意图：例题的设计基于学生在平时练习中的易错混淆点。其中，五年级上册学习过《组合图形的面积》一课，学生在面积方面错误率相对较低，相较而言，由于割补后的图形误导，周长的计算错误率高，本环节通过展现两种不同的答案，让学生进行思辨，为后续的论辩打下思考的基础。

三、辩：有理有据"辩一辩"

（一）有理有据"辩一辩"

师：请写出答案一的同学先说说你是怎么做的？写出答案二的同学有不同意见可以提问或补充。

生1：面积是用割补法，把左边的半圆补到右边就变成了长方形，再用长方形的面积的公式来计算。（课件同步出示图3－26）

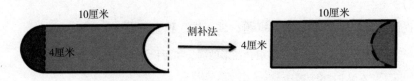

图3－26　"割补法"解题示意图

师：也就是说，组合图形的面积＝长方形的面积（板书），你同意吗？（问写出答案二的同学）

生2：我用的也是割补法。

师：看来对于计算组合图形的面积大家都没有问题，咱们来把目光聚焦到"周长"。这位同学（生1）继续说一说周长是怎么计算的。

生1：根据刚才的结论，组合图形的面积＝长方形的面积，所以用长方形的周长公式计算。

生2：不对，割补法中，"组合图形的面积＝长方形的面积"我同意，但是割补了以后周长变了，不能这么算，组合图形的周长应该是看线的组成，两条长加一个圆的周长。

师：也就是说，现在的问题是组合图形的周长是否等于长方形的周长？到底哪一位同学说的是正确的呢？组合图形的周长和面积应该如何精准求解？咱们不妨回到知识的本源，从三年级教材中周长和面积的起始课找一找答案。

（二）追本溯源"辨一辨"

（课件出示课本内容）请同学们观看《什么是周长》和《什么是面积》两节课的课本截图，关于面积和周长你有什么想说的？

生：图形一周的长度就是图形的周长，长度应该是和线有关的；而面积的概念是物体的表面或封闭图形的大小，面积才是和面有关。

师：你能根据这个结论反驳一下第一位同学的答案吗？

生：割补法是从面这里入手的，根据面积的概念，割补的过程中面的大小没变，所以组合图形的面积可以转化为长方形的面积（转化这个词用得很好）。但是，周长是和图形的边线有关，面移动以后，边线就变了，就不能用转化以后的长方形的周长计算了。

师：这位同学的解释大家明白了吗？

生1：我当时把题目想得太简单了，周长和面积的概念也混了，现在我听明白了。

师：对于周长和面积的起始知识，还有想说的吗？

生：我发现学习《什么是周长》的时候，老师先让我们描了叶子的边线，又让我们描了长方形和正方形的边线去理解周长的概念，我觉得描边线是一种好办法。

师：这位同学不仅回忆了知识学习的过程，还提出了新的解决周长问题的思路——描边线。

师：让我们根据周长的概念和同学的思路再来看看这道题目，并想一想，割补的过程中，组合图形的面积、周长是多少？

（课件展示描边线动态图）

师：通过课件展示，我们可以看出，这个组合图形的周长是由什么组成的？

生：两条长和两个圆周长的一半弧，两个圆周长的一半弧可以合成一个圆，所以应该是两条长和一个圆的周长。（板书：组合图形周长 = 长 ×2 + 圆周长）

师：所以，我们可以得出结论……

生：割补的过程中，组合图形的面积相同，周长不同。

设计意图：审辨思维的第一特色就是不懈质疑，通过设计有理有据"辨一辨"的环节，让不同思路的同学之间互相质疑、辩论，从错误的源头中辨论出错因，方能对症下药。从两位学生的互辩中不难看出，单算组合图形的面积对学生来说，问题不大，但是同时计算组合图形的周长和面积，学生容易在计算周长中犯一些错误，本质原因是学生对于周长和面积概念的认知不清晰，因此笔者设计了追本溯源"辨一辨"的环节。在第二个环节中，学生通过回忆概念的内容及学习的过程，厘清两个概念之间的本质特征，并能提炼出解决周长问题的方法，对题目进行了升华，为下一阶段的变式练习做好了充实的准备。同时，一开始犯错误的学生能够听取和理解他人的问题，不断修正自己的观点，这体现了审辩式思维中的"包容异见"的特色。

四、变：融会贯通"变一变"

师：通过刚才一道题的研究，同学们利用思辨和论辩对组合图形的周长和面积有了新的思考，接下来，老师把题目变一变，同学们快来挑战解答一下。完成以后请思考一个问题，准确计算组合图形周长的窍门在哪里？

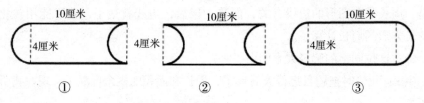

认真观察①②③三个组合图形，完成填空：

它们的周长＿＿＿＿＿＿＿＿（排序）。

图3-27　变式练习1

生：它们的周长是一样的。

师：三个图形大小完全不同，周长是一样的？你是怎么思考的呢？使用什么好方法？

生：我一开始也认为周长是不一样的，但是我根据前面的研究，把三个组合图形的边线都描了出来，然后发现三个组合图形的周长都是由两条长加一个圆周长组成，又因为长和直径都是一样的，得出它们的周长相同的结论。

师：同学们，从这位同学的精彩发言中，你总结出准确计算组合图形周长的窍门了吗？

生：周长和图形的样子、面的大小没有关系，关键要看边线，要用描边线的方法把周长中所有的边线理出来，然后再加起来。

师：计算周长一定使用加法吗？

生：是的。

师：那也就是说我们可以得出这样的诀窍，组合图形求周长看边线，先描边，厘清所有边线，再求各边线之和（一定是加法计算）。你们的研究太有价值了。我们继续研究，请看，老师再把题目变一变。

师：请同学们独立完成挑战，并思考准确计算组合图形面积的窍门在哪里？

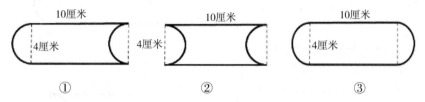

认真观察①②③三个组合图形，完成填空：

它们的面积_____（排序）。

图 3 - 28　变式练习 2

生：三个组合图形的面积排序应该是③＞①＞②。

师：你是怎么这么快得出结论的呢？不需要计算吗？

生：不用计算，首先因为三个组合图形给出的两个条件，长和直径是一样长的，我们只需要看面的组成。①号割补法是组合图形的面积＝长方形的面积，②号分割法是组合图形的面积＝长方形的面积－圆的面积，③号组合法是组合图形的面积＝长方形的面积＋圆的面积，所以可以得出面积排序是③＞①＞②。

师：说得很到位。那谁能对准确计算组合图形面积的窍门进行总结？

生：组合图形计算面积根据面的组成要分三种情况——割补、分割、组合，不同情况的计算方法不同，割补是用转化，分割是用减法，组合是用加法。

师：（出示课件）组合图形求面积看面的组成。割补（转化），分割（减法），组合（加法）三种情况要分清。同学们总结得真不错，和老师的想法完全一致。

设计意图：有理有据地"辨一辨"之后，同学们是否真的对知识理解到位了呢？这时候适时地"变一变"就很关键了。这个环节设计了三个"面"上相似的组合图形，引导学生继续通过"辨和辨"进行研究。面的范围较大，学生很容易一眼就看出面上的区别，最终结论是"线"相同。这一方面考查学生对于上一环节得出的周长和面积的解题方法的应用；另一方面让学生进一步感受面与线，面积与周长的不同之处，不能一概而论。当然，学生的表现也很好，不仅能迅速分辨解题，还能在辨中得出精彩的结论，体现了审辨思维中的敢于思考、力行担责的人格特质。

五、悟：温故知新"悟一悟"

师：同学们，作为一节复习课，温故而知新是非常重要的，我们一起再回顾一下这些图形，请大家一起来整理这节课的收获。

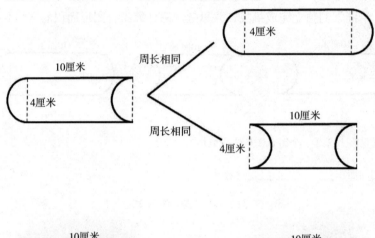

图 3-29　知识点总结

生：我学习了要分开组合图形的周长和面积解题。

生：我知道了计算组合图形的周长时要先描边线再用加法计算。

师（总结）：组合图形周长看边线，一描，二理，三加。（板书）

生：计算组合图形的面积要分三种情况研究。

师（总结）：组合图形面积看面的组成，割补（转化），分割（减法），组合（加法）三种情况对应思考。（板书）

生：组合图形周长相同，面积不一定相同。割补以后面积相同，周长不一定相同，不能将两个概念混在一起解题。

师：同学们的总结都非常精准，相信通过今天的探究，大家在今后的《组合图形的周长和面积》练习中一定不会再犯错了。当然，老师也非常欣赏同学们今天认真审题、仔细思辨和质疑、勇于论辩的精神，有理有据思考问题才能提升思维品质，这是新时代的一种审辨思维，希望你们在接下来的学习中能养成审辨思维的好习惯。

设计意图：通过"悟一悟"让学生对于整个研究环节进行回顾和整理，不仅能达到复习课温故而知新的目标，而且能把审辨思维的特质传达给学生，使整个审辨课堂得以升华。

六、深入拓展"练一练"

《组合图形的周长和面积》课中练习

1. 求阴影部分的周长和面积。

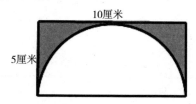

2. 从一个长方形中分割走一个正方形，它的（　　　）。

A. 周长变小　　　B. 面积变小　　　C. 周长和面积都变小　　　D. 无法确定

3. 当 A 点向左移动时，这个组合图形的周长和面积会发生什么变化，下列哪幅图表达的是正确的（　　　）

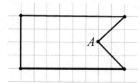

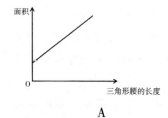

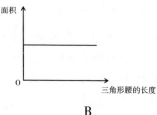

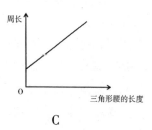

A　　　　　　　　　　　　　　B　　　　　　　　　　　　　　C

4. 用一个长方形和半圆设计一个面积和原来的半圆相同的组合图形。

七、板书设计

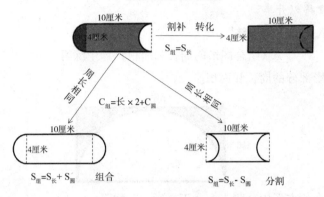

组合图形的周长和面积

图 3 - 30　"组合图形的面积和周长"板书

教学反思:

在毕业班总复习课中有这样一个知识点,它不难但是学生老是做错,它就是《组合图形的周长和面积》。学生在五年级下册已经学习了《组合图形的面积》,解决面积类问题时问题较少,但是一旦出现同时求周长和面积的题目,学生就容易在周长上犯错,究其原因有两点:一是对周长和面积的概念理解不到位,是三年级起始课落下的"病根";二是组合图形三种情况中的割补,割补后面积相同,但周长不同,学生容易混淆。基于以上分析,本节课选定了长方形与圆组合的几种常见组合图形,意图让学生通过审辨课堂的"审—辨—辩—变—悟"五个环节,对《组合图形的周长和面积》这一易错知识点进行审辨,以达到温故知新的复习效果和敢于审辨的能力培养。

通过"审—辨—辩—变—悟"培养学生的审辨思维。整个课堂,审辨氛围热烈,通过这一次一题一课的审辨课堂尝试,不但数学问题得到了很好的解决,更让笔者看到了学生的不懈质疑、包容异己、力行担责的学习品质,这就是审辨数学课堂的魅力所在!

审辨数量关系课例 1:《用数量关系认识除法》

引导者: 工作室成员　何小龙

在教学《认识平均分》时,总是有不少学生提出能否列除法算式解答,认为除法能够快速得到分一分的结果。随后笔者还对教学的两个班进行了前测,发现超过 95% 的学生能求商,超过 50% 的学生能用数学解决实际问题。基于学生的经验，笔者在教学《认识除法》这节课时让学生将原有经验与新学的知识经验相碰撞，逐步理解除法的意义。

一、四个算式的联系与区别

出示问题：把12根香蕉，平均分给2只猴子，每只猴子分到多少根？

学生列式解答，教师巡视并收集学生的算式，投影同时展示。

算式1：$12-2-2-2-2-2-2=0$

算式2：$2\times6=12$

算式3：$2\times(\quad)=12$

算式4：$12\div2=6$

师：这里有四个算式，第四个我们还没有学，其他的三个算式哪个不是很合理，为什么？

生1：$2\times6=12$ 不合理，因为等号的后面应该是我们要求的，而不是已知信息。

生2：我也觉得 $2\times6=12$ 不合理，算式中的6从何而来，已知信息只有2和12，怎么可以把6写在等式的左边呢？

师：我同意你们的观点，剩下的两个算式都合理吗？它们分别表示什么意思呢？请大家来解释一下。

生1：$12-2-2-2-2-2-2=0$，减一个2表示拿出2根香蕉分给2只猴子，每只猴子1根，一共减了6次2，说明每只猴子分到6根香蕉。

生2：根据题目的意思，我们可以理解为几个2是12，所以算式为 $2\times(\quad)=12$。

师：虽然这三个算式的表达形式不一样，但它们都有相同点，是什么呢？

生：都在求12里有几个2。

设计意图：前测中有近22%的学生选择用乘法算式解决此题。因此，在上课开始，笔者直接让学生完成书中的例题，并将学生所有的算式呈现在投影中，这是因学生起点不同而产生的第一次思维碰撞。通过分析哪个算式不合理，分析算式之间的联系，厘清学生原有经验上的不足，为理解除法的意义做铺垫。

二、生活语言与数学语言的联系与区别

师：大部分同学写的 $12\div2=6$ 这个算式是什么意思呢？

生：12就是有12根香蕉，2就是平均分给2只猴子，6就是每只猴子分到6根香蕉。

师：12和2之间的符号叫"除号"，表示什么意思呢？

生：平均分。

师：除号是数学运算的一个符号，它的产生肯定有它的道理，从哪些细节可以看出除号表示平均分的意思？

生：中间的横线表示分，上面一个点，下面一个点，就是说明一样多，分得一样多就是平均分的意义。

师：看着这个算式，你能完整地说一说它的意思吗？

生：12 根香蕉，平均分给 2 只猴子，每只猴子分到 6 根香蕉。

（学生一边说，一边指着算式的各部分）

师：除法算式我们称之为数学语言，我们解决的问题或刚才我们说的句子称之为生活语言，你觉得两者有什么联系吗？

生 1：除法算式与问题的意义是一样的。

生 2：数学语言比生活语言更简单。

师：对的，数学总是用数字和符号表示生活中的问题，可以把这么多的文字简化为几个数字和符号，但是又不改变意义，这就是数学的"美"。

设计意图：学习除法的目的是什么？只是为了解决问题吗？笔者认为，引导学生理解虽然两者的表征形式不同，但是两者的意义是相同的，这一过程可以让学生体会数学的简洁性、抽象性。

三、平均分的联系与区别

师：如果总数 12 根香蕉不变，改变猴子数，你还可以写什么算式吗？

（学生写算式，教师巡视并将学生的算式展示在投影上）

（展示第一位同学的作业，有两个算式：$12 \div 3 = 4$，$12 \div 6 = 2$）

师：这两个算式分别表示什么意思？

生 1：12 根香蕉平均分给 3 只猴子，每只猴子分到 4 根香蕉。

生 2：12 根香蕉平均分给 6 只猴子，每只猴子分到 2 根香蕉。

师：现在看一下 12 根香蕉平均分给 3 只猴子的动画，看完后，你发现 12 根香蕉平均分给 3 只猴子相当于求什么？

生：相当于求 12 里有几个 3。

师：那平均分给 6 只猴子又相当于求什么呢？

生：相当于求 12 里有几个 6。

（展示第二位同学的作业，有算式：$12 \div 1 = 12$，$12 \div 2 = 6$，$12 \div 3 = 4$，$12 \div 4 = 3$，$12 \div 6 = 2$，$12 \div 12 = 1$）

师：这位同学写算式的方式，值得每位同学学习，向他学习什么呢？

生：按分的猴子从少到多的顺序写，可以把所有的情况都写出来，而且不会重复，不会遗漏。

师：观察以上六个算式，你觉得它们有什么相同点和不同点呢？

生1：它们的相同点都是平均分12根香蕉，不同点是猴子数量不一样。

生2：它们中虽然猴子数量不同，但都是求同一个问题，就是每只猴子分到多少根香蕉。

生3：以上的所有问题相当于都是在求12里有几个几。

师：是的，上面的问题我们都可以看成是12里有几个几的问题。如果把12根香蕉称为总数，猴子只数称为份数，每只猴子分到的香蕉根数叫每份数，那以上的六个算式都可以归纳为一个关系式。

生：总数除以份数等于每份数。

（教师板书：总数÷份数=每份数）

设计意图：通过改变猴子的数量，让学生列出不同的算式，并在讲解每个算式的意义过程中，通过动画理解除法算式就是指一个数里有几个几。然后把学生列举的所有问题和算式汇总在一起，让学生说一说它们之间的联系，总结发现，这一类问题都是将总数平均分成几份，求每份是多少，从而引出数量关系式。

四、"等分除"与"包含除"的联系与区别

师：像把12根香蕉平均分给2只猴子，每只猴子分到6根的说法，我们也可以说成12根香蕉，每只猴子分6根，可以分给2只猴子。这样的分法，我们可以用另一个新的除法算式2÷6=2（只）来表示。

师：你也能把上面分一分的过程和算式变一变吗？同桌之间说一说吧。

（同桌先说一说，然后用"开火车"的形式说一说）

师：虽然两种表达形式不同，但也有相同点。

生：都可以看成是12里有几个几。

师：是的，所有的除法算式我们都可以理解为总数里有几个几。

师：12根香蕉在这里还是总数，那每只猴子分6根，分给2只猴子分别称之为什么呢？

生：每只猴子分6根称之为每份数，分给2只猴子叫份数。

师：那你能结合黑板上写的——总数除以份数等于每份数，说一说现在的问题又是什么样的关系式吗？

生：总数除以每份数等于份数。

（教师板书：总数÷每份数=份数）

师：以上两种分法虽然句式和算式在变，但是它们有什么联系和区别吗？

生1：相同点都是12根香蕉，不同点是第一种问题是在求每份数，第二种问题是在求份数。

　　生2：我觉得它们都在研究总数、份数、每份数之间的关系。

　　师：同学们，以上两种情况是我们除法意义两种常见的表达形式，虽然表达方式不同，但它们都在研究总数、份数、每份数之间的关系。

　　设计意图：新课程之前，我们通常把知道要分的总数和平均分的份数，求每份数是多少叫"等分除"；把知道要分的总数和每一份的数，求平均分的份数叫"包含除"。表面上看两者是不同的，其实它们本质是一致的，即都是求一个整体里有几个几，而"包含除"与"等分除"其实都是在研究"总数""份数""每份数"三者之间的数量关系。教学过程中，学生通过找它们的联系和区别，从而进一步理解除法的意义，并为今后研究除法的应用做铺垫。

　　教学反思：

　　课上完了，笔者回顾整个过程，并对这一过程有以下三点感悟。

　　一、教学的设计要顺从学生认知起点

　　首先，我们知道学生并不是一张白纸，通过前测笔者相信大部分学生在学习乘法相关知识时已对除法有初步的认识，比如能用口诀求商。如果我们的设计与教材安排的问题相似，即先分一分12根香蕉，再认一认除法算式以及各部分名称，最后说一说每个数的意思。通过三个步骤来理解除法的意义，显然不符合笔者任教的两个班学生的实际情况。其次，利用前测不仅能了解学生学情，还可以看出学生的不足，如学生能得到问题的结果，但是算式却不知该怎么列。因此，教学的设计从学生的实际情况出发，在不断思辨的过程中掌握本节课的新知。

　　二、学习的过程要从真实的问题入手

　　学生在学习这节课前已有哪些经验，该如何从这些经验入手？学生为什么要学习除法，只是为了解题吗？除法的意义是什么？怎么来理解除法的意义？相信以上的问题不仅仅是老师在备课时的疑问，也是不少学生在学习除法意义这节课前的疑惑。因此，笔者的教学过程主要是引导学生探究以上问题，相信只有一一明晰疑惑，学生才能真正理解除法的意义。

　　三、意义的理解要探究背后的本质

　　除法的意义是不是仅仅让学生在分一分的过程中体会"包含除"和"等分除"的意义？如何在"包含除"和"等分除"的基础上进一步探究除法意义的本质属性？笔者在教学过程中，淡化了对"包含除"和"等分除"两者的比较，而是引导学生在不同的情境下体会数学的本质属性，即都可以看成"总数""份数""每份数"三者之间的关系，从而促使学生的认识由浅入深，由形式走向本质。

总之，高效的课堂教学活动，应该从学生已有经验出发，掌握学生的学情，探究学生的困惑，在不断的思维碰撞中发展学生的思维，探究数学的本质。

审辨数量关系课例2：《用线段图厘清数量关系》

引导者：工作室成员　丁茜

参与审辨对象：三年级学生

审辨目标：

1. 能根据题目中给出的数学信息，画出正确的最简线段图，列式计算。

2. 能看懂线段图，添加信息，提出完整的不同类型的数学问题。

3. 经历画图解决问题的过程，体会数形结合对解决部分题目的方便性与优越性。

4. 提高学生分析问题和解决问题的能力，增强其对数学的学习兴趣。

审辨重难点：

1. 重点：根据数学信息，画线段图。

2. 难点：看懂线段图，提出完整的数学问题。

审辨导学单：

《画线段图解决问题》导学单

班级：　　　　　姓名：

1. 李阿姨和王阿姨两人买东西，李阿姨带的钱数是王阿姨的3倍，王阿姨用去30元，李阿姨用去180元，这时两人剩下的钱数一样多，李阿姨、王阿姨分别带了多少钱？

2. 根据给出的线段图，添加情境，提出问题。

① ├─┼─┼─┼─┤

问题：├─┼─┼─┼─┤

② ├─┼─┼─┤

审辨过程：

一、问题导入

李阿姨和王阿姨两人买东西，李阿姨带的钱数是王阿姨的3倍，王阿姨用去30元，李阿姨用去180元，这时两人剩下的钱数一样多，李阿姨、王阿姨分别带了多少钱？

请一名同学大声朗读题目，其他同学边听边思考。

师：是否有同学已经会做了？

预设：①会做，但讲解不清楚；②不会，认为需要画图；③没有思路。

师：当我们在解决数量关系比较复杂的题目时，可以试着画一画线段图帮助我们厘清思路，这节课我们就来学习"用线段图厘清数量关系"。（板书：用线段图理清数量关系）

师：在数学中，利用画图来解决问题的方法，我们叫作？

生：数形结合。

（教师板书：数形结合）

设计意图：通过一道稍复杂的问题，结合平时的解题经验，引导学生自己说出这堂课的主角"线段图"，奠定了"线段图"在本课中的地位。

二、画图解题

（一）独立画图，教师巡视，记下典型的错误情况

请画图正确的同学上台讲解画图思路。

格式：根据（哪一条数学信息），画出（图中的哪一部分）。

生：根据"李阿姨带的钱数是王阿姨的3倍"，画出王阿姨是1段，李阿姨是3段。

生：根据"王阿姨用去30元，李阿姨用去180元，这时两人剩下的钱数一样多"，可以在左边表示出两位阿姨剩下的钱是一样多的，再将右边用去的钱标出。

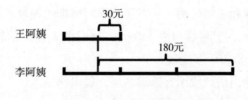

图 3-31　解题线段图1

教师利用PPT展示画图过程。

设计意图：独立思考尝试后，再听同学讲解正确的画图方法会更容易接受。规定讲解的格式是为了让思路更加清晰，让画错图或画不出图的同学明白图的每一部分是如何画出的。

（二）出示几个典型的错误，请学生分析错误原因

（1）李阿姨是王阿姨的3倍没有分成两部分画，而是画在同一条线上；

（2）用去的钱从左边开始画，导致从图中看不出有效信息；

（3）两人剩下的钱数没有画出相同的意思，得不出后续的算式。

设计意图：知道错误，且分析出错在哪里，更能够体现掌握画图的程度，生生互评指出错误原因印象会更加深刻。

（三）请学生根据正确的线段图，解说如何列式计算

（1）从图 3 – 32 中可以得出 2 段是（180 – 30）元；

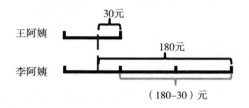

图 3 – 32　解题线段图 2

（2）（180 – 30）÷2 是 1 段，也就是王阿姨的钱数；

（3）王阿姨的钱数 ×3 就是李阿姨的。

完整算式如下：

王阿姨：（180 – 30）÷2 = 75（元）

李阿姨：75 × 3 = 225（元）

设计意图：画出正确的线段图后，可直接根据图列出算式，再一次体会线段图对解决问题的作用。

（四）检查：如何检查

预设：

（1）计算 225 是不是 75 的 3 倍；

（2）计算两位阿姨分别用去 30 元和 180 元后，剩下的钱是否相等。

师：这一道题目第（2）种方法是最好的，利用情景来检查结果是否正确。

设计意图：对于检查，大部分学生的第一反应都是检查计算是否错误，而没有考虑倘若前面的思路错误，无论计算检查多少遍都无法看出真正的错误。所以最好的检查方法是将结果代入题目情景检查。

（五）回答

答：李阿姨带了 225 元，王阿姨带了 75 元。

回顾解题步骤：①找数学信息；

②画线段图；

③列式计算；

④检查；

⑤答。

（板书：找、画、列、查、答）

设计意图：总结这一类题目的解题步骤，并将每一步归纳为一个字方便记忆。利用这道问题引出"线段图"，但由于课上时间限制，没有练习巩固的时间，因此也是希望将归纳总结出的步骤，迁移到其他题目，增加学生解出别的题目的可能性。

三、添加情境，提出问题

师：线段图不仅可以帮助我们解题，同一幅线段图也可以包含许许多多不同的数学故事，接下来老师就给出两组线段，请大家来编一编故事。

（一）观察下列线段图，进行对比分析

①份数相同；②总数相同。

设计意图：对于第一单元出现最多的两种类型的线段图且关于这两种类型的解决问题也练习了许多，学生有了一定的题量积累，自己添加情景出题会更容易一些。

（二）教师示范，添加情境，提出问题

教师以线段图①为例进行示范。

7块同样大小的地砖总面积是 252 平方分米，那么 4 块地砖的总面积有多大？

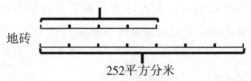

地砖

252平方分米

奇思分到 4 箱苹果，共 20 千克，妙想分到 7 箱苹果，每箱苹果的质量相等。妙想比奇思多分到多少千克？

奇思和妙想分到苹果的情况

（小组讨论派代表汇报）

设计意图：以这两种线段图为基础的题目，基本上学生不需要画图便可以厘清数量关系，所以希望学生结合已学知识，根据线段图来出题。给出示范，让学生知道添加不同的信息可以得到多种类型的题目，可以开放思维，通过小组讨论得出尽可能多的结果，并且从中明白同一幅线段图可以衍生出许多题型。

（三）教师利用 PPT 出示更多问题

（1）光明工程队修一条路，计划每天修 392 米，修 7 天，4 天就修完了，那么他们实际每天修多少米？

（2）有一筐橘子，准备分给 4 个小朋友，每人 14 个，后来又来了 3 个小朋友，重新分配后，每个小朋友可以得到多少个橘子？

（3）淘气有 4 包糖，每包有 7 颗，笑笑有 7 包糖，每包有 9 颗，他俩一共有几颗糖？

（4）一本书有 320 页，前 4 天看了 180 页，照这样的速度，1 周能看完这本书吗？

问题：判断题目的情境可以用哪一组线段图画出，说明理由。

注意：题目（3）不适合任何一组线段图，怎么修改题目才适合呢？

方法 1：淘气有 4 包糖，每包有 7 颗，笑笑有 7 包糖，每包 7 颗，他俩一共有几颗糖？

方法 2：淘气有 4 包糖，每包有 7 颗，笑笑有 7 包糖，每包 4 颗，他俩一共有几颗糖？

仅仅是这两组线段图，我们就已经找出了蕴含在其中那么多的故事。

看得懂线段图，正确画出线段图，在我们的数学学习中也是至关重要的。

设计意图：不管是举例或是小组讨论，课堂上能够出现的题型依然有限，因此需要选出几道不同类型的题目，通过选择对应的线段图并说明理由以及改编环节，厘清每一道题目中的数量关系，提高学生的审辩能力。

四、小结

学习了今天这堂课，你有什么收获吗？

设计意图：在最后，希望学生回顾整堂课的内容，再次体会线段图对解决数学问题的作用。

五、板书设计

```
┌─────────────────────────────┐
│    用线段图厘清数量关系       │
│        数形结合              │
│    找  画  列  查  答         │
└─────────────────────────────┘
```

教学反思：

北师大版三年级下册的教材中第一次独立一课时指出可以通过画线段图来解决问题。在此之前对于看图列式的题型（标有条件与问题）基本上学生都已掌握，但在需要通过画图来辅助解决的问题当中，有大部分学生没有画图意识，或者明明知道需要画图却偷懒不愿意画或不会画图，就算是画了的学生中也存在画得不够准确的现象。从画图情况中分析得出几点画图错误原因：一是没有分析清楚题目中给出的几个量是画在一条线段上还是分为几条线段；二是没有厘清各个量之间的关系，部分相等的量或是有关系的量没有在图中得到体现；三是没有在图中画出或是不知道如何在图画出部分信息，以上原因都导致学生在画了线段图后得不出正确的解答过程。希望通过这堂课的学习，学生能够明白线段图在数学学习中的重要性，让他们愿意并且会用线段图解决问题。

经过这节课的学习，学生在第一题上台解说自己是如何画图时，表达得还不够准确，思路不是非常清晰。反思平时课上让学生分析题目中的数量关系这一部分的设置还是有些欠缺，应该放手让学生经历从审题到辨题再到做题的过程，多让学生表达，让他们在试错过程中，知道如何分析题目可以更清楚易懂。另外在让学生根据线段图编题目时，可以看出三年级的学生已经具备了一定的素质，能够完成这样类型的题目，因此在平时的课堂中应多增加一些值得审辨的开放题，提高学生思维水平。不过从学生编写的题目类型来看，还是具有一定的局限性，这与学生接触过的题型以及数据分析能力都有关，这更加说明在平时需要让学生接触更多类型的题目，并且要争取做到学一题会一类。

审辨数量关系课例3：《厘清数量关系，学习分数乘法》

引导者： 工作室成员 延文华

参与审辨对象： 五年级学生

审辨目标：

1. 学生理解分数乘法的意义，掌握分数乘法的意义，掌握分数乘法的计算法则，能够比较熟练地进行计算。

2. 学生经历分数乘法计算方法的探索过程，体验直观模型和转化思想的运用。

3. 能够解决简单的应用问题，体会分数乘法在生活中的应用。

教学重点：

掌握分数乘法的运算法则，能正确计算分数乘法。

教学难点：

理解分数乘法的意义。

教具准备：

多媒体课件、作业纸。

教学过程：

一、激活经验，初步感知

师：你能快速算出 $9+9+9+9$ 的得数吗？3 个 100 呢？5 个 0.2 呢？

设计意图：从整数、小数中引出乘法计算的必要性。

师：你们怎么这么快？

生：使用乘法。

师：为什么可以用乘法？

设计意图：理解求几个相同加数的和可以用乘法简便计算，为接下来学习分数乘法准备。

师：在整数乘法、小数乘法中，求几个相同加数的和可以用乘法简便计算，在分数中也可以这样做吗？

揭题：分数乘法

二、沟通算理，深入探究

（一）整数乘分数单位

师：以下哪个算式可以用乘法来计算？为什么？

$$\frac{2}{9}+\frac{1}{7}+\frac{4}{5} \qquad \frac{1}{5}+\frac{1}{5}+\frac{1}{5} \qquad \frac{2}{11}+\frac{2}{10}+\frac{5}{6}$$

生：$\frac{1}{5}+\frac{1}{5}+\frac{1}{5}$ 可以写成 $\frac{1}{5}\times 3$ 或者是 $3\times\frac{1}{5}$。

设计意图：理解分数乘法的意义。

师：这两个乘法算式都能用来表示 3 个 $\frac{1}{5}$ 相加，我们写出其中一个来探究。（板书：$3\times\frac{1}{5}$）你能用自己的方法解决吗？可以画图，也可以列式计算。

1. 从加法中思考得到了结果

生：$3\times\frac{1}{5}=\frac{3}{5}$。

师：请你说说想法。

生：$3 \times \frac{1}{5}$ 就是 $\frac{1}{5} + \frac{1}{5} + \frac{1}{5}$，等于 $\frac{3}{5}$。

2. 用图形理解算式

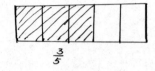

图 3－33　画图法表示 3 个 $\frac{1}{5}$ 减 1

师：谁能看得懂图 3－33？能看懂别人的想法是非常了不起的。请你来介绍一下。

生：我把一个长方形平均分成 5 份，每一份就是 $\frac{1}{5}$，$3 \times \frac{1}{5}$ 就是 3 份 $\frac{1}{5}$，也就是 $\frac{3}{5}$。

师：用图形来理解算式，把一个整体平均分成 5 份，每一份表示 $\frac{1}{5}$，3 份就是 3 个 $\frac{1}{5}$，就是 $\frac{3}{5}$。不过我有一个建议，因为 $3 \times \frac{1}{5}$ 表示 3 个 $\frac{1}{5}$，所以我们 $\frac{1}{5}$、$\frac{1}{5}$、$\frac{1}{5}$ 地画更能表示出这个乘法算式的意义（图 3－34）。这位同学用画图来解释算式，数形结合是我们解决问题的重要策略之一。这个方法怎么样？

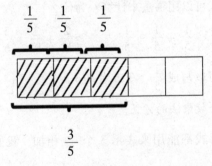

图 3－34　画图法表示 3 个 $\frac{1}{5}$ 减 2

3. 分母不变，分子相加

生：$3 \times \frac{1}{5} = \frac{3 \times 1}{5} = \frac{3}{5}$。

师：这位同学写的你们能看懂吗？3×1 表示什么？同桌之间讨论一下。

生1：表示 3 个 $\dfrac{1}{5}$。

生2：3 个 $\dfrac{1}{5}$ 相加。

生3：$3 \times \dfrac{1}{5}$ 就是 $\dfrac{1}{5} + \dfrac{1}{5} + \dfrac{1}{5}$，分母不变、分子相加，就是 $\dfrac{1+1+1}{5}$，分子是 3 个 1 相加，就是 3×1。

（板书：$3 \times \dfrac{1}{5} = \dfrac{1}{5} + \dfrac{1}{5} + \dfrac{1}{5} = \dfrac{1+1+1}{5} = \dfrac{3 \times 1}{5} = \dfrac{3}{5}$）

师：咱们班的同学真会学习！找到多种方法解决了这个问题，并能根据加法和乘法的联系来解释其中的道理，为自己鼓掌！

设计意图：关于整数×分数单位的问题，结合图形理解 $\dfrac{1}{5} \times 3$ 的意义，表示 3 个 $\dfrac{1}{5}$ 的和。重点是理解为什么是 1×3，因为把一个整体平均分成 5 份，取 3 次，分子就是 3，而份数仍是 5，所以分母不变。

（二）整数乘分数

师：生活中还有很多类似用乘法解决的问题。

课件呈现：1 个圣诞树图片占整张纸条的 $\dfrac{3}{7}$，2 个圣诞树图片占整张纸条的几分之几？

师：同学们，请你用自己的方法试着解决，并和你的同桌讨论交流，想一想你的方法和同桌的方法有没有联系。

1. 厘清算理和算法

生：我发现用加法算式 $\dfrac{3}{7} + \dfrac{3}{7}$ 和乘法算式 $2 \times \dfrac{3}{7}$ 都能解决，结果都是 $\dfrac{6}{7}$。

师：6 是怎么来的？

生1：分子有 2 个 3，$3 + 3 = 6$。

生2：也可以用乘法计算，$2 \times 3 = 6$。

师：2 为什么不乘 7？

生1：如果 2×7，结果就是 $\dfrac{3}{14}$，但从图 3-35 中可以看出来，长方形都被分成了 14 份，乘 7 是不对的。

生2：我赞同他的想法，只是平均分的份数变了，分数单位是不会改变的。

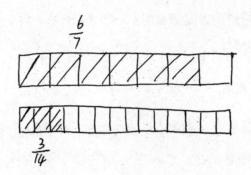

图 3 −35　画图法表示$\frac{6}{7}$和$\frac{3}{14}$

师：说得真有道理！利用数形结合来解释问题真是个好方法。$2 \times \frac{3}{7}$ 表示 2

个 $\frac{3}{7}$，6 个 $\frac{1}{7}$，表示有 6 个这样的分数单位。分数单位是不会改变的。

2. 沟通联系

师：同学们，从图形、加法算式、乘法算式中，你有什么发现？

生：结果都是一样的，只是形式不同，道理都一样。

板书呈现：

$$\frac{3}{7} \qquad + \qquad \frac{3}{7}$$

图 3 −36　画图法表示 2 个 $\frac{3}{7}$

$$2 \times \frac{3}{7} = \frac{6}{7}$$

$$\frac{3}{7} \times 2 = \frac{3}{7} + \frac{3}{7} = \frac{3+3}{7} = \frac{3 \times 2}{7} = \frac{6}{7}$$

设计意图：本题是一般分数×整数的类型。理解 $2 \times \frac{3}{7}$ 表示 2 个 $\frac{3}{7}$ 的和，

也就是 $\frac{6}{7}$。在运用乘法计算的时候，理解 2×3 为什么是难点。当学生有困难

的时候，引导画图，通过画图能清楚地发现 3 表示 3 个 $\frac{1}{7}$，2×3 就有 6 个 $\frac{1}{7}$。画图的意图是，当学生找不到算法时，可以画图找到自己的方法。

3. 练习巩固

师：现在我们学会了用好几种方法来解决分数乘法，接下来练一练。请拿出草稿本，列式计算。

(1) $\frac{5}{16} \times 3$

生：$\frac{5}{16} \times 3 = \frac{5 \times 3}{16} = \frac{15}{16}$。

师：15 是怎么得出的？3×5 表示什么？

生：表示 15 个 $\frac{1}{16}$。

(2) $2 \times \frac{5}{9}$

生：$2 \times \frac{5}{9} = \frac{2 \times 5}{9} = \frac{10}{9}$。

师：2×5 表示什么？

生：表示 10 个 $\frac{1}{9}$。

4. 阶段小结

师：观察黑板上的 4 个算式，你能总结出分数乘法的计算方法吗？

生：分母不变，分子和整数相乘的积作分了。

设计意图：通过黑板上的 4 个算式，总结出算法，从算理到算法，能从意义和图形两方面入手解决问题。

三、练习提升，系统梳理

（一）计算练习

师：4 个 $\frac{2}{15}$ 是多少？涂一涂，算一算。

学生根据作业纸（图 3 - 37）说一说过程。

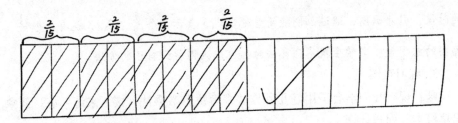

图 3-37　学生答案

设计意图：从画图的方式中可以看出学生对分数乘法意义的理解。有的学生一次性涂满 $\frac{8}{15}$，有的学生是 $\frac{1}{15}$，$\frac{1}{15}$ 地涂，涂满 8 次，这些学生呈现的结果虽然是正确的，但是他们并不理解其意义。真正理解意义的学生是 $\frac{2}{15}$，$\frac{2}{15}$ 地涂，有的学生每一份 $\frac{2}{15}$ 都用不同图案表示，应当鼓励。

师：填一填，与同伴交流为什么可以这样计算。

(1) $\frac{3}{8}+\frac{3}{8}+\frac{3}{8}+\frac{3}{8}=\left(\frac{3}{8}\right)\times\left(4\right)$ ✓

(2) $\frac{4}{9}\times2=\frac{(4)\times(2)}{(9)}=\frac{(8)}{(9)}$ ✓　　$3\times\frac{2}{11}=\frac{(3)\times(2)}{(11)}=\frac{(6)}{(11)}$ ✓

(3) $\left(\frac{1}{6}\right)+\left(\frac{1}{6}\right)+\left(\frac{1}{6}\right)+\left(\frac{1}{6}\right)+\left(\frac{1}{6}\right)=\left(\frac{1}{6}\right)\times\left(5\right)=\frac{(1)\times(5)}{(6)}=\frac{5}{6}$ ✓

图 3-38　习题及学生答案

师：第 (3) 题自由发挥，每个人写的都会不一样，但是我敢肯定有一个数是一样的，是几？为什么？

生：5 都一样，因为相同的加数有 5 个。

设计意图：这样的拓展题能考验学生对分数乘法意义的理解性。每一题中其中一个乘数一定是 5，因为相同的加数有 5 个。部分学生只考虑分数单位×整数的类型，误以为一样的数字是 1，应当出示一般分数的情况，以拓宽学生视野。

师：写出下列算式的得数。

$\frac{1}{4}\times3$　　　　　　$\frac{2}{15}\times7$　　　　　　$4\times\frac{7}{15}$

$\frac{2}{3}\times4$　　　　　　$\frac{4}{7}\times8$　　　　　　$5\times\frac{2}{13}$

师：以下选项，可以用 $\frac{4}{5} \times 3$ 来解释吗？可以的话在（　　）打√。

(1) $\frac{4}{5} + \frac{4}{5} + \frac{4}{5}$ （　　）

(2) 3个 $\frac{4}{5}$ 相加 （　　）

(3) 一个长方形，长 $\frac{4}{5}$ 米，宽3米，求周长 （　　）

师：$\frac{4}{5} \times 3$ 可以用来求什么？

(4)

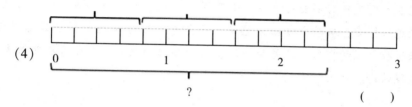

（　　）

(5) 一堆货物是 $\frac{4}{5}$ 吨，3堆货物一共是多少吨？（　　）

(6) 一共有3吨货物，运走了 $\frac{4}{5}$ 吨，还剩下多少吨？（　　）

设计意图：拓展题难度在于对第（4）小题的判断，线段图的理解是难点。学生先讨论确定一份是多少，再确定3份。

四、课堂总结

本节课你有什么收获？

设计意图：通过回顾所学知识，谈收获，学生在获得数学知识的同时，提升梳理、概括知识的能力，不仅实现了知识的系统小结，而且可以进一步体会分数乘法的算理，提升算法。

五、板书设计

分数乘法

$$3 \times \frac{1}{5} = \frac{1}{5} + \frac{1}{5} + \frac{1}{5} = \frac{1+1+1}{5} = \frac{3 \times 1}{5} = \frac{3}{5}$$

$$\frac{3}{7} \times 2 = \frac{3}{7} + \frac{3}{7} = \frac{3 \times 2}{7} = \frac{6}{7}$$

$$\frac{5}{16} \times 3 = \frac{5 \times 3}{16} = \frac{15}{16}$$

$$2 \times \frac{5}{9} = \frac{2 \times 5}{9} = \frac{10}{9}$$

计算方法：分母不变，分子和整数相乘的积作分子。

教学反思：

分数的概念具有丰富性和抽象性，小学阶段对于分数的学习贯穿整个一、二学段，是一个漫长的过程。在整个体系的学习过程中，除了知识技能的掌握，教师还应当引领学生进行观察、分析、归纳、推理等智慧性活动，凸显数学思想，发展良好的核心素养。本节课在尊重学生起点的基础上，对分数乘整数进行探索，从两个方面来思考：一是在大部分学生明算法的起点上，如何来进行算理的探究；二是经历、积累数学活动经验，以合情推理探索思路、发现结论。

审辨数量关系课例4：《三角形边的关系》

引导者：工作室成员　何鹏

参加审辨对象：四年级学生

审辨目标：

1. 知识技能目标

（1）掌握"三角形任意两边之和大于第三边"。

（2）根据三角形边的关系来判断指定长度的三条线段能否围成三角形。

2. 数学思考目标

通过动手操作、自主学习、小组合作，体验探索三角形边的关系的过程，培养猜测意识和自主探索、合作交流的能力。

3. 问题解决目标

经历探究、发现、验证"三角形任意两边的和大于第三边"的过程。培养学生观察、思考、比较、归纳概括的能力。

4. 情感态度目标

体验合作学习和数学学习的快乐。

审辨重点：

探究三角形边的关系，理解和掌握"三角形任意两边之和大于第三边"的特性。

审辨难点： 理解结论中"任意"一词所表达的意思。

审辨过程：

一、激趣导入——提出问题

导入：同学们，现在老师要来试试大家的胆量，谁愿意第一个来谈谈最想要去什么地方？（学生回答）

师：假设去一个公园，现在我们就要从学校出发了。不过有①②③这三条路可以到达，你会选哪一条呢？说说你的理由。

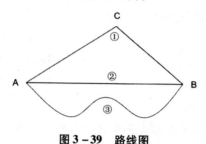

图 3 - 39　路线图

学生1：我肯定不会选③，因为③这条路是弯曲的，两点之间曲线一定比直线长。

学生2：我选②这条路，因为①这条路折来折去，比②这条路长。

教师追问：①②两条路都是直的，为什么②这条路更近呢？你能用一个算式表示吗？（同桌讨论得出：$a+b>c$）

教师再追问：类似这样的算式还有没有？（$a+c>b$、$b+c>a$）确定吗？你是怎么想的？

师：我们仔细看，这3个点围成的图形是什么？（三角形）那么 $a+b$ 表示什么？（板书：两边之和）这样的话我们可以把 c 叫作第三边。这两者之间存在着什么关系呢？（大小）是不是随意取两边都大于第三边，这样我们就可以在前面加上任意。

得到：三角形任意两边之和都大于第三边。

二、动手操作——验证结论

刚才我们只研究了一种三角形，看看其他三角形。

出示课件：

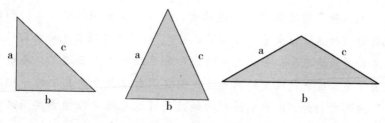

图 3 - 40　多种三角形

师：不量的话，同学们能直接看出它们的关系吗？这样的式子有几个？还可以是从哪里到哪里？不同的三角形都能写出这样的3个式子吗？试一试。

（学生讨论）

师：同学们，这样看来不同的三角形也能得到这样的规律，要想组成三角形是不是要必须满足这样的条件：三角形任意两边之和都大于第三边。接下来我们一起来试一试吧！

三、分层练习——活用结论

（1）判断。

10cm	5cm	8cm		2cm	3cm	8cm
3cm	3cm	6cm		3cm	7cm	2cm
4cm	5cm	7cm		6cm	8cm	8cm

设计意图：①让每位学生都会判断是否能组成三角形；②在对比中明白只要判断其中一组就可以（较短的两边之和大于第三边）；③通过演示，让学生直观看清各组数据（各种类型）是否能组成三角形。

（2）某运动员，腿长1.31米，他一步能跨出2米，甚至出3米，你相信吗？

设计意图：通过运动员效应，增加趣味性，同时让学生明白数学与生活的紧密联系。

（3）有一根吸管长12厘米，你有什么办法把它变成3段围成一个三角形呢？该怎么剪？

①哪里肯定不能剪？

②第2刀又该怎么剪？长的是不是就可以随便剪了呢？

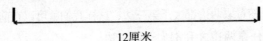

12厘米

设计意图：创设生活情景，进一步让学生体会数学与生活的联系，第一个问题就是让学生深刻体会两边之和大于第三边，剪成两部分，其中一部分代表两边之和，另一部分代表第三边，而两者之间的关系是前者大于后者，但这里又不能确定谁是前者，谁是后者，所以只要不相等就可以，那么这样答案也就自然而然地出来了（中间不能剪）。到了第二题首先要明白的是长的那段肯定就是两边之和，那么这个两边之和已经大于第三边了，是不是就可以随便剪了呢？这也是这里的难点，我们要明白这里只是其中的一组满足了能组成三角形的条件，而我们得到的结论是任意也就是三组都要满足，因此这里是不能随便剪的。

四、板书设计

三角形边的关系

任意　　两边之和　　大于　　第三边

$$a+b \quad > \quad c$$

$$a+c \quad > \quad b$$

$$b+c \quad > \quad a$$

教学反思：

《三角形边的关系》是北师大版四年级数学下册第二单元第五课时的新授课，属于图形与几何领域。本节课是在学生认识了三角形的基本特征的基础上探索三角形边的关系。掌握这部分内容，既可以丰富学生对三角形的认识和理解，又可以为后续学习多边形奠定基础，在知识体系上具有承上启下的作用。学生已经对三角形的基本特征有了初步了解。在教学时依据教材特点，从学生已有的知识水平出发，采用"小组合作交流"的教学方法，让尽可能多的学生主动参与到学习过程中，通过独立思考、合作交流，积极主动去建构新知，最大限度充分发挥学生主观能动性，通过学生操作、思考、感知、交流、归纳等数学教学活动，探究新知，体验成功的愉悦。

审辨数量关系课例5：《长方形周长和面积的练习课》

引导者： 工作室成员　楼晗韬

参与审辨对象： 三年级学生

审辨目标：

1. 通过对长方形的周长和面积的计算熟记长方形周长和面积的计算公式。

2. 在探索长方形变式图形周长和面积的关系的过程中，思考周长或面积变化的原因，发现图形变化过程中，周长和面积的变化。

3. 在探索发现的过程中主动表达自己的观点并能对他人的观点提出质疑。

审辨重点：

1. 复习巩固长方形的周长和面积公式。

2. 在研究的过程中掌握长方形变式图形的周长和面积计算方法。

审辨难点：

在探究中主动表达自己的观点并对他人的观点提出质疑。

审辨过程：

一、概念回顾，唤醒旧知

为了让更多的学生参与课堂互动活动，并且有充分的时间和空间进行审辨思考，回顾复习必要的知识基础是前提。周长和面积是两个抽象的数学概念，学生往往对二者的认识模糊不清，这也是进行本节课教学的原因之一。"描一描""扫一扫"的活动让学生将抽象的概念具象化，让学生看得见、摸得着，通过有趣的形式逐渐唤醒对概念的认知，以便其在接下来的探究中有足够的知识依托，进行主动思考。

师：同学们，你知道这节课我们要学习什么吗？

生：长方形的周长和面积。

师：那你还记得什么是周长吗？拿出你的数学书，描一描数学书封面的周长？

生（上台描，并总结）：数学书封面一周的长度叫作它的周长。

师：那谁能表示出数学书封面的面积呢？

生（动手扫一扫，并总结）数学书封面的大小叫作它的面积。

设计意图：长方形的周长是北师大版三年级上册学习的内容，部分学生对周长的准确概念已经模糊不清，而面积一课在假期以网课形式授课，学生对面积的感知和理解并不深刻。为此，在新课前三分钟，通过"描一描""扫一扫"等简单活动，先让学生回忆起周长和面积的概念，同时区分二者的不同，为后面的探究奠定基础。

二、初步探究，巧思善"辨"

（一）调动思维，回顾公式

教师出示长方形 A4 纸。

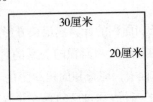

30厘米

20厘米

师：要计算它的周长和面积，你需要哪些信息？

生：需要知道长和宽。

师：宽为 20 厘米、长为 30 厘米。请先解决周长问题。

生：(30 + 20) × 2 = 100（厘米）。

师：你是怎么想的？

（板书：长方形的周长 =（长 + 宽）×2）

师：再来解决面积。

生：30 × 20 = 600（平方厘米）

（板书：长方形的面积 = 长 × 宽）

（二）动手参与，生生互"辨"

师：再在这个长方形纸里剪下一个最大的正方形，你觉得该怎样剪？

（学生上台操作演示）

生1：将长方形直接折出一个类似正方形的图形（图 3 - 41）。

图 3 - 41 正方形折法 1

生2：不对，这样剪不一定是正方形，可能是长方形。

师：为什么？

生2：如果我往这边折一点就是长方形了。（演示）

师：哦，也就是说这样折并不准确，那你有折出正方形的方法吗？

生2：先折上一个角，然后将不重合的部分撕下（图 3 - 42）。

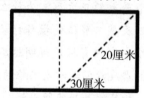

图 3 - 42 正方形折法 2

师：为什么这样剪下来的就是正方形？

生3：因为这样折有个三角形，一个正方形就等于两个相等的三角形。

生4：两个三角形重叠了。

生5：重叠的两条边相等。

师（引导并补充）：这样的话，四条边都相等了，那就是一个正方形。

师：说得非常好，这个正方形和剩下图形的周长和面积又分别是多少呢？动手算一算。

生1：正方形的周长是 20 × 4 = 80 （厘米）。

（板书：正方形的周长 = 边长 × 4）

生2：正方形的面积是 20 × 20 = 400 （平方厘米）。

（板书：正方形的面积＝边长×边长）

生3：剩下小长方形的周长是（20＋10）×2＝60（厘米）。

生4：剩下小长方形的面积是20×10＝200（平方厘米）。

师：这两个的周长总和与原图形的周长进行比较，变了吗？为什么？

生1：变了。

生2：周长多出两条边。

生3：周长增加了正方形的两条边长。

（板书：周长增加）

师：那面积呢？

生1：也变了。

生2：我反对，我认为面积没有变。

生3：我也觉得面积没有变，因为这两个图形的面积加起来是200＋400＝600，和原来的长方形面积一样。

（板书：面积不变）

设计意图：通过提问"需要什么信息"让学生主动回忆周长和面积的计算方式，调动思维的自主性。

如何在长方形中剪下一个最大的正方形？为什么这样剪下来就是一个正方形？学生通过新课时的学习以及手工剪纸的操作经验，从长方形纸中剪下一个最大正方形的操作并不难，难在有理有据地说明这样剪的原因。学生往往会操作但不会准确表达，这样的困难最能调动学生思维的灵活性，同时在学生"辨"的过程中也能理解其中缘由，知其然并知其所以然。

三、灵活多"变"，慎思明"辩"

（一）剪在角上——周长不变，面积减少

教师出示图形（图3－43）。

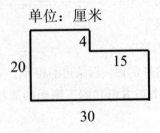

图3－43　剪在角上

师：独立计算这个图形的周长，说说你的方法。

生1：20＋30＋15＋15＋4＋16＝100（厘米）。

生2：（20＋30）×2＝100（厘米）。

师：为什么可以这样算？

生：把6厘米的边平移到上面，把4厘米的边平移到右边，这个图形的周长就是原长方形的周长。

师：用这样的方法计算，只用到了哪几个信息？

师：我们发现，这个图形和原长方形相比，周长不变，那面积呢？

生1：面积也不变。

师：为什么？

生1：因为刚才把那两根线移过去不就是原本的长方形吗？

生2：我反对，应该是变了。因为移是为了算周长，但是面积少了就是少了。

师（演示动画）：面积指的是这个面的大小，边线移动，这个面改变了吗？

生：没有。

师：所以这个图形和原来的长方形相比，你发现了什么？

生：缺了一块。缺了角上的一块。

师：因此从面积上看，这个长方形的面积和原来长方形的面积相比……

生：少了角上的这一块，所以面积减少了。

师：同学们思考得非常认真，这个图形难不倒大家，那我如果再剪去一个长方形（图3－44），这个图形和原来的长方形相比，周长变了吗？

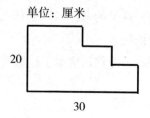

图3－44 在长方形上剪去两个角

生：没有变。

师：那面积呢？

生：又减少了。

师：少了哪部分？

生：少了刚才剪去的那一块。

师：大家觉得将小长方形剪在哪里，图形的周长不会变化？

生1：剪在4个角上。（演示）

生2：剪在四条边的中间。

生3：我觉得剪在边的中间，周长会变。

师：有同学有质疑的声音，那我们一起来研究一下。

（二）剪在边上——周长增加，面积不变

教师出示图形（图3-45）。

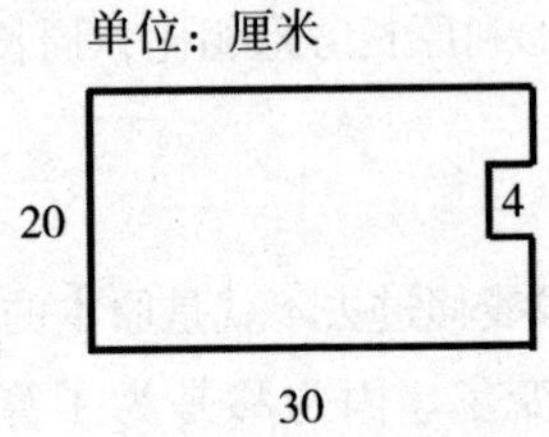

单位：厘米

图3-45 剪在边上

师（点名学生上台）：边指边说你的想法。

生1：如果把中间这条移出来，那这两条是多出来的。

师：谁听明白了？

生2：如果把这条线移出来，那么那两条短的线就没法移了，所以周长和原来相比变了。

师：那你能计算出它的周长吗？

生：（30+20）×2+2×4=108（厘米）。

师：其他同学看懂了吗？这里的"2×4"是什么意思？

生：是指那两条多出来的线。

师：周长和原长方形相比，竟然还增加了！那面积呢？

生：面积减少了。

师：少了哪一块？

生：少了被剪掉的一块长方形。

（教师在另一条边中间剪去一个小长方形）

师：如果这样剪呢（图3-46）？周长增加了还是减少了？（增加了）增加的在哪里呢？（学生上台指：增加了新的两条短边）面积呢？（面积又减少了）减少了哪部分呢？（少了刚才减掉的那一块）

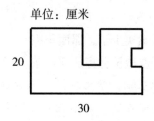

单位：厘米

图3-46　在长方形边上剪去两块

师：原来，如果在长方形边的中间剪去一个长方形，面积会减少，周长反而会增加。

（三）剪在一侧——周长减少，面积减少

师：刚才我们找到了周长增加或者周长不变的剪法，接下来轮到同学们思考了，想一想，有没有让周长减少的剪法？

生1：从中间挖去一个小长方形。

师：这个图形周长减少了吗？

生：没有。

生2：从上面一条边一直剪到下面一条边。

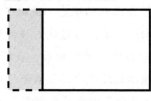

图3-47　剪在一侧

师：这样剪（图3-47），周长减少了吗？减少的是哪些呢？

生1：少的是剪下来的那一块（学生上台指剪下图形的一圈）。

生2：少的是最边上的一条。

生3：少的是上下两小段和边上一条。

师：同意的举手。（大部分同学举手表示同意，个别同学未举手）

师：有几个人好像不同意，采访一下，请你来说说你的想法。

生4：少的是上下两小段。

师：为什么？

生4（边指边说）：这里剪下一块，宽少了一条，但是这里又增加了一条，相当于没变过，所以少的是上下两小段。

（学生集体鼓掌）

师：看来，这样剪周长确实少了，那面积呢？

生：面积也少了，少了左边被剪掉的那一条。

设计意图：有了之前的基础，学生对探寻长方形周长与面积之间的关系有了一定的经验基础。于是，我在这一环节设计了大量的变式，通过对同一个素材——A4纸的不同剪法，不断变换图形的形式，让学生能在连续的变化中动态感知长方形周长与面积的变化，从而加深认识。

教学思考：

学生往往把长方形的周长和面积的概念混淆不清，本质在于没有充分地对周长和面积有一个直观认识。这一个环节笔者将几种类似的图形用一个简单的素材进行串联，把图形的改变动态地呈现出来，让学生能够看得见、摸得着长方形周长和面积的变化。

剪在角上是学生接触最多、最常见的剪法，从角上剪去一个长方形，学生可以利用三年级上册的知识快速判断出其周长并没有改变，但是学生在判断面积时却出现了不同意见，可见对面积这一新概念还是理解不清。于是我通过不同学生的"辩说"，鼓励学生从不同角度解释面积的变化。学生在说与倾听的过程中不断拓宽思维的广度，结合面积的概念，突破了移动边线求周长的方法的负迁移，真正认识到面积是面的大小，与边线的移动无关，强化思维的深刻性。当学生理解"周长不变，面积减少"的缘由后，我顺势向前再迈一步，当场再剪去一个角，让学生在动态演示的过程中再次体会"周长不变，面积减少"。环节最后，我问道："大家觉得将小长方形剪在哪里，图形的周长不会变化？"这一问题考察了学生思维的独创性，可以避免思维定式，打破思维局限性，让学生自由思考其他可能的情况，增加思维的灵活性，同时引出"剪在边上"的情况，引发学生的思考和争辩。

对于剪在边上的剪法，由于有了剪在角上的经验铺垫，大部分学生可以准确得出周长增加的结论，但仍然有部分学生无法理解，因此需要通过学生辩说、操作计算等活动，先对周长"变与不变"有初步的理解和猜想，经过计算验证得出统一结论。

剪在一侧的设计目的在于充分发挥学生思维的独创性和发散性，打破只能在长方形边和角上剪去一个小长方形的思维定式。比如学生创造出剪在中间的方法，正是突破思维禁锢的表现，通过简单辨析，发现不合题意，学生又马上能创新方法，从原来的剪去"一小块"变为剪去"一长条"，达到了题意要求。同时，这种剪法在判断面积变化上并不困难，因此我将重点放在讨论"周长怎么变"上，学生通过观察，得出了四种不同的答案，最终通过生生互动、学生讲解明晰结论，强化了思维的批判性，提高了有理有据的辩说能力。

通过观察图形的变化，辨析周长、面积的变化，学生从一开始的含糊其辞，到最后的脱口而出，可以看出经过这一系列的变式练习、互相辩说，对周长与面积这一组易混概念，学生与课前相比已经有了更清晰的认识。

四、板书设计

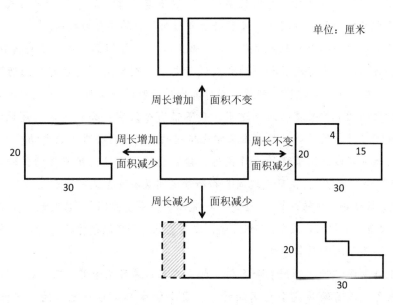

图3-48　"长方形的周长和面积"板书

板书是一节课所有教学内容的核心概括，好的板书是一堂课浓缩的精华，是课堂教学中师生双边活动的缩影。我的板书设计力求精简，结构清晰，关系明确。

四个公式作为本节课的计算基础，我整理在副板书部分，以便同学们在有需要的时候及时查看。

主板书则由一张图形的关系网组成。教学过程中，利用A4纸，通过折、剪等活动过程动态地生成各个图形，并展示在黑板上，让学生能直观看到各图形与原长方形之间的关系。对于本节课规律的呈现，我选择用精简的短语概括，抛却冗杂的计算过程，将学生发现的结论有序、整齐地呈现在板书上，便于课堂最后总结时能快速联系各个结论，串联起一个完整的知识网络。

教学反思：

教过三年级的老师们大多都在某一瞬间有过这样一个疑问：怎么刚学完长方形的面积，连周长都不会了呢？我抱着这样的疑问，设计了一节关于"长方形周长和面积"的练习课。

一、关于教学重点分析

当谈起这一课题时，有的教师认为，这节复习课的教学重点应为长方形周长和面积的概念区分以及三年级下册长方形面积计算的复习巩固。

通过整理网络上的相关课题设计，我发现不少教师都是从学生的错题出发，先对长方形、正方形周长面积的公式进行复习，然后用了大量的时间通过"画一画""填一填"等过程，利用公式计算出周长和面积，最后结合表格发现周长和面积之间的变化规律。看到这里，我不禁有个疑问：公式只不过是让学生能更快捷完成计算的一种工具，难道学生犯错的原因是对公式不熟悉吗？

这激发了我对这节课的设计灵感，摆脱公式的束缚，用直观的体验再认识"周长"和"面积"，主动发现周长和面积之间既有联系又有区别。

"掌握公式，熟练计算"，还是"研究本质，感受异同"？我果断选择了后者。"授人以鱼不如授人以渔"，掌握方法，发展思维，创新思想才是"对症下药"。

二、关于教学对象分析

北师大版"长方形周长和面积"相关内容的练习课适用于三年级数学。

世界上没有两片完全相同的叶子，每个学生都是独一无二的。课标要求，数学课程要面向全体学生，适应学生个性发展的需要，让不同的学生在数学上得到不同的发展。

这节课，既是对之前所学周长和面积的复习，也是对两者关系的全新认识。学生水平之间存在差异，因此在环节上我采用分层梯度式的设计，让成绩在中下游的学生可以有充足的时间进行理解，也给予成绩在中上游的学生足够的思维空间，二者都能有所发展。

这也启发我，在教学评价中，也要进行分层式评价，因此，我拟定了如下教学目标——

对于中上游水平的学生：

（1）能主动探索并发现周长和面积之间的异同，清晰认识引起周长与面积改变的因素，并能举一反三寻找其他情况。

（2）通过观察，关注几种图形之间的联系，能用审辨的思维客观看待事物，有理有据表达自己的观点。

（3）在"辨一辨""辩一辩"等活动中发展质疑、反思、归纳的能力，体会数学的辩证性。

对于中下游水平的学生：

（1）通过"描一描""扫一扫"等活动再次感知周长和面积，从直观感受上对二者进行区别。

（2）在计算的过程中复习周长和面积公式，能利用公式较快地完成简单图形的周长和面积计算。

（3）通过听、说、问、答等活动，感知周长和面积之间的联系，能基本说清引起周长和面积改变的因素。

（4）在探究的过程中提高表达能力，发展审辨式思维，学会质疑，能有理有据地论述自己的观点。

设计之初，我曾问自己一个问题："这节课复习的内容是不是太少了呢？"上完课后，我得到了答案：

这节课中，对知识性内容的复习只是帮助学生高效思考的一种工具，调动学生主动思考，学会审辨，才是最核心的。教学环节的设计也是力求精简，没有用多余的素材，只选择一张普通的长方形A4纸，将单一的素材利用最大化，同样可以把数学课"辨"得有趣，"辨"出精彩。课虽简单，但我相信学生的体验一定是难以忘怀、刻骨铭心的！

审辨数量关系课例6：《邮票的张数》

引导者： 工作室成员　金吉安

参与审辨对象： 五年级学生

审辨目标：

1. 结合教材上的情境图，使学生掌握列方程解含有两个未知数的数学问题的方法，进一步理解方程的意义，学会解模型为 $3x \pm x = 12$ 的方程。

2. 能综合运用方程知识解决问题，发展应用意识，初步形成评价与反思的意识。

3. 体验探究活动是获取新知与提高能力的有效途径，形成质疑和独立思考的习惯。

审辨点分析：

1. 经历分解、联结和拓展的漫长的过程，只有用方程解决问题的优越性渐渐凸显时，很多难题才会变得简单易解，学生从算术思维到代数思维能力的发展得到提升。

2. 让学生能根据题意列出等量关系式，并根据等量关系式转化成方程。

审辨过程：

一、兴趣引领，目标导航

1. 介绍世界上的第一枚邮票。

2. 展示收集整理的邮票。

3. 引入新课，板书课题，出示目标。

师：老师平时非常喜欢集邮，今天老师给大家带来一些自己整理和收集的邮票，请大家欣赏。课件展示介绍邮票的起源——黑便士以及梅兰竹菊、十二生肖、奥运吉祥物邮票等。淘气姐弟俩也是集邮爱好者，下面我们一起分析他们收集邮票的张数（板书课题：邮票的张数）。请同学们一起来读本节课的学习目标，让我们带着目标，开启今天的学习之旅。

二、自主探究，合作分享

1. 课件展示课本的集邮情境图。

师：谁能说一说图上告诉了我们哪些信息？

生：姐姐的邮票张数是弟弟的 3 倍，弟弟和姐姐一共有 180 张邮票。

2. 你能提出什么数学问题？

3. 我们尝试用方程解决这个问题时，想一想应该先做什么？谁能根据这些信息找到等量关系呢？

生 1：姐姐的张数加弟弟的张数等于 180 张，但姐姐的张数比弟弟多。

生 2：姐姐的张数 + 弟弟的张数 =180 张就是等量关系。

4. 小组活动利用画图来理解等量关系，并列方程解决问题。

5. 全班交流。展台出示作业，学生代表交流。

6. 深思熟虑，变式体验。

变换信息：姐姐比弟弟多 90 张。学生独立完成解答。集体订正。

三、小结发现，分享收获

学生整理用方程解决实际问题的六个步骤（设的过程中要设较小的量）。

四、巩固练习，谁是王者

1. 看图 3–49 找等量关系，并列方程。

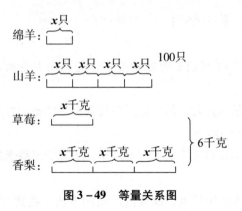

图 3-49 等量关系图

2. 大显身手解方程。

3. 提升练习，拓展巩固。

一幅画的长是宽的 2 倍。小明做画框用了 162 厘米长的木条。这幅画的长、宽分别是多少？说说长方形周长的计算公式、等量关系，列出方程。

4. 数学小知识拓展。

你想知道是谁最先用字母表示数，用方程解决问题的吗？请看数学家韦达（Viète）的介绍。希望同学们以后也能有一个用自己的名字命名的定理，好吗？

五、全课总结，反思评价

今天这节课我们学了什么内容，你有哪些收获？有什么疑问？

六、板书设计

用方程解决实际问题

邮票的张数

（步骤）找 设 列 解 验 答

教学反思：

对于小学生来说，找等量关系是一大难点，部分小学生正是因为不会找等量关系，所以才拒绝使用方程。在实际解决问题中，学生往往更热衷于算术方法，就像参与研讨的老师说的那样，学生转换方程意识是一个漫长的过程。在后续列方程解决问题的教学中，应该注意让学生在比较"算术法"与"方程法"中，深刻感悟到哪些数学问题用方程法有明显的优势，让学生在审辨中喜欢上用方程法解决比较复杂的数学问题。

审辨数量关系课例 7：《相遇问题》

引导者： 工作室成员 傅琳

参与审辨对象：五年级学生

审辨目标：

1. 会分析简单实际问题中的数量关系，提高用方程解决简单实际问题的能力。

2. 经历解决问题的过程，体验数学与日常生活的密切相关，提高收集信息、处理信息和建立模型的能力。

3. 通过阐明数学在日常生活的广泛应用，激发学习数学的兴趣。

审辨重点：

理解相遇问题的结构特点，能通过画图的方法，找到等量关系，用方程解决相遇问题。

审辨难点：

理解相遇问题的结构特点。

教材分析：

本课内容出自北师大版教材五年级下册中"用方程解决问题"这一单元，在此之前学生已经学习了用方程解决稍复杂的分数应用的问题，这一课的设计旨在让学生理解相遇的结构特点，即同时出发、同时相遇，从而找到解题的等量关系，并能把这一知识举一反三，应用到其他相同的情况下。

学情分析：从前测的结果来看，大部分学生不太喜欢用方程来解决问题，他们认为方程需要设未知数，找等量关系，没有算术法简洁，有些学生可以用一个简单的算式解决相遇的问题，但是通过访谈的结果来看，学生并不知道为什么可以这样解决，而在遇到双方中的一方先走，然后双方一起走的情况时，他们就不知道怎么解决了。

审辨点分析：

1. 通过同伴所画的相遇图示、生活经验，在思辨中理解相遇的意义，发现相遇时双方所用的时间是相同的。

2. 借助画图寻找等量关系的同时，把算术法与方程法结合，连通各种解题方法。

3. 借助相遇问题的模型，寻找生活中相似的问题，并能举一反三。

审辨过程：

一、揭示课题，理解"相遇"

出示几何动画（两个人相遇的两种情况：面对面与背对背）

师：你看到了什么？（两个人相遇了）

师：在两个人相遇的过程中，就有许多跟数学有关系的知识，今天我们就一起来学习相遇问题。

　　师：两个人怎么样走才能相遇呢？（方向相反）

　　师：在数学中向相反的方向走，我们也可以称为相向而行。

二、解决问题，学习新知

（一）反馈前测

《相遇问题》前测

班级 ＿＿＿＿＿＿　　姓名 ＿＿＿＿＿＿

1. 如下图，淘气和笑笑从各自的家同时出发，怎样走才能相遇？可能在哪里相

遇？为什么？请你画一画路线，用三角形标一标相遇地点，写一写。

笑笑家

淘气家

思考：相遇要满足哪些要求？

＿＿＿＿＿＿＿＿＿＿＿＿＿＿＿＿＿＿＿＿＿＿＿＿＿＿＿＿＿＿＿＿＿＿

2. 淘气和笑笑同时从甲、乙两地相向而行，淘气每分钟走 100 米，笑笑每分钟走 50

米，4 分钟后两人相遇，甲、乙两地相距多少米？（画一画，再算一算）

3. 甲、乙两地相距 1200 米，淘气和笑笑同时从甲、乙两地出发，相向而行，淘气每

分钟走 100 米，笑笑每分钟走 50 米，两人几分钟后相遇？（画一画，再算一算）

图 3－50　前测题目

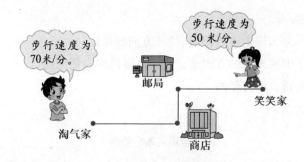

图3-51　前测情境图

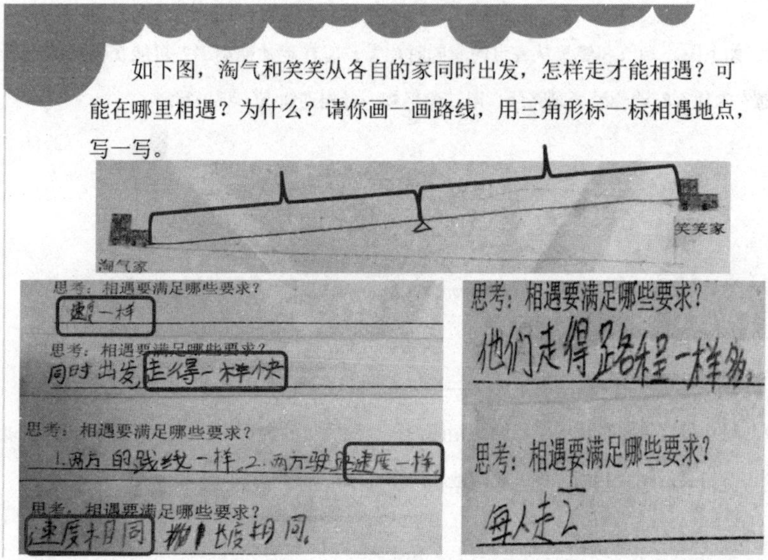

如下图，淘气和笑笑从各自的家同时出发，怎样走才能相遇？可能在哪里相遇？为什么？请你画一画路线，用三角形标一标相遇地点，写一写。

思考：相遇要满足哪些要求？
速一样

思考：相遇要满足哪些要求？
同时出发　走得一样快

思考：相遇要满足哪些要求？
1.离开的路线一样 2.两方驶的速度一样

思考：相遇要满足哪些要求？
速度不同　枫！长度相同

思考：相遇要满足哪些要求？
他们走得路程一样多。

思考：相遇要满足哪些要求？
每人走二

图3-52　前测学生作品1

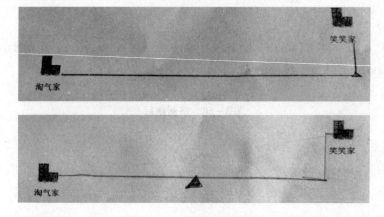

图3-53　前测学生作品2

师：课前，老师给大家做了前测，我们来看看几位同学的想法。

（出示相遇地点，让学生说一说为什么在邮局附近）

师：如果把这幅图拉直变成线段图，相遇地点在哪里？

（出示淘气和笑笑出发后多长时间相遇的问题）

（大部分同学的解答方法：840÷（70+50）=7）

师：其他同学你们能看懂这个算式吗？有什么问题要问他们？

（预设：70+50是什么意思？为什么可以用路程除以速度的和）

师：我们有没有学过路程除以速度之和等于时间这个公式？那这样做真的可以吗？

师：那既然我们不知道算术法行不行，那能不能换一种方法呢？还学过用什么方法解决问题？（方程）那今天我们就用方程法来尝试解决一下这个问题。

（二）用方程解决问题

师：在列方程之前要先找什么？（等量关系）能在线段图中，找到等量关系吗？在图中指一指。

师：用等量关系列出方程。（请学生在黑板上演示）

（同桌交流各自的方程是怎么列的？每个部分表示什么意思）

师：看黑板上这位同学的解答，你有什么问题要向他提问吗？如70x是什么，50x又是什么？

师：同桌互相说一说70x是什么，50x是什么，怎么得来的。

（检验答案）

师：淘气的速度是80米/分，笑笑的速度60米/分，谁能快速说出方程？

师：80x是什么意思？60x呢？为什么你能这么快列出方程？什么没有变？

（等量关系）

（师生共同回忆梳理方程解决问题的步骤：找等量关系，列方程，解方程，验证结果）

师：观察课前的算术法和方程法，你能在方程中，找到算术法的影子吗？为什么可以用路程除以速度的和呢？（课件演示）

三、练习巩固，比较分析

师：完成作业纸第一题，想一想，打字问题和相遇问题有什么共同之处？

（教师出示另外两道题目：两地之间的距离相当于什么？淘气、笑笑的路程相当于什么）

师：你能编这样的问题吗？

师：完成作业纸第二大题，思考有什么不同之处？

四、课堂小结，反思评价

1. 今天，学习了什么？

2. 思考题：奇思和妙想两人同时从相距 2000 米的两地相向而行，奇思每分钟走 110 米，妙想每分钟走 90 米。如果一只狗与奇思同时同向而行，每分钟走 500 米，遇到妙想后，立即回头向奇思跑去，遇到奇思后再回头向妙想跑去，这样不断来回，直到奇思和妙想相遇为止，那么狗共走了多少米？

审辨数量关系课例 8：《解决问题的策略》

引导者： 工作室成员　李玲静

参与审辨对象： 六年级学生

审辨目标：

1. 梳理解决问题过程中常用的策略，如画图、列表、猜想与尝试、从特例开始寻找规律等。

2. 直面问题能学会多角度思考，将复杂的问题转化成简单的模型来思考，直至发现规律，并利用规律去解决复杂的问题，体会"顺难则逆"或"逆难则顺"的思维方式。

3. 感受数学生活化，体会解决问题策略的多样性，激发学生学数学、用数学的积极情感。

审辨过程：

一、复习导入，梳理策略

提问：小学阶段我们学过的解决问题的策略有哪些？当你面临一个比较难的数学问题时，常常会想到哪些策略？

回想你遇到过哪些问题，使用过什么方法来解决问题？

在我们遇到问题的时候，有时候还可以用多种策略，从多个角度思考，并解决问题。

（板书：转化、画图、列表、举例、假设、猜测及验证）

二、直面问题，体会多角度解决问题的策略

（一）直面问题，尝试解题

师：老师这里有一个题目，你们看看会不会，如果不会该用什么策略？

出示题目，分角色读题。

徒弟：师父多大了？

师父：我在你这个年纪时，你才 5 岁，但你到我这个年纪时，我就 71

岁了!

请问：徒弟几岁？师父几岁？

（独立思考 3 分钟，教师观察哪些同学是已经学会了）

师：请会的同学守口如瓶，相信知道答案却能憋着不轻易说出来的同学将来一定会更有成就，因为这样的孩子心中有他人。我们这节课的目标是全体同学都能自己想出答案。

师（引导提出问题）：其他同学在解决问题时遇到了什么困难？自由说。

预设一：不知道年龄差。

预设二：不知道 5 和 71 之间有什么关系。

预设三：读不懂题目。

……

（二）厘清思路，体验规律

1. 画图理解关键句，充分理解题意

师：同学们，碰到难题，连题目都没读懂，我们要怎么做？（多读几遍）哪句话最不好理解？再多读几遍。如果里面的关系确实很复杂，我们可以怎么办？（画图）

（教师在黑板上画一条直线）

师：老师这里有一条线和两枚小磁铁，借助黑板上的这条直线（图 3 - 54）来进入时光隧道，在过去、现在和未来穿越。哪位同学能将题目的意思演示出来？

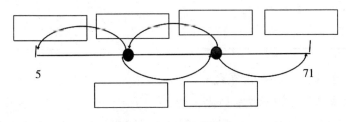

图 3 - 54　画图法解题

（学生进行演示，教师从旁补充引导学生理解各个点与时间线的意义）

2. 举例，充分理解其中规律

师：接下来我们用举例的方法来思考这样一个问题，我现在几岁，爸爸现在几岁，我到爸爸这个年纪爸爸几岁？

师：自己举例，先写下来最后再全班汇总。

表 3 – 12　列表法解题 1

我现在几岁	未来我几岁	未来我爸爸几岁
	爸爸现在几岁	
12	40	68
12	42	72
11	39	67

师：通过表 3 – 11，你发现了什么？

生：年龄差不变。

3. 假设列表（顺向思考）

师：自己假设一个师父的年龄和一个徒弟的年龄，推算师父在徒弟这个年纪的时候，徒弟几岁；徒弟在师父这个年纪的时候，师父几岁了。

师：这是一个逆向推理的题，我们可以进行顺向的假设。

小组交流，整理部分同学的数据，形成表格（表 3 – 13），观察规律。

表 3 – 13　列表法解题 2

过去徒弟几岁	过去师父几岁	未来徒弟几岁	未来师父几岁
	徒弟现在几岁	师父现在几岁	
10	20	30	40
30	32	34	36
12	25	38	51
– 2？	10	22	34

（三）水到渠成，列出算式

1. 自由解题，鼓励算法多样化。

2. 汇报交流，请最早做完题目的同学先说解题思路，其他同学再补充。

思路一：

师父和徒弟的年龄差：$(71 - 5) \div 3 = 22$（岁）

徒弟现在的年龄：$5 + 22 = 27$ 岁

师父现在的年龄：$27 + 22 = 49$（岁）或 $71 - 22 = 49$（岁）

思路二：解方程

解：设年龄差为 x 岁。　　　　解：设年龄差为 x 岁。

$5 + 3x = 71$　　　　　　　　$5 + 2x = 71 - x$

　　$x = 22$　　　　　　　　　　　$x = 22$

徒弟现在的年龄：$5 + 22 = 27$ 岁，师父现在的年龄：$27 + 22 = 49$（岁）

三、总结提升，联系拓展

（一）谈反思

师：今天我们遇到了一个非常难的问题，最后基本上同学们都通过自己的努力得出了答案，解决这个问题，我们用到了哪些策略？

生：转化、利用画图、举例、假设来求年龄。

（二）谈解决问题的策略

画图的目的是将难以理解的关系、问题转化成简单的图抽象出来。

举例和假设是把逆向的问题进行顺向思考，发现规律并运用到原来的难题中，采用的方法是列表。

四、板书设计

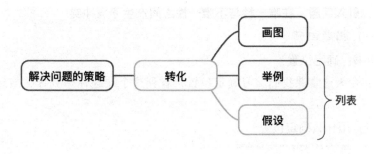

图 3 – 55　"解决问题的策略"板书

教学反思：

小学六年下来，同学们已经学会了很多解决问题的策略。通过这道年龄问题，老师想告诉大家的是，当我们遇到难题时，要学会用多角度来思考问题。

画图的目的是将难以理解的关系、问题转化成简单的图抽象出来。举例和假设是把逆向的问题进行顺向的思考，发现规律并运用到原来的难题中。采用的方法是列表的策略。

顺着思考很难，我们就逆着来，逆着很难就顺着思考。这是学好数学的诀窍！

审辨图表信息1:《确定位置》

引导者: 工作室成员 包凤花

参与审辨对象: 四年级学生

审辨目标:

1. 通过具体活动,认识方向与位置对确定位置的作用。

2. 经历描述物体位置的过程,学会根据方向和距离确定物体的位置。

3. 体验数学与生活的密切联系,能描述简单的路线图。

审辨重点:

体会"方向与距离"在确定位置中的重要性。

审辨难点:

快速找准观测点,感受到描述物体的位置时要注意到观测点的变化。

审辨过程:

一、引入问题,在唯一性与不唯一性之间产生矛盾冲突

(一)揭题回顾

(板书:确定位置)

师:今天这堂课我们学习确定位置,看到这个课题你想到什么或还有哪些疑问?

生1:用什么确定位置?

生2:确定位置有几种方法?

生3:今天这堂课和以前学的有什么不一样?

生4:我们已经学了《用数对确定位置》,为什么今天还要再学确定位置呢?

(二)回顾用数对确定位置

师:谁能用一种简单明了的方法告诉大家你好朋友的位置?

生:我的好朋友在(3,2)。

师:你们知道他的好朋友是谁了吗?

(三)回顾二年级的东南西北

师:除了用数对,你还学过用什么来表示位置?

生:东南西北。

师:这与四年级用数对确定位置,有什么不一样?

生:二年级表示的是一个范围,四年级表示的是准确的位置。

二、在自主探究、操作交流中理解用"方向与距离"确定位置的重要性

（一）猜测

师：如果有一个点 A 在点 O 的东偏北方向，你能具体指出这个点在哪里吗？

生：不能，点 A 只要在东北方向就可以。

生：东北方向是一个很大的区域，不够精确。

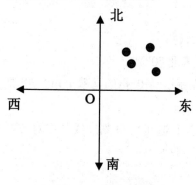

图 3 – 56　点在区域内

出示图 3 – 56：大方向——点在区域内。

师：为什么要以点 O 为中心画方向标？

生：因为我们要表示"在点 O"的什么方向上，就要以 O 为观测点。

（渗透观测点）

师：如果要精确找到这个点，按你的经验，在这基础上应增加什么信息？

生：增加角度、距离。

师：你们的猜测到底对不对呢？我们用实例来验证。

（二）探究

师：用三角尺、量角器等工具，在纸上画一画、量一量；在下面的横线上精确地描述出它们的位置关系。

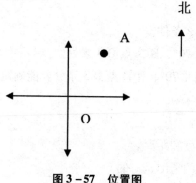

图 3 –57　位置图

点 A 在点 O 的_____处。（学生独立完成后，四人作为一个小组交流）

（三）反馈

师：看到点 A 在点 O 的 70°位置这个结果你有什么要说的？

生：他只说 70°，不知道这个 70°是东偏北还是北偏东，所以也不知道位置是哪里？

师：那我们可以怎么说？

生：点 A 在点 O 东偏北 70°处。

师：东偏北 70°是在哪里？70°指的是哪个角？70°是怎么得到的？带上量角器量给大家看看。

师（学生上来量时及时追问）：0 刻度线与谁对齐？看哪个刻度？你能在量的过程中看到"东偏北"吗？

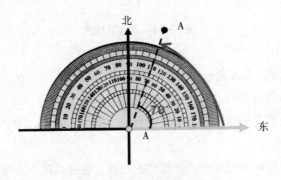

图 3-58　用量角器解题

师：你能用手势来表示东偏北吗？

（认识东偏北，用手势表示，先指向东再偏北）

师：就"点 A 在点 O 东偏北 70°"这个条件能不能准确找到 A 点的位置？

生：不能。

师：那还要加上什么条件？

生：点 A 在东偏北 70°，距离点 O 3 米处。

师：若点 A 在东偏北 70°，距离点 O 3 米处就能确定了这个点？

生：是的。

师：你发现了什么？

生：确定点需要角度和距离。

师：说明我们前面的猜测是对的。

师：还发现有人写的是北偏东20°，他写的对吗？请说明理由。

生：对。

师：怎么会出现两个不同的角度呢？

生：第一位同学，是从正东方向开始测量的；而第二位同学，是从正北方向开始测量的。

师：比较这两种说法，有什么相同之处和不同之处。

生：都表示同一个点，偏的方向与角度说法不同，距离相同。

师：也说明同一个点有两种表达方法。那要准确地确定一个点，要说清楚哪些条件？

生：大方向、角度、距离。

（四）解构三要素

师：要确定点A的位置是不是一定要这三个条件呢？如果只选其中的两个或一个，结果会怎么样？

（板书：东偏北　　70°　　距离3米）

（让学生选择一个或两个条件进行探究。先独立思考，再小组交流）

反馈：

大方向＋距离　　　点在曲线上

大方向＋角度　　　点在射线上

角度　　　　　　　八条射线

距离　　　　　　　圆上

从而得出：大方向＋角度＋距离＝确定位置

（五）即时练习

师：图3－59中，点B在点O的哪一处。

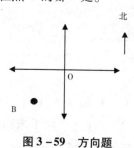

图3－59　方向题

生：以O为观测点，在O点处作方向标量角器0刻度线与之对齐，量角度定距离。

（六）改变不同的观测点，拓展延伸

探究：那点 O 在点 B 的＿＿＿＿＿处（图 3 – 59）。

生：以 B 为观测点，来看点 O，量出东偏北 30°。

师：你为什么要在点 B 处画方向标。

生：以点 B 为观测点，要在点 B 处画方向标。

师：比较两组，有什么发现？

生：观测点不同，方向不同、距离相同。

三、巩固练习，在笃行中提升思维的质量

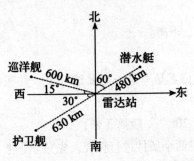

图 3 – 60　练习题 1

1. 填一填

图 3 – 60 中，以雷达站为观测点。

潜水艇的位置是北偏东 60°，

距离雷达站＿＿＿＿＿千米。

巡洋舰的位置是＿＿＿＿偏＿＿＿＿＿，

距离雷达站＿＿＿＿千米。

护卫舰的位置是＿＿＿＿偏＿＿＿＿，

距离雷达站＿＿＿＿千米。

2. 写一写

（1）从市政府出发，向（　）偏（　）（　）°行（　）千米到江滨小学，再向（　）偏（　）（　）°行（　）千米到假日公园，最后向（　）偏（　）（　）°行（　）千米到万达广场。

（2）从万达广场出发，向（　）偏（　）（　）°行（　）千米到假日公园，再向（　）偏（　）（　）°行（　）千米到江滨小学，最后向（　）偏（　）（　）°行（　）千米到市政府。

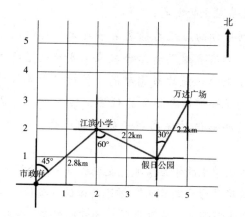

图 3-61 练习题 2

四、思考延伸，发展学生的创新思维

师：同学们，今天我们学习了什么？（确定位置）

师：纵观小学阶段的学习，确定位置可以分为确定一条直线上的位置和确定一个平面上的位置两种情况。确定一条直线上的位置可以用上、下、左、右、前、后等来描述。（出示课件）确定平面上的位置可以用以前学过的数对或者今天学习的方法来描述。大家思考一下这两种方法有什么不同之处呢？这两者之间又有什么相通点呢？

师：数对是用行和列两个要素确定位置，而今天用方向和距离确定位置也是两个要素，这可能是它们的相通点。看似是两种不同的方法，但回到根本上，其实都是在用两个要素确定平面上某个点的位置。

师：临近下课，老师这里还有一个小难题，你们想不想研究一下？看，这是两架飞机的航线，从图上看，在某一个时刻，它们会在这一点相遇，你们猜会发生碰撞吗？

生：不会。两架飞机的高度不同。

师：是啊，我们已经知道了如何确定一条直线或者一个平面上的位置，那么该怎样确定空间中的位置呢？感兴趣的同学，课后可以研究一下。

教学反思：

在学习本课之前，学生已经在第一学段学习了前、后、上、下、左、右等表示物体具体位置的知识，学习了东、南、西、北、东北、西北、东南、西南八个方向的知识；在四年级上册学习了在方格上用数对确定位置及简单的路线图等知识。这些知识为学生进一步认识物体在空间的具体位置打下了基础。本节课的学习则是在此基础上的发展。

本节课内容是利用方向与距离确定某一物体的具体位置，仅靠单一的方向或距离是不够的，只有当这两者结合起来，才能确定物体的位置。这部分知识的理解，对孩子来说还是比较困难的。教材中为此设计了三个问题，第一、第二个问题是关于如何确定物体的位置，第三个问题是根据方向和距离描述行走的路线。这些知识对提高孩子的空间观念，认识生活周围的环境，都大有帮助。

根据本节课内容及学生的学习情况，发现有以下几个盲点：

盲点一：为什么用"方向与距离"描述物体的准确位置且具有唯一性？

盲点二：如何在本节课教学中发展学生的空间观念，体现领域核心目标？

盲点三：四年级上册已学内容与本节课内容之间有没有链接点？

一、核心问题引领，发展审辨式思维

如何制造冲突，激发学生的学习兴趣？如何引发学习过程中指向知识本质的思维，建立融通的认知结构？基于此，教学中注重设计出在学习中具有引领作用的、贯穿学习过程的核心问题——"要准确地描述点 A 的位置，需要加上哪些信息"，并以此为着力点展开教学，驱使学生探究知识的本质。引领学生的探究逐步走向深入、认知逐步走向清晰、空间观念逐步得到提升，具体分为以下几个教学层次展开。

建构：①独立思考，尝试描述；②对话交流，多维验证。学生对点 A 位置的描述主要有以下几种方式：一是点 A 在点 O 070°处；二是点 A 在点 O 东偏北 70°处；三是点 A 在东偏北 70°，距离 O 点 3 米处；四是点 A 在北偏东 20°，距离 O 点 3 米处。按顺序呈现学生的学习内容，让学生对自己的研究结论进行补充修整。建构出要确定一个点的位置，需要"方向、角度、距离"三个要素。

解构："要确定点 A 的位置是不是一定要这三个条件呢？如果只选其中的两个或一个，结果会怎么样？"让学生再次进行探究，得出这三个条件缺一不可的结论。

在这个不断深入的探究过程中，学生的描述方式从模糊走向清晰、从大致走向精确，思维也从一维的"用方向描述位置"走向二维的"用方向和距离描述位置"，其理性思考充分显现，空间观念得到提升，审辨式思维得以发展。

二、运用学习素材，提升审辨式思维

先让同学们回忆二年级和四年级确定位置的方法，引出方向标，首先抛出第一个素材："点 A 在点 O 的东偏北方向，你能确定点 A 的位置吗？"让孩子们进行第一辨，在辨析中明白大方向只能确定点的范围，确定位置还不精确，并追问还需要哪些条件，引出角度和距离两个确定位置的要素。第二个审辨素材："用三角尺和量角器等工具，先画一画、量一量，再描述他们的位置关系。"选用的只写了角度的学生作品素材也十分精巧，在"只有角度能确定位置吗？到底是东偏北还是北偏东？有什么好办法确定吗？"等问题的辩论中，明白了位置关系中角度的描述方法。第三个审辨素材："两种不同的确定位置表述方法有什么相同和不同之处？"进一步明确了确定位置的两种方法在阐述上的注意点。最后的变式：点O在点B的什么位置，对本节课进行了升华。这几个审辨素材的设计开放又有深度，层层递进。

三、注重知识融通，内化审辨式思维

思维融通的学习，能促进学生的持续发展，也是发展审辨式思维的途径之一。融通的思维要求将孤立、零散、碎片化的知识联结，引导学生将知识以整合的、情境化的方式存储于记忆中，这样不仅有利于学生进行有意义的、深层的知识建构，还有利于知识的提取、迁移和应用。在本节课的总结阶段，教师不再拘泥于让学生回顾本节课所学的知识或是交流本节课取得的收获，而是着眼于更宽广的视角，通过问题将零散的知识联结起来，促进学生思维的融通。确定位置可以分为确定一条直线上的位置和确定一个平面上的位置两种情况。确定一条直线上的位置可以用上、下、左、右、前、后等来描述（二年级），确定平面上的位置可以用以前学过的数对或者今天学习的方法。让大家思考这两种方法有什么不同之处能使学生了解数对与今天的确定位置的关联，引领学生发现："随着学习的深入，确定位置的方法越来越多，应用起来也有多重选择。"将学生的思维引向后续的学习，最后通过飞机的小问题学习从一维的到二维的，最后到三维的确定位置。至此，小学阶段所学的"确定位置"有关内容被整合，成为一个整体储存于学生的认知系统中，实现了知识的内化、思维的融通，为学生的可持续发展奠定了基础。

审辨图表信息2：《复式条形统计图》

引导者：工作室成员　何海蛟

参与审辨对象：五年级学生

审辨目标：

1. 认识复式条形统计图，了解其特点，并学会画复式条形统计图。

2. 能从统计图中获取尽可能多的信息，体会数据的作用。

3. 体验合作探究的乐趣，培养学生的协作精神，提高应用数学的意识。

审辨重、难点：

了解复式条形统计图的特点，学会画复式条形统计图并能从中获取尽可能多的信息。

审辨过程：

一、复习旧知，导入新课

师：今天，老师给你们带来了一个老朋友，它是咱们平时生活中整理和分析数据的好帮手，你们还记得它吗？

（出示条形统计图）

生：条形统计图。

（板书：条形统计图）

师：这是一张表示什么数据的统计图？

生：体育项目的统计图。

师：你是怎么看出来的？

生：看统计图的标题。

师：你真是"火眼金睛"，马上就找到了条形统计图的要素之一，除了标题以外，你能说说条形统计图由哪些内容组成，有什么特点吗？

生：条形统计图由图名、横轴、纵轴、条形柱、纵轴表示的单位大小组成；条形统计图可以清晰地表示各个数据的大小，易于比较各数据之间的差别。

（板书：要素条形柱、横轴、纵轴；优点直观、方便）

那今天我们继续深入了解一下条形统计图吧！

二、合作学习，探究新知

（一）情境设疑

师：同学们，你们都喜欢打篮球吗？有些同学习惯单手投球，还有些同学习惯用双手投球，哪种方式投球会更远呢？说一说你们的想法，以及验证的方法。对，同学们说得都很棒，我们需要实践一下，也就是需要先收集数据，用数据说话。

（出示统计表 3 – 14）

表 3 – 14　第一活动小组同学的投球情况（单位：米）

投球者	1 号	2 号	3 号	4 号	5 号	6 号	7 号
单手投球的距离	12.5	13.0	12.5	11.5	12.0	10.5	13.0
双手投球的距离	11.0	9.5	11.0	13.0	9.0	10.5	12.5

师：看了这张统计表，你们有什么想法？

生：数据太多，看不清楚。

师：那么怎么样才能既直观又清晰地看出来呢？

设计意图：引导学生画条形统计图。接着通过对两幅单式条形统计图对比观察，让学生发现单式条形统计图不方便比较。

生：画成条形统计图。

师：为什么？

生：把数据变成条形柱看得更直接。

师：怎么画？

生：两个数据分开画。

生：两个数据合起来画。

（出示两张统计图）

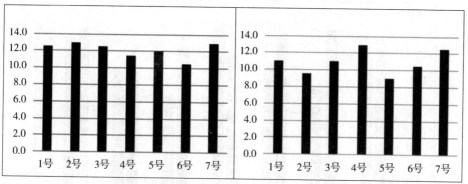

图 3-62 第一活动小组同学单手
投球情况统计图（单位：米）

图 3-63 第一活动小组同学双手
投球情况统计图（单位：米）

师：现在 1 号同学用哪种方式投球投得比较远呢？

生：单手投球投得比较远。

师：你是如何看出来的？

生：通过左右对比。

师：那么 2 号同学呢？

生：2 号同学也是单手投得比较远，我也是左右对比得出来的。

师：那么 3 号呢？4 号呢？

师：那是不是我们需要左边看看、右边看看才能对比出每位同学采用哪种方式投得比较远呢？这样是不是比较麻烦，那要怎样才能既直观又方便地比较呢？请大家分小组讨论一下。

生：还是把两张图合起来好。

师：那么请同学们在你们的学习单上动手画一画。

（二）合作探究

（1）自主思考，画图（教师巡视并收集几幅较有代表性的统计图）。

（2）小组合作探讨。

师：谁的统计图设计得合理？为什么？

预设1：我认为是左边的同学更好一些，因为左边的同学把两组数据用不同的形式（阴影和空白）区分开了，看得会更清楚。而且在每个条形柱上都把数字写出来了。

预设2：我认为是右边的同学比较好，因为图中每位同学的两组数据之间都空了一格。

师：那么看一下老师是如何合并的（出示图3－64）。

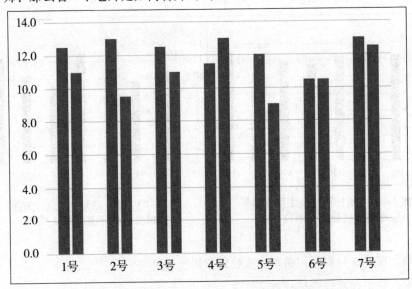

图3－64　第一活动小组同学投球情况统计图（单位：米）

师：将两幅条形统计图合并了之后，我们能清楚地知道哪些条形柱表示的是单手投球的，哪些是双手投球的吗？

生：不能。

师：所以颜色相同不容易看出来，换一种颜色吧！

（继续出示统计图3－65）

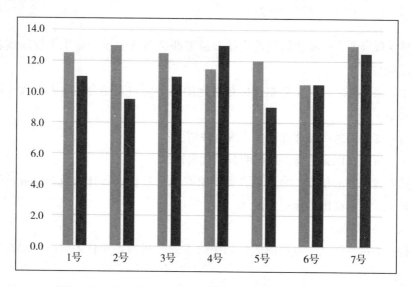

图 3-65　第一活动小组同学投球情况统计图（单位：米）

师：观察图 3-65 我们能清楚知道哪些条形柱表示的是单手投球或者双手投球吗？

生：不能。

（继续出示图 3-66）

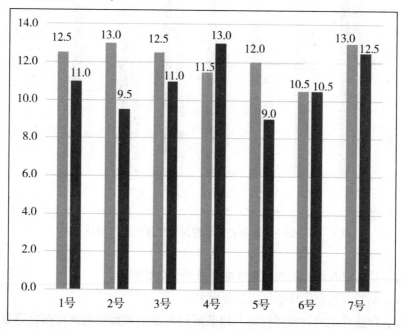

图 3-66　第一活动小组同学投球情况统计图（单位：米）

师：观察图 3 - 66 我们是否清楚知道哪些条形柱表示的是单手投球或者双手投球呢？

生：虽然较之前有了数据，但是对比图还是要与表结合，看表中数据确定图中数据。

师：那我们怎么做才能避免出现这种情况？

生：可以在图旁边做注释说明颜色代表情况。

师：这种方法很好，为了更方便大家看出来黑色代表什么数据，灰色代表什么数据，我们在图旁标注出图例。

（板书：图例）

师：不过请注意，我们的图例和旁边不同颜色的条形柱需要一一对应。如图 3 - 67 所示。

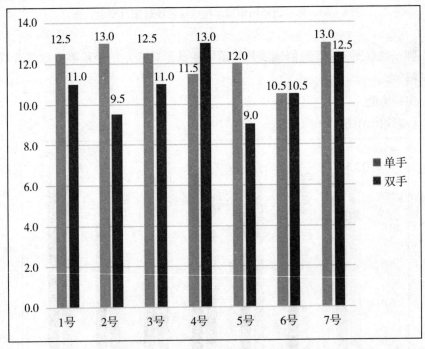

图 3 - 67　第一活动小组同学投球情况统计图（单位：米）

师：是否只有用不同的颜色才能区分两组数据呢？

生：阴影和空白同样也可以区分出来。

师：像这样用两种或两种以上的条形柱表示不同数量的统计图就是复式条

形统计图。

（板书：复式）

师：这节课我们学习的就是复式条形统计图（利用 PPT 出示课题）。

师：现在我们来回答前面的问题，到底是单手投球远还是双手投球远呢？

生：单手投球远。

（板书：√单手）

师：那么我们的复式条形统计图和之前单独的两幅条形统计图相比较，有什么优势呢？

（板书：便于比较）

（三）集体反馈，小结

在学生的交流反馈中，总结绘制统计图要注意的事项。

（学生尝试交流，完成复式条形统计图的绘制）

1. 要有颜色区分，表示不同数据。

（不要忘记图例，图例一般就写在统计图的右上角）

2. 在条形柱的上面标上数据。

3. 写好统计图的名称。

三、巧设练习，巩固提高

1. 选一选。

五年级人数统计表

	五（1）班	五（2）班	五（3）班	五（4）班	五（5）班
男生	25	19	27	20	25
女生	16	23	15	23	18

（1）绘制五年级各班总人数统计图，使用（　A　）

A. 单式条形统计图

B. 复式条形统计图

（2）绘制五年级各班男女生人数统计图，使用（　B　）

A. 单式条形统计图

B. 复式条形统计图

2. 尝试读一读横向复式条形统计图（图3–68）。

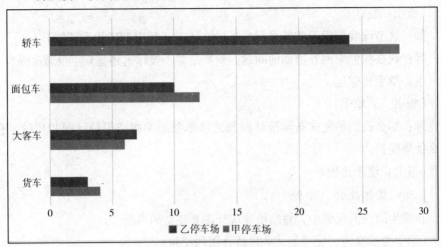

图3–68 甲乙两个停车场车辆停放情况统计图（单位：辆）

3. 了解一下有三组数据的条形统计图。

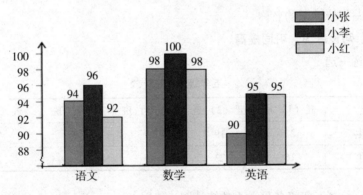

图3–69 小张、小李、小红的成绩复式条形统计图（单位：分）

四、对比升华

师：同学们仔细观察，说说这幅复式条形统计图与我们前面学过的单式条形统计图有什么区别？

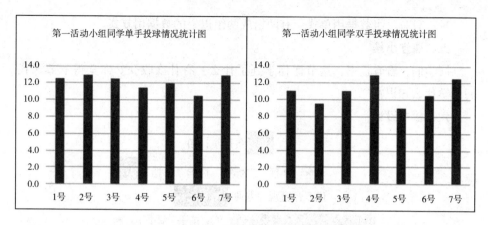

图 3 - 70　第一活动小组同学投球情况统计图（单位：米）

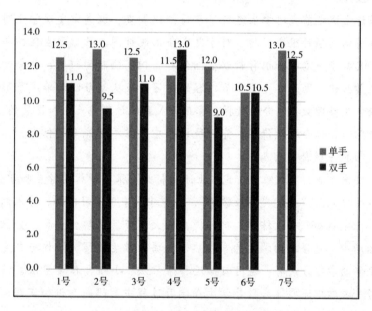

图 3 - 71　第一活动小组同学投球情况复式统计图（单位：米）

生：复式条形统计图是用两种不同颜色的条形柱表示不同的数量，而且在图的右上角要标明图例。

师：对比单式条形统计图和复式条形统计图，你认为复式条形统计图有什么优点？

生：方便对比。

师：那什么时候用单式条形统计图比较好，什么时候用复式条形统计图比较好呢？

生：只有一组数据用单式。有两组或两组以上的数据用复式。

五、课堂小结

同学们，看看板书，这节课你学到了什么？有什么收获？你觉得下节课我们会学什么知识？

六、板书设计

复式条形统计图

要素：标题 坐标轴 横轴、纵轴 图例

优点：直观 方便 便于比较

单手投球远还是双手投球远？ （√单手 双手）

教学反思：

这节课上课之前我对学生进行了学前知识调查，调查中发现学生对投球游戏这一体育活动项目很感兴趣。对于复式条形统计图，虽然学生在四年级已经学习过，具备了一定的知识背景和生活体验，但间隔时间较长，部分学生忘记了前面所学知识。因此，关于本节内容的学习，我从复习旧知单式条形统计图出发，让学生整理数据、分析数据，真正深入到统计思想产生和发展的全过程，形成统计意识，体会统计价值，能从统计图中获取尽可能多的信息，体会数据的作用（数据中蕴含着信息）。

如何突出重点、突破难点，完成上述目标呢？根据教材的特点和学生实际，本节课我主要采用"探究发现教学法"，教学中，采用复习旧知、导入新课—合作学习、探究新知—巧设练习、巩固提高三大环节，让学生全面、全程地参与到探索活动中，充分调动学生的学习热情，培养学生观察、操作与自主学习的能力。主要的学习方法有：运用旧知迁移学习法、小组合作学习法、讨论学习法等。另外教学中还要注意引导学生在学习过程中的问题意识和实践意识，注重合作学习过程中合作精神的培养等。

纵观本节课，有以下几个亮点：

一、抓准学生的学习起点，有效设计教学

在引题环节中，让学生体会到复式统计图的必要性，设计得独具匠心。分别出示两张单式条形统计图（第一活动小组单手投球情况和第一活动小组双手投球情况统计图），让学生说一说从这个统计图中得到了哪些信息？通过提问使学生感受到这样的单式条形统计图不利于比较两组数据，实在是太麻烦，非常需要复式条形统计图。再请学生设计一个统计图，能很方便地比较单双手投球的情况。请同学设计草图后交流、择优。这样的设计让学生在认知产生冲突的同时，深刻体会到复式条形统计图的必要性。

二、注重知识的对比认识、环环相扣、扎实有效

对比教学就是在知识的广度和深度上做文章，不是就事论事，而是对比类推、举一反三。具体而言，对比教学法就是指在教学中将一些具有某种联系和区别的教学内容放在一起进行对比分析，找出其相同和不同之处，使学生在明确了一个内容之后能够自然地联想到另一个内容，并能自行理解和掌握，从而达到预期的教学目的。本节课中，我让学生对比单、复式条形统计图，使学生在比较辨别中认识到复式条形统计图的优点，更让学生了解了横向复式条形统计图和三组数据的复式条形统计图，以此深化学生对复式条形统计图应用范围的认识。

审辨图表信息3：《复式折线统计图》

引导者：工作室成员　叶晓丹

参与审辨对象：四年级学生

审辨目标：

1. 经历处理实验数据的过程，体会折线统计图的特点，能根据一组相关的数据，绘制出折线统计图。

2. 能从折线统计图上获取数据信息，并进行简单的预测，在探索中掌握解决问题的方法。

3. 了解数学与生活的息息相关，体会到数学来源于生活，更服务于生活。

审辨过程：

一、情景导入

观看新冠肺炎疫情图片，导入课题。

师：请看这几张图，你们看到了什么？

生：白衣天使。

师：是的，近半年来，这些白衣天使一直奋战在一线，全力救治新冠肺炎确诊病例，大家都很着急，老师也一样。于是，为了了解疫情的发展情况，老师收集了一些关于新冠肺炎疫情的数据（表3-15）。这样看，能一眼看出数据的变化吗？

表3-15 4月18日—5月13日部分病例数据统计表

数据类型\日期	4月18日	4月23日	4月28日	5月3日	5月8日	5月13日
新增确诊病例	16	6	22	1	3	6
新增疑似病例	2	2	1	2	0	1
新增治愈病例	33	50	23	53	6	3
新增死亡病例	0	0	0	0	0	0

生：不能。

师：于是我做了一张关于新增确诊病人数量的表格（出示表格）。那你们有没有更直观的方法能看出数据的多少？

日期	4月18日	4月23日	4月28日	5月3日	5月8日	5月13日	5月18日
新增确诊人数	16	6	22	3	1	3	6

生：条形统计图。

师：是的，老师已经画好了（出示条形统计图），是不是比原来的统计表更直观？那条形统计图由哪几个部分组成呢？

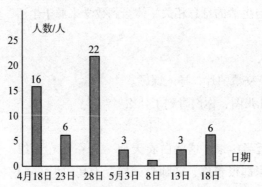

图3-72 2020年4月18日—5月18日
新冠肺炎新增确诊病人数量条形统计图

生：标题，横轴和纵轴。

师：我们都知道条形统计图能看出每日新增的具体数量，那你们仔细看，能不能看出每日新增病人的数量是怎样变化的?

(在条形统计图上作图演示)

师:这样就能看出来了,但是有点乱。还有什么好方法吗?

生:用折线统计图。

师:看来同学们都预习得很认真,那我们看这两张统计图(出示条形统计图和折线统计图),从条形统计图中我们能一眼看出每日新增的数量,在折线统计图中能一眼看出病人越来越少。你们觉得,用哪幅图更合适呢?

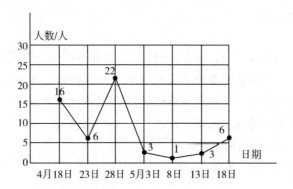

图 3 – 73　2020 年 4 月 18 日—5 月 18 日
新冠肺炎新增确诊病人数量折线统计图

师:今天我们就来深入研究折线统计图。

(板书:折线统计图)

设计意图:利用最近的时事,将数学知识与实际生活相联系,第一时间激发学生的学习兴趣,并先提出使用之前已经学习的条形统计图来表达数据,发现条形统计图侧重于几个具体数据的呈现和比较,而想要了解疫情的发展必须要看数据在一段时间里的发展变化,从而突出绘制折线统计图的必要性。

二、探究新知

(一)动手绘制折线统计图

师:只是了解新增确诊病例的数量并不能判断疫情发展的趋势,于是,老师又整理了一张关于新增治愈病例数量的统计表。前面,为了形象直观地观察数据变化,老师将新增确诊病例数做成了折线统计图,同样的,我们要把新增治愈病例数也做成折线统计图,那么,折线统计图到底该怎么画呢?我们一起看一个微课视频学习一下吧!

(观看作图微课视频)

师：看明白了吗？现在请同学们拿出课前准备好的铅笔和尺子，在学习单上试一试吧！

动手画图。请同学展示并反馈。

展示学生作图的不同情况。讨论过程及注意要点。

回顾作图的步骤：

①写标题。

②确定横轴、纵轴。

③描点、写数据。

④连线。

师：现在，两分钟时间，请各位同学将自己错误的地方修正。

设计意图：一开始就将整个画图的过程以微课的形式展示，之后充分相信学生，放手让学生去操作（绘制折线统计图）、去探索、去讲解，最后在各方面的反馈中，让学生在感悟、选择、反思、纠正中学到知识。

（二）认识折线统计图的特点

观察统计图 3-74，你能得到什么信息？

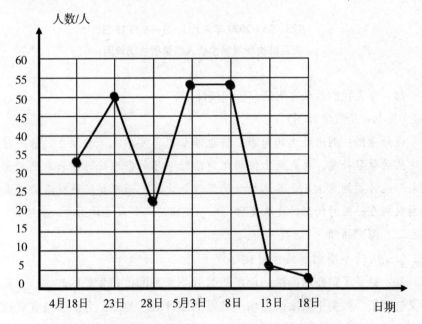

图 3-74　2020 年 4 月 18 日—5 月 18 日新增治愈新冠肺炎病例折线统计图

思考：

（1）第四个点表示（　　　　）月（　　　　）日新增治愈病例（　　　　）例。

（2）4月18日至4月23日间的线段呈（　　　　）（填"上升"或下降）趋势，人数（　　　　）（填"增加"或"减少"）。

（3）4月23日至4月28日间的线段呈（　　　　）（填"上升"或下降）趋势，人数（　　　　）（填"增加"或"减少"）。

（4）（　　　）月（　　　）日至（　　　）月（　　　）日间的治愈病例数量变化最大，线段最（　　　）（填"陡"或"缓"）。

（5）从整条折线统计图，可以发现新增治愈病人数量是怎么变化的？

师：我看很多同学在独立思考的时候遇到了一些困难，现在请同学们分组讨论，可以把你的理解和组员说一说，如果有一些困惑，也可以一起通过讨论来解决。（小组讨论）

师：讨论得很热烈，先看第一个问题。（请同学回答第一个问题，并再提问一个点）

生：第四个点是表示5月3日新增治愈病人53人。

师：这时候我们发现，点能够反映具体的数量。

（板书：表示数量的多少）

师：将4月18日至23日的两个点连接，能看到这两点之间的线段是上升的，数据增多了。再对比4月23日至28日之间的线段，这个人数是怎么变化的呢？

生：上升的时候人数增加，发现一条上升、一条下降，下降的时候人数减少。

（板书：升—增，降—减）

师：我们再看，5月8日至13日的线段和5月13日至18日的线段，同样是下降的两条线段，有什么不同？

生：5月8日至13日的陡，5月13日至18日的缓。

师：陡的线人数变化得快，缓的线人数变化得慢。

（板书：陡—快，缓—慢）

师：那如果出现平的线段呢？

生：不变。

师：所以我们发现，折线统计图能直观地反映数据的增减变化情况。

（板书：反映数据的增减变化情况）

（三）根据折线统计图进行分析预测

师：我们之前都是一段一段来分析，现在整体观察，有没有同学能说一说近一个月来新冠肺炎新增治愈病例数量是怎么变化的？

生：有小幅上升，但总体来说新增人数一直在下降。

师：那你们能不能做一个大胆的预测，疫情会怎么发展？

生：疫情基本被控制住了。

师：折线统计图能帮助我们预测事物发展的趋势。

（板书：对事物的发展趋势做出预测）

师：学习了折线统计图，你们有什么收获呢？

生：折线统计图能一眼看出数据的变化情况。

师：现在我们学了两种统计图，说一说他们的相同点和不同点。

师：是的，我们所有的统计图都离不开横轴、纵轴和标题。条形统计图是用条形柱的长短来表示数据的多少，能直观地看出数量。但折线统计图由点和线构成，是根据线的走向来表现数据的变化趋势。

设计意图：学生一开始对于折线统计图有一个大概的认识，如走势向上是数据变大。但对于折线统计图的理解不够全面完整。所以在教学过程中，笔者引导学生按照基本的点—线—整体的顺序去观察和思考，将学生发散的思维集中起来，做到有序地思考。先理解点、线的含义，最终达到根据折线统计图变化的趋势做出合理推测的目标。

三、变式练习

（一）判断

师：刚刚我们发现，折线统计图能最直观地反映数据变化情况。那么老师这里有一幅折线统计图，请同学们根据图中的数据变化，判断一下，这张图表示的有可能是哪一种情况？

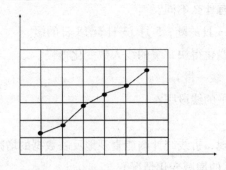

图 3 - 75 　折线图

思考：这张统计图可能表示什么？

①运动后的心跳变化。　　　　④一天内的气温变化。

②7—12 月的平均气温变化。　　⑤某位同学近六年的身高变化。

③六年来我班近视人数统计。

（小组讨论）

（二）选择

师：那么，我们来判断一下，以下几种情况，该选用什么统计图比较合适呢？

小结：选择什么样的统计图做统计，取决于我们对生活的实际需求。

辨析：下面内容最适合用条形统计图表示的画"○"，最适合用折线统计图表示的画"△"。

（1）小明每年身高的变化。（　　　）

（2）各班女生人数。（　　　）

（3）近几年家庭旅游支出的变化情况。（　　　）

（4）图书馆内各类图书的数量。（　　　）

（5）一天之中气温的变化情况。（　　　）

辨析：条形统计图主要用来表示数量的多少，折线统计图主要用来表示数量的增减变化情况。只想直观地表示数据的多少且数据独立时可以选择条形统计图。不仅要表示数量的多少，还要反映数据的增减变化，对数据进行预测时可以选择折线统计图。

（三）拓展

师：其实我们的生活中也有很多的折线统计图，你们能举一些例子吗？

生：股票数据走向、心电图……

四、反思评价

回顾一下我们今天这节课，我们学习了一种新的统计图：折线统计图。折线统计图能够直观地反映数据的变化情况，预测事物的发展趋势，为我们今后处理数据提供便利，希望同学们在这节课后能够根据实际需求选择合适的统计图来帮助你们分析问题、解决问题。

五、板书设计

折线统计图

写	画	定	标	连
标题	纵轴	点	数据	线

点　表示数量的多少

线段　升—增　　降—减

　　　陡—快　　缓—慢

反映数据的增减变化情况

作用：对事物的发展趋势做出预测

教学反思：

　　折线统计图是在学生学习了条形统计图并初步掌握了统计知识的基础上进行教学的，我在教本节课时，注重从生活中引出折线统计图。

　　数学依赖于生活，并从生活中抽象和升华，依据学生的实际情况设计教学过程，这是我的第一想法，我觉得如果选择学生身边熟知的例子，他们会更乐于接受，所以我用大家最关心的新冠肺炎疫情事例贯穿了整个教学过程。这一环节不但能有效地调动学生学习数学的兴趣，促进学生学习的主动性，而且能让学生在猜测疫情发展情况的过程中不知不觉地认识折线统计图，并且强调读统计对象和项目、读点、读线和读整体趋势四个方面，逐步提高学生的识图能力。读点又分直观读与坐标读两个层次进行。读线不仅从线读出数量的增减，而且从线的缓和陡读出数量增减的快慢；不仅关注线的局部，而且关注线的整体发展趋势，这样就完整地解读了折线统计图所反映的数据。

第二节　单元整合审辨课：
基于儿童立场进行课时之间的有效整合

　　时代和网络的快速发展使很多小学生积累的生活经验和已有认知水平往往会高于小学数学教材的预设水平。基于学生逐步升高的现实起点，"结构化重组"课程内容是必然选择。

　　笔者和团队坚持以生为本，因材施教，既做加法，又做减法，切实减轻学生学习负担。我们基于单元视角，把内容相近、结构相似的课时进行整合，适度改变教材小步子渐进的编排逻辑，腾出课时，为拓展提供可能。

　　笔者和团队基于学生视角，希望更精准地把握起点，让数学与经验对接，让学习更有趣、更有挑战性，让学习真正发生。

把同一"核心概念"背景下并列的几块知识内容整合起来，形成横向结构，通过相互之间的"对比"深化概念的理解。

把同一"核心概念"背景下具有从属关系的知识内容整合起来，纵向连接形成结构，通过概念内涵和外延辨析深化理解。

在任务设计中呈现更大的认知背景，提供更大的问题空间，使学生在思考、探索的过程中主动寻找知识之间的内部联系，深化数学理解，完善认知结构。

将典型性的反馈材料（包括正例和错例）整体性地呈现出来，通过具有结构性的"问题串"层层推进，引导学生深度思辨，内化理解。

横向审辨课：《比的认识》单元整合

引导者：蒋巧君

单元学习目标：

1. 从具体情境中抽象出比的过程，体会认识比的必要性，理解比的意义及其与除法、分数的关系，感受比在生活中的广泛应用。

2. 会运用商不变的规律或分数的基本性质化简比，并解决一些简单的实际问题。

3. 经历与他人交流算法的过程，能运用比的意义，解决按比进行分配的实际问题。

4. 在解决问题的过程中，初步养成乐于思考、勇于质疑的学习习惯。

整改前的课时目标：

第一课时：《比的意义》

1. 经历从具体情境中抽象出比的过程，体会认识比的必要性，理解比的意义。

2. 能正确读写比，会求比值，理解比与除法、分数的关系。

3. 能利用比的知识解释一些简单的生活问题，感受比在生活中的广泛应用。

第二课时：《比的化简》

1. 在实际情境中，体会化简比的必要性，进一步体会比的意义。

2. 会运用商不变的规律和分数的基本性质化简比，并能解决相应的简单实际问题。

第三课时：《比的应用》

1. 在解决实际问题的过程中，进一步体会比的意义。

2. 能运用比的意义解决有关按比分配的实际问题，提高解决问题的能力。

第四课时：《比的单元复习》

1. 进一步理解比的意义。

2. 巩固求出比值、化简比的方法。

3. 运用比的知识解决稍复杂的按比分配的实际问题。

整改前的单元内容框架：

比的意义：2课时 （第一课时）体会认识比产生的必要性，理解同类量比的变关系；能正确读写比，会求比值。 （第二课时）全面了解同类量与异类量比的函变关系，理解比与除法、分数的关系。	比的化简：1课时 在实际情境中，体会化简比的必要性，进一步体会比的意义。 会用比的基本性质、商不变的规律和分数的基本性质化简比，并能相应地简单化实际问题。	比的应用：2课时 （第一课时）用比的意义解决有关按比分配解决实施问题的新课，进一步体会比的意义。 （第二课时）用按比分配解决实施问题的练习课，进一步提高解决实际问题的能力。	比的复习：2课时 （第一课时）整理《比的认识》单元要点，形成思维导图，复习比的意义，比较化简比和求比值的异同，能准确求出比值和化简比。 （第二课时）用画图表示数量关系解决一些简单的实际问题，运用比的知识解决稍复杂的实际问题。

图 3-76　整改前的单元内容框架

整改后的课时目标：

第一课时：《比的意义》（1）

1. 理解同类量比的函变关系，认识比，正确读写比，会用除法求比值。

2. 体会比产生的必要性，感悟比存在的价值。

3. 辨析"倍比"与"差比"的异同，明白比的本质意义，归纳出比的基本性质。

第二课时：《比的意义》（2）

1. 进一步巩固同类量比的函变关系，学习连比。

2. 在辨析中理解同类量比与异类量比的共性都是函变关系，进一步感悟比的本质意义。

3. 巧求比值，理解比与除法、分数的关系，在辨析中比较比与除法、分数的异同。

第三课时：《比的化简》

1. 在实际情境中，体会化简比的必要性，进一步体会比的意义。

2. 用分数的基本性质、比的基本性质、商不变的规律和分数的除法化简比，并能相应地简单化实际问题。

3. 从比较辨析中厘清求比值与化简比的异同。

第四课时：《比的应用》（1）

1. 用比的意义解决有关按比分配的实际问题，进一步体会比的意义。

2. 充分经历多元化表征的过程，引领观察、分析、概括不同解题方法的相同点。

3. 养成良好的解题习惯，提高解决实际问题的能力。

第五课时：《比的应用》（2）

1. 画图表示数量关系解决一些简单的实际问题。

2. 运用比的知识解决稍复杂的实际问题。

3. 在解决实际问题中进一步理解比的意义，能准确求出比值，能准确化简比。

整改后单元关键课的内容框架如图 3 - 77 所示。

比的意义①	比的意义②	比的化简	比的应用①	比的应用①
1. 初步理解比的意义； 2. 归纳出比的基本性质； 3. 求比值。	1. 进一步理解比的意义； 2. 巧求比值； 3. 在辨析中比较比与除法、分数的异同。	1. 体会化简比的必要性； 2. 合理选用各种方法化简比； 3. 在辨析中比较求比值和化简比的异同。	1. 解决按比分配的实际问题； 2. 经历各种方法解决问题； 3. 养成良好解题习惯，提高解决问题能力。	1. 画图表示数量关系解决一些简单的实际问题； 2. 运用比的知识解决稍复杂的实际问题； 3. 在解决实际问题中进一步理解比的意义，能准确求出比值和化简比。

图 3 - 77　整改后单元关键课的内容框架

《比的意义》（1）

审辨流程：

课前：我姓蒋，大家可以叫我蒋老师。蒋老师喜欢在课堂上及时评比和表扬解说小老师、倾听小模范和质疑小能手。今天，蒋老师为大家带来了"好吃的宝石"——手工琥珀糖，请大家品尝后说说感受（及时评价）。准备好上课了吗？

一、引发问题

吃了琥珀糖，有什么问题想问的呢？

琥珀糖具有外酥里嫩、甜而不腻的独特风味，它有怎样的配制秘方呢？

二、展开探究

（一）探寻秘方，感悟倍数关系没变的两个量

1. 铺垫

请看大屏幕，你们知道了什么呢？（白糖和清水是琥珀糖的主要材料）

（板书：白糖和清水）

白糖放 3 克时，清水放 2 克；白糖放 300 克时，清水放多少克？白糖放 60

克时，清水放多少克？清水放 600 克，白糖放多少克？为什么？

白糖量	清水量
3 克	2 克
300 克	（　）克
60 克	（　）克
（　）克	600 克

2. 探究

（1）用 3 分钟独立完成导学单，思考下面两个问题。

师：应在括号中填上什么数字？为什么？

生：3 克扩大 100 倍是 300 克，2 克也要扩大 100 倍。

师：为什么 2 克也要扩大 100 倍？

生：这样的话，味道没有变。

老师再追问：为什么这样味道不会变？（白糖量都是清水量的 1.5 倍）老师引导学生找依据，确保白糖量都是清水量的 1.5 倍。

课件出示：在除法中，被除数和除数同时乘或除以同一个不为 0 的数，商的大小不变。

（板书：商不变）

师：现在我们看导学单第②小题——写一写：在白糖和清水的调制过程中，什么变了，什么没有变？

从左往右看：3 克白糖是 2 克清水的（　　）倍，列式：$3 \div 2 = 1.5$；

　　　　　　300 克白糖是 200 克清水的（　　）倍，

　　　　　　列式：$300 \div 200 = 1.5$；

　　　　　　60 克白糖是 40 克清水的（　　）倍，列式：$60 \div 40 = 1.5$；

　　　　　　900 克白糖是 600 克清水的（　　）倍，

　　　　　　列式：$900 \div 600 = 1.5$；

在白糖和清水的调制过程中，我们发现（白糖和清水的质量）变了，（它们之间的倍数）没有变。

小结：从左往右看，白糖和清水的质量变了，它们之间的倍数关系没变，也就是它们的商没变。

（二）引出"比"，会说比的组成和意义

1. 引出"比"

课件出示：像上面那样倍数关系没变的两个量，我们还可以用"比"来表示。

师：没变的两个量是指哪两个量呢？

生：白糖量和清水量，如 3∶2。

2. 认识"比"

①比的各部分名称。认识"比"的"比号""前项""后项"。

②比的意义和结果。3∶2 表示什么意思呢？

（板书：比的意义）

3∶2 表示 3 克白糖量比 2 克清水量，比的结果是多少？

用除法求出比值，$3∶2 = 3 ÷ 2 = 1.5$。该式子表示白糖的质量是清水质量的 1.5 倍

说说 300∶200、60∶40、900∶600 的意义和结果。

总结：白糖量都是清水量的 1.5 倍，我们又把它们叫作倍比关系。

（三）比较选优，得出比的基本性质

讨论导学单第③小题：用哪个式子比代表白糖和清水的配置秘方？为什么？

$$3∶2 = 3 ÷ 2 = 1.5$$
$$300∶200 = 300 ÷ 200 = 1.5$$
$$60∶40 = 60 ÷ 40 = 1.5$$
$$900∶600 = 900 ÷ 600 = 1.5$$

引导：在除法中，有"商不变"的规律，在分数中有分数的基本性质。在比中呢？试着说说比的基本性质。

板书：比的前项和后项同时乘以或除以同一个不为 0 的数，比值的大小不变。这叫比的基本性质。

（四）理解意义，辨析倍比与差比的异同

1. 举例：说说生活中的比？

学生可能说：金龙鱼 1∶1∶1，球赛 0∶0。

2. 辨析：比赛中的"0∶0""4∶0"是一种计分形式，表示相差关系，不是倍比关系。相差关系和倍比关系的相同点是写法一样；不同点是意义不同，方法也不同，即表示相差关系用减法，表示倍比关系用除法。

三、巩固提升

（一）封面问题

参考北师大版六年级上册第 70 页"练一练"第 1 题。

1. 写出比，巧求比值。

①号图：（　　）∶（　　）=（　　）÷（　　）=（　　）

②号图：（　　）∶（　　）=（　　）÷（　　）=（　　）

③号图：（　　）∶（　　）=（　　）÷（　　）=（　　）

④号图：（　　　）：（　　　）=（　　　）÷（　　　）=（　　　）

⑤号图：（　　　）：（　　　）=（　　　）÷（　　　）=（　　　）

2. 我的发现：（　　　　　　　）图看起来很像，因为（　　　　　　　　　）；

（　　　　　　　）图看起来不像，因为（　　　　　　　　　　　）。

启发：要使放大或缩小后的照片不变形，应该做到（　　　　　　）。

过渡语：封面长和宽的比值变了，封面的样子也变了，但国旗的大小能随便扩大或缩小吗？

（二）国旗问题

1. 知《中华人民共和国国旗法》，解决实际问题

看：（展示图片）天刚蒙蒙亮，小姑娘就到北京天安门前看升国旗，这是小姑娘手中的国旗；这是太空飞船"神舟"五号上杨利伟展示的国旗；这是国庆节阅兵仪式上的国旗。这些国旗大小不一，它的长和宽是否可以随意变化呢？

（《中华人民共和国国旗法》中规定：无论国旗大小，长与宽的比都是3：2）

神舟"五号"中的国旗宽是10厘米，那么长是（　　　）厘米。国庆节阅兵仪式上的国旗长是288厘米，宽是（　　　）厘米。为什么？

2. 求出2：3比值，引出黄金比

国旗宽与长的比是2：3。2：3 = 2÷3≈0.6，2比3的比值接近黄金比。

（三）了解黄金比，欣赏生活中数学的美

介绍黄金比（黄金比的比值约等于0.618）。

播放录音：黄金比的比值约等于0.618，比大约为2：3。按这个比设计的造型十分美丽，因此又被称为黄金比。国旗2：3也是接近黄金比。

从古希腊以来，其实黄金比在日常生活中有着广泛的应用，一直有人认为把黄金比应用于造型艺术，可以给人以最美的视觉感受，我们一起来欣赏：黄金比存在于自然界中，像美丽的蝴蝶，它的身长与双翅展开后的长度之比的比值就接近0.618。生活中常用的信用卡也应用了黄金比，短边与长边的距离比值约等于0.618。你知道芭蕾舞演员为什么要踮着脚尖跳舞吗？通常人的下半身和身高的比值是0.58，踮起脚尖来，这个比值就接近0.618，看上去会和谐、平衡、舒适，有一种美的感觉。

四、反思质疑，拓展连比激发求知欲

看板书谈谈这节课你有什么收获？

其实只有白糖和清水还调配不出"琥珀糖"，缺了最重要的"琼脂"。了解"好吃的宝石"——手工琥珀糖中的独特成分：琼脂（出示图片）。

如果有 60 克白糖，40 克清水，还需要 1 克的琼脂。

60∶40∶1 = 60÷40÷1 = 1.5，对吗？为什么？这些内容我们下节课继续学习！

五、板书设计

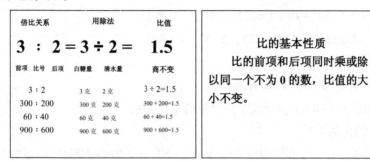

图 3-78　"比的意义（1）"板书

教学反思：

北师大版六年级上册《比的认识》在教参中的第一课时要求完成这三点教学目标：一是经历从具体情境中抽象出比的过程，体会认识比的必要性，理解比的意义；二是能正确读写比，会求比值，理解比与除法、分数的关系；三是能利用比的知识解释一些简单的生活问题，感受比在生活中的广泛应用。笔者进行大样本的访谈后发现很多学生并没有深入理解"比的意义"，往往处于一种"半知半解"的认知状态。究其原因是学生没有充分经历观察、比较、分析、归纳、总结、发现的数学抽象过程，特别是没有充分感悟到"比是两个或两个以上数量的比较，在量变的过程中关系没变，具体有：份数关系不变；倍数关系不变；分率、百分比、单价、速度不变"。

为了让学生充分理解"比的意义"，继而比较"比""除法""分数"的异同，进一步理解"比"，我们把教学目标"化一为二"。第一课时教学目标是：经历从具体情境中抽象出比的过程，体会认识比的必要性，理解比的意义；通过归纳总结，深刻认识到比的概念本质是变量之间一种不变的关系；知道用除法判定变量之间的关系是否变化；及时引出"比的基本性质"。第二课时教学目标是：能正确读写比，会求比值，理解比与除法、分数的关系，进一步理解比的意义；能利用比的知识解释一些简单的生活问题，感受比在生活中的广泛应用。

《比的意义》（2）

审辨流程：

一、导疑

如果有 60 克白糖，40 克清水，还需要 1 克的琼脂。

$60 : 40 : 1 = 60 \div 40 \div 1 = 1.5$，对吗？为什么？

（学生可能说：$60 : 40 = 1.5$，而 $40 : 1 = 40$）

二、展开

（一）讨论分析，答疑解惑

1. 连比 $60 : 40 : 1$ 包含几个两个量的倍比关系？

（3 个倍比关系）

2. $60 : 1$，$40 : 1$，$60 : 40$，$40 : 60$，$1 : 60$，$1 : 40$ 各表示什么意思？

（抽查，要求说清哪个量比哪个量，比的结果是多少）

3. $40 : 60$ 如何求比值比较简便？依据是什么？

（$40 : 60 = 2 : 3 = 2 \div 3 = \dfrac{2}{3}$，比的基本性质）

4. 为了使琥珀糖更加好看，加入适量食用色素，连比怎么写？整数比怎么写？依据是什么？（齐读比的基本性质）

过渡语：凡是比都具有比的基本性质，找一找这里有比吗？

（二）判断辨析，深入理解

1. 这里有比吗？写一写，说一说为什么？

某汽车匀速行驶统计情况如下所示。

路程	90 千米	180 千米	270 千米	300 千米
时间	1.5 小时	3 小时	4.5 小时	5 小时

找出比：＿＿＿＿＿＿＿＿＿＿＿＿＿＿＿＿＿＿＿＿

因为：＿＿＿＿＿＿＿＿＿＿＿＿＿＿＿＿＿＿＿＿＿

2. 先独立思考，再实物投影反馈、互动点评、修改完善，路程 : 时间 = 速度。（一定）

比的基本性质：比的前项和后项同时乘或除以同一个不为 0 的数，比值的大小不变。

类似用这样不同单位相除得到新的量的比还有吗？

（总价 : 数量 = 单价）

3. 比较同类量与异类量的异同，总结判断是否为比，关键看什么？（是否具有比的基本性质）

过渡语：学习新知识，不能忘记旧知识；认识新朋友，不能忘记老朋友，比与除法、分数有紧密的联系。

三、求联

（一）厘清比与除法、分数的关系

1. 符号化：$2:3=2\div3=\dfrac{2}{3}$（比值还可以写成分数的形式），如果用 a 表示前项，b 表示后项，则有 $a:b=a\div b=\dfrac{a}{b}$（$b\neq0$）

2. 区别：比与分数、除法有什么明显的区别？

（比是表示量之间的关系，除法是运算，分数是数）

3. 联系：看板书，想一想，比与分数、除法有怎样紧密的联系？

（先填一填，再跟同桌说一说）

除法	被除数	÷（　　）		
分数		−（分数线）		分数值
比		:（　　）	后项	

小结：比与分数、除法之间既有明显的区别，又有紧密的联系。

四、拓展

看板书，知道有小数比、整数比，还有最简比，你最喜欢哪种比？为什么？用什么办法得到最简比？比的基本性质重要吗？背一背。

$\dfrac{2}{5}:\dfrac{1}{4}$ 如何化简？（试做，老师可以启发：只是用比的基本性质化简吗？）

五、板书设计

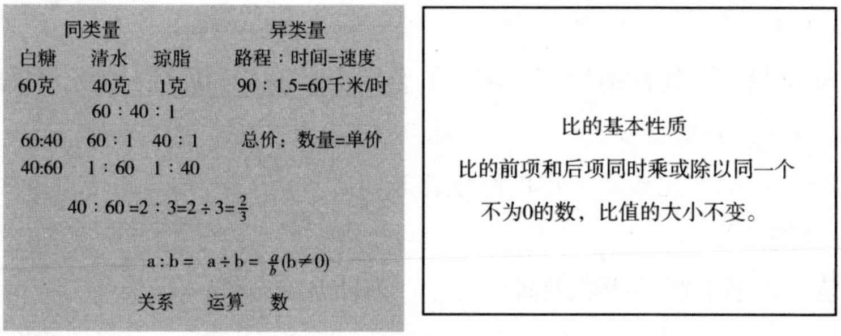

图 3−79　"比的意义（2）"板书

《比的化简》

审辨流程：

一、审题质疑

这节课学习《比的化简》，关于"比的化简"，你认为应该思考哪些问题？

（学生可能会说：如何化简？怎样才算化简）

（板书：方法、目标）

二、导学释疑

1. $\frac{2}{5} : \frac{1}{4}$ 如何化简？怎样才算化简完成？

（1）方法：学生先在导学单上试做，再指定两个学生上台演示并布置互动点评。

$$\frac{2}{5} : \frac{1}{4}$$
$$= \frac{2}{5} \times 20 : \frac{1}{4} \times 20$$
$$= 8 : 5$$

20 是 5 和 4 的最小公倍数

$$\frac{2}{5} : \frac{1}{4}$$
$$= \frac{2}{5} \div \frac{1}{4}$$
$$= \frac{2}{5} \times 4$$
$$= \frac{8}{5} = 8 : 5$$

图 3-80　"$\frac{2}{5} : \frac{1}{4}$"解法 1 　　　　图 3-81　"$\frac{2}{5} : \frac{1}{4}$"解法 2

方法一：比的基本性质。

方法二：分数除法。

（2）目标：8:5 算化简完成吗？

（最简整数比：比的前项和后项都是整数，且前项和后项只有公因数 1）

做到两点：一是整数比；二是前项和后项互质关系。

（化简比：把比化成最简单的整数比）

（3）判断：

① 请你判断下面哪些是最简整数比？为什么？

A. 3 : 5　　　　　B. 2 : 1　　　　　C. 0. 7 : 0. 8　　　　　D. $\frac{100}{4}$

②用什么方法化简 $0.7:0.8$，$\dfrac{100}{4}$？

方法三：用分数的基本性质进行约分，得到最简分数。

$\dfrac{100}{4} = \dfrac{25}{1} = 25:1$，化简比可以是分数形式也可以是比的形式。

（4）小结：化简比的标准是什么？用哪些方法化简？

教师小结：方法不唯一，但目标相同，化成最简整数比；化简比的方法与求比值的过程相同，但结果的表述只能用分数形式或比的形式。

三、巩固提升

1. 求化简比：让学生先在导学单上独立完成化简比，再交流思维过程，讨论选用哪种方法化简比更好。

$0.15:3$ 　　　　 6 时 $:30$ 分 　　　　 $\dfrac{1}{7}:0.1$ 　　　　 $\dfrac{280}{4}$

（有多种方法）

比的基本性质	把单位化同一		分数的基本性质
$0.15:3$ $=15:300$ $=1:20$	6 时 $:30$ 分 $=6:\dfrac{1}{2}$ $=12:1$	6 时 $:30$ 分 $=360:30$ $=12:1$	$\dfrac{280}{4}$ $=\dfrac{70}{1}$ $=70$
有不能整除的分数，或化分数，或化整数，再化简			
$\dfrac{1}{7}:0.1$ $=\dfrac{1}{7}:\dfrac{1}{10}$ $=\dfrac{10}{7}$ $=10:7$	$\dfrac{1}{7}:0.1$ $=\dfrac{1}{7}\times 7:0.1\times 7$ $=1:0.7$ $=10:7$	$\dfrac{1}{7}\times 0.1$ $=\dfrac{1}{7}\times 10:0.1\times 10$ $=\dfrac{10}{7}$ $=10:7$	

看课件，谈谈有什么收获？

2. 比较辨析：认为下面这些算式是化简比的用手势 1，认为是求比值的用手势 2，并说明理由。

（1）$4.8:\dfrac{8}{3} = 4.8\times\dfrac{3}{8} = 1.8$ 　（求比值）

（2）$0.25:1 = 0.25$ 　（求比值）

（3）$4.8 : \frac{8}{3} = 4.8 \times \frac{3}{8} = 1.8 : 1 = 1.8 : 10 = 9 : 5$　　（化简比）

（4）$0.25 : 1 = 25 : 100 = 1 : 4$　　（化简比）

师：有什么要提醒大家的？最简整数比和比值有什么不同？

（过程相同，形式有区别）

3. 口头抢答，看谁答得又快又好。

（1）4和它的倒数的最简整数比是（　　　）。

（2）比的前项是8，后项是2，比值是（　　　），最简整数比是（　　　）。

（3）大正方形的边长是4厘米，小正方形的边长是3厘米，大小正方形边长的比是（　　　），周长的比是（　　　），面积的比是（　　　）。

四、思维拓展

某学校一年级和二年级的人数比是7∶6，二年级和三年级的人数比是5∶4，写出这三个年级人数的最简整数比。

五、板书设计

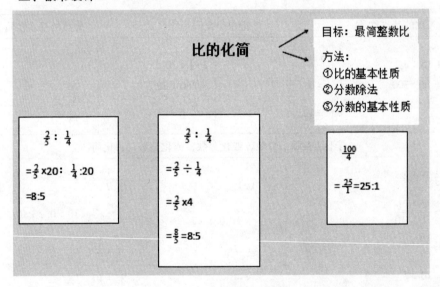

图3-82　"比的化简"板书

《比的应用》（1）

审辨流程：

一、追忆中揭题

1. 大家回忆一下，经过前两天的学习，关于"比"你们有哪些收获？

2. 学以致用，这节课，我们将进行"比的应用"的学习。

二、探究中明法

（一）体会按比分配的必要性

1. 学校分苹果，有60个苹果，1班30人，2班20人，每个班分到几个？

2. 引领学生用画图法理解题意：

（学生可能会出现两种答案：一是平均分，二是按各班人数比分配）

如果学生想不到上面的答案，教师引导有两种分配方案，提问哪一种更合理？

出示两种分配方案：平均分、按各班人数比分配。

3. 引导：各班人数不同，按各班人数比分配，更合理。

4. 板书。

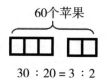

$$30：20 = 3：2$$

图3-83　画图法解例题

（二）感悟按比分配的特征

1. 任务：将60个苹果按各班人数比分配，每班分多少个呢？能把分的过程写在表格上吗？

2. 课件和黑板上出示表格：先让学生看导学单，独立思考，再在板书中优化按比分配的过程。

1班	2班

3. 通过分一分的过程，引导学生发现，虽然每次分的个数不同，但每一次都按相同的比"3：2"分配。

（三）构建按比分配的模型

1. 试做

师：刚才，我们用"列表法"解决分苹果的问题，表格能记录我们分配的过程，你还能结合哪些知识解答呢？

板书提示：画图法、算术法、方程法……

（1）学生独立思考答题；（2）四人小组交流方法；（3）老师选代表演示。

2. 讨论

（1）画图法

先化简比：$30 : 20 = 3 : 2$。

再求 1 份：$3 + 2 = 5$，$60 ÷ 5 = 12$（个）。

最后求几份：1 班 $12 × 3 = 36$（个），2 班 $12 × 2 = 24$（个）。

小结并板书：先求一份量，再求几份量。

（2）算术法

先化简比：$30 : 20 = 3 : 2$。

再求 1 班 $60 × \dfrac{3}{3+2} = 36$（个），2 班 $60 × \dfrac{2}{3+2} = 24$（个）。

提问：这里能看出"先求一份量，再求几份量"吗？

（3）方程法

解：设每份为 x 个，那么 1 班分 3x 个，2 班分 2x 个。

$3x + 2x = 60$

$x = 12$

1 班 $12 × 3 = 36$（个），2 班 $12 × 2 = 24$（个）

提问：哪里能看出"先求一份量，再求几份量"？

3. 勾连

师：仔细观察以上三种方法，虽然结合不同的知识解答，但都有什么相同之处呢？（都是先求 1 份量，再求几份量）。

师：你最喜欢哪种方法？为什么？我们六年级学生应该学会用分数乘法和方程法解决问题。

三、巩固中提升

（一）数形结合，一题多解

学校合唱队有 48 人，其中男生和女生人数的比是 $1 : 3$。男、女生各有多少人？（先让学生独立思考，再口头反馈）

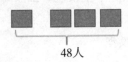

48人

$1 + 3 = 4$	$1 + 3 = 4$	解：设每份是 x 人，那么男
	$48 ÷ 4 = 12$（人）	生 x 人，女生 3x 人。

$$48 \times \frac{1}{4} = 12 \text{（人）}$$

$$12 \times 3 = 36 \text{（人）}$$

$$x + 3x = 48 \quad 4x = 48$$

$$48 \times \frac{3}{4} = 36 \text{（人）}$$

$$x = 12$$

$$3x = 12 \times 3 = 36$$

检验：$12 : 36 = 1 : 3$

符合条件。

图 3-84 解题步骤

（二）活学活用，说明理由

1. 学校足球队高年级人数和低年级人数的比是 $3 : 1$，其中高年级人数比低年级人数多 12 人。学校足球队高年级和低年级各有多少人？

$$12 \div （3 - 1） = 6 \text{（人）}$$

$$6 \times 3 = 18 \text{（人）}$$

$$6 \times 1 = 6 \text{（人）}$$

2. 学校把栽 70 棵树的任务，按照六年级三个班的人数分配给各班，一班有 46 人，二班有 44 人，三班有 50 人。三个班各应栽多少棵树？

$$46 : 44 : 50 = 23 : 22 : 25$$

$$23 + 22 + 25 = 70 \text{（棵）}$$

说明：先让学生独立思考，后讲解分析，并找出解决按比分配的实际问题的方法。

四、反思中感悟

大家看板书和课件回忆反思自己的解题过程，用比的知识解决生活中的问题时，有什么要提醒大家的？（注意数形结合，注意一一对应方法。）

五、板书设计

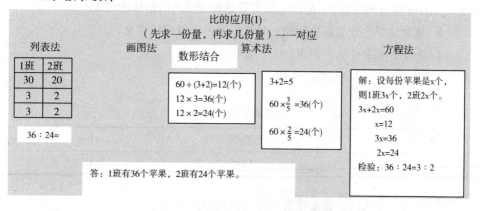

图 3-85 "比的应用（1）"板书

《比的应用》（2）

审辨流程：

一、导入

比的知识既可以被用于校内，又可以被用于校外，今天，我们谈谈如何走出校门灵活应用比的知识解决生活问题。

二、展开

我们一起看看淘气、笑笑一家快乐的双休日。

（一）周六：调制巧克力奶

先把图补充完整，再列式解答：

调制巧克力奶，巧克力奶的质量比是2∶9。

第一题：淘气有巧克力440克，都用来调巧克力奶。他要准备多少克奶？

□□　　□□□□□□□□

第二题：笑笑有巧克力280克，也都用来调巧克力奶。她能调制出多少克巧克力奶？

□□　　□□□□□□□□

1. 如何调制巧克力奶？（生2∶9）老师出示：

□□　　□□□□□□□□

问：这种思考方法叫作什么？（板书：数形结合法）

2. 在老师的引领下学会认真审题，明确任务，标注①②。然后引导学生思考：怎样才算补充完整？（把已经知道信息和要求的问题标注出来）

3. 接着让学生独立解决问题，口头反馈每个算式的意义。

4. 小结：先求什么？再求什么？有什么要提醒大家的？

（二）周日：合理搭配早餐

淘气周日的早餐表

面包	鸡蛋	牛奶
100克	50克	200克

（1）淘气今天的早餐是按怎样的比搭配的？

（2）如果淘气的妈妈按同样的比准备420克早餐，算算每种食物分别需要多少克?

让学生用自己喜欢的方法在导学单上独立解决问题,实物投影反馈每个算式的意义。(一题多解)

三、变式

（一）郊游：巧算稻田面积

一块长方形稻田,周长是60米,长和宽的比是5∶3,这块长方形土地的面积是多少平方米?

你认为哪种算法是对的,就在其后打"√",并说明理由。

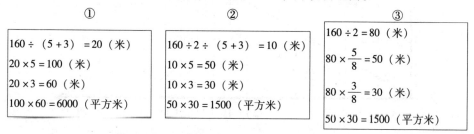

①
160÷(5+3)=20(米)
20×5=100(米)
20×3=60(米)
100×60=6000(平方米)

②
160÷2÷(5+3)=10(米)
10×5=50(米)
10×3=30(米)
50×30=1500(平方米)

③
160÷2=80(米)
80×$\frac{5}{8}$=50(米)
80×$\frac{3}{8}$=30(米)
50×30=1500(平方米)

提问：为什么第①种算法是错误的?(5+3)表示什么?

（二）游戏：皮筋里的数学比

1. 一根9厘米长的皮筋,在6厘米处点上一个红点。如果将皮筋均匀地拉长到18厘米,红点会在哪儿? 如果将皮筋拉长到30厘米呢?

6厘米   3厘米

2. 发现了什么? 什么变了? 什么没有变?

3. 神奇的现象：

（1）把上面的情况在图表中表示出来,可以看到一种神奇的现象,你们想看吗?

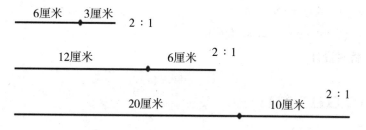

6厘米   3厘米   2∶1

12厘米   6厘米   2∶1

20厘米   10厘米   2∶1

（2）赏析神奇的现象

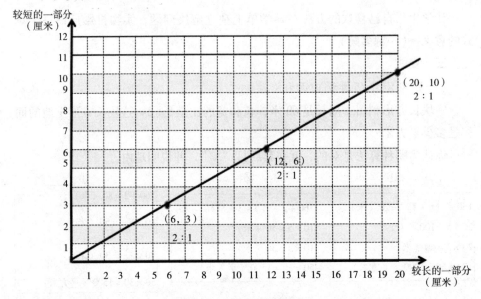

图 3 - 86　皮筋长度变化图

你感悟到了什么？（当比值不变时，画出来的图像是一条直线）这一奇特现象我们将在下学期继续学习。

四、拓展（机动）

双休日，看看大家都在做什么呢？

双休日，朱老师和王老师、李老师一起购买了足球彩票，朱老师投了 100元、王老师投了 80 元、李老师投了 120 元。后来他们中奖了，分配奖金的时候，王老师比李老师少分了 300 元，你知道他们一共获得了多少奖金吗？

$100 : 80 : 120 = 5 : 4 : 6$

$300 \div （6 - 4） = 150$（元）

$150 \times （5 + 4 + 6） = 2250$（元）

五、板书设计

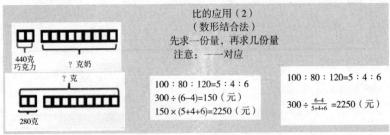

图 3 - 87　"比的应用（2）" 板书

第三节 同一主题跨段课：
让异龄儿童用不同方法张扬不同的思维个性

人们对一个概念的掌握并不是一蹴而就的。

图 3－88 不同年级同一主题课程的安排

如：在小学阶段不同年级对"平均数"这一概念的理解，因儿童年龄特征和思维特点不同，所以其方式和任务都有所不同。目的只有一个，多维审辨，深度理解平均数的意义。

从二年级上册平均数的特例"平均分"启蒙，通过动手"平均分"进行体验式学习并理解该内容。

到了四年级下册，通过简单的统计图表，运用"移多补少"形象地理解"平均数"是一组数据的平均水平，再通过找"基准数"简化"移多补少"，更快地找到"平均数"。

到了五年级下册，通过比较复杂的点分布趋势统计图，结合解决问题的过程，进一步认识平均数，初步感受平均数是具有代表性的，知道平均数容易受极端数据的影响。

到了六年级，主要通过列式建立数学模型解决稍复杂的平均数应用题。在一题多解中因材施教，同时培育学生思维的灵活性、独创性和深刻性。

纵向审辨课：《平均数》系列课之《平均数的认识》

引导者：工作室成员 尹管仲

参与审辨者：四年级学生

审辨目标：

1. 经历从解决实际问题中建立平均数概念的过程，了解平均数的意义，初步学会简单的求平均数的方法。

2. 经历观察统计图表等数学活动过程，初步学会解决有关平均数的实际问题，体会"移多补少"的数学思想和方法。

3. 感受数学与生活的密切联系。

审辨重点：

初步学会简单的求平均数的方法。

审辨难点：

理解平均数的意义。

审辨过程：

一、创设情境，激发兴趣

师：同学们，听说你们的记忆力都非常好，那我们就进行一个记数字的比赛吧，看看是男队厉害还是女队厉害。

课件展示：10 个无规律的数字出现 3 秒

参赛的两个小组：男队和女队

二、解决问题，探求新知

（一）感受平均数产生的需要

（1）出示信息 1——老师从男女生队中各选了三人。

男队			女队		
9	5	6	7	8	9

师：哪一队记忆水平高呢？

（在规定的时间里，男队一共记住了 20 个数字，女队一共记住了 24 个数字，所以女队记忆水平高）

小结：以上的比赛，由于每队派出人数相同，我们可以通过比较每队的总数来决定胜负。

（2）出示信息 2——这时老师也加入了男队，老师在 3 秒内记住了 8 个数字

男队				女队		
9	5	6	8	7	8	9

师：哪一队记忆水平高呢？

预设：男队一共记住了 28 个，而女队才记住了 24 个，所以男队赢。

师：公平吗？（不公平，因为人数不一样）

师：在人数不相等的情况下，还用总数这个统计量来比较显然是不公平的，可是在我们的学习和生活中经常会碰到这样的情况，比如我们班和隔壁班人数并

不相同，我们就没有办法比出某一项成绩的高低了吗？谁有没有更好的主意啊？

预设：比一比男队和女队记住的数字个数的平均数——平均每人记住了几个数字，谁多就谁赢。

（二）探索求平均数的方法

师：怎样计算每个队记住的平均数呢？

（先独立计算，然后小组内交流分享方法）

学生可能出现的思路：

思路一：计算的方法

（学生汇报算式，教师板书。总个数÷总人数＝平均数，并说明这样计算的理由——把总个数平均分给每个队员，就得到了队员记数字的平均数，它代表整个队记数字的整体水平）

方法二："移多补少"的方法

（让学生到黑板上画一画，把记的多的队员的个数移给记的少的队员，最后大家变得同样多）

（三）理解平均数的意义

师：男队平均每人记住了7个数字，这7个数字是谁记住的？是不是每个队员都记住了7个数字？（不是）

师：1号男生明明记住了9个数字，队员说他们每人记住了7个，多出来的哪儿去了？（是把比平均数多的那2个移给了记的少的队员，使他们记的个数与大家一样多）

师：2号男生明明只记住5个数字，队员说他们每人记住了7个，少的那部分哪儿来的？（是从记住的比平均数多的队员处补来的，使他们记的个数与大家一样多）

师（小结）：把多的移给少的，比如说这里（指着板书），9和8多出来的给了5和6之后，他们4个人记数字的水平就一样了，7就是9、5、6、8的平均数，那么平均数就比较好地反映了这一组数据的整体水平。

提问：那么男队和女队，谁的整体水平稍微高一些呢？

师（小结）：我们用"移多补少"或者计算的方法求出了每个队记数字的平均数，知道了每个队记数字的整体水平，并比出了获胜队是女生队。

（四）深入理解平均数的内涵

师：想一想，尹老师加进去后，怎么样才能使男队的平均水平上升呢？有可能超过女队吗？（多记几个数字就会使平均水平上升，但不可能超过女队）

师（小结）：由此看来，增加一个数后，会对它的平均水平产生影响。

提问：这时女队又派出了一名女生，她记住了 0 个数字，那么现在女队的平均水平是多少了呢？（6 个）谁赢了呢？

师：那名女生这并不是她的真实水平，下面我们来看看她平时的记数字水平吧。（出示平时记数字水平数据：2、4、6、10、3）

学生以最快的速度算出她的平均水平为 5。

追问：她没有一次是记住 5 个的啊，这是怎么回事呢？

预设：因为这是通过"移多补少"后得出来的平均数。

反馈：看来平均数它并不是一个真实存在的数啊，只是代表了这组数据的一个平均水平。

提问：如果女队想赢的话，那么这名女生至少要记住几个数字呢？（5 个）

三、说一说生活中在哪里见过平均数

平均数就在我们需要它的时候来了，那么在我们工作、生活、学习中，你在哪儿见过平均数或者遇到过平均数吗？（叫三四个学生举例说说）

师：尹老师也收集了一些。

出示信息 1：我们班同学平均身高是 136 厘米。

出示信息 2：我们班某次数学测试平均分 78 分。

出示信息 3：周平均气温 26 摄氏度。

提问：你能用自己的语言谈谈对这三个平均数的理解吗？

师（小结）：同学们真了不起，不但认识了平均数，还能结合具体的情况理解和解释平均数的意义。

四、联系实际，拓展应用

学习了平均数能为我们解决一些生活中的问题。

（一）数学故事（小马过河）

提问：一条小河的平均水深是 50 厘米，小马的身高是 90 厘米，小马到这条河里游泳会有危险吗？

引导学生发现：小河平均水深 50 厘米，即有的地方水深超过 50 厘米，有的地方少于 50 厘米，小马的身高是 90 厘米，所以小马到河里游泳可能会遇到危险，也可能不会遇到危险。

猜一猜：有 4 个人在教室里下象棋，他们的平均年龄是 15 岁。你能想象一下，这 4 个人的年龄可能分别是多少岁吗？

（引导：比较两组数据，9 岁，10 岁，11 岁，30 岁，平均年龄 15 岁；9 岁，10 岁，11 岁，平均年龄 10 岁，你能发现什么？）

师：学生小组讨论后小结：是不是能够发现，当有特别大的极端数据时，平均值只比 30 岁小，比其他的都大，因此它就不能很好地代表这组数据，是不是？所以我们很难猜得对。而第二组数据，当没有特别大的 30 岁时，他们的平均年龄 10 就在 9 和 11 之间，就能很好地代表这组数据了。这时，你就明白跳水比赛和电视歌手大奖赛为什么要去掉最高分和最低分了吧？

（二）练一练

1. 想一想，怎样移动，才能使每行的三角形一样多？在图上画一画

△△△△△

△△△△△△△△

△△△

△△△△

算一算，平均每行有几个三角形？

2. 李红的期末考试成绩单被弄脏了，你能帮她算出数学成绩吗？

语文	数学	英语	平均分
80 分	■	83 分	85 分

3. 下面是科技馆一星期售出门票情况统计表。

时间	一	二	三	四	五	六	日
售票（张）	700	640	910	990	1300		

（1）估一估前 5 天平均每天大约售票多少张？

（2）算一算前 5 天平均每天售票多少张？

（3）星期六售出门票 1700 张，星期日售出门票 1460 张。这个星期售票张数的平均数与前 5 天的平均数相比，有什么变化？

五、小结反思，深化认知

谈一谈：通过这节课的学习，你有什么收获？

小结：生活中，有关平均数的信息还有很多。这些信息可以帮助我们更好地安排、解决生活和生产中的一些问题。

教学反思：

本节课的教学内容使学生在学习了一些简单的统计问题的基础上第一次接触平均数，从"比一比"，安排男、女生两队参加记忆比赛入手，引起学生

的认知冲突，从而引出平均数的概念，再通过操作活动体会移多补少的思想方法，并归纳出求平均数的方法，体现方法多样化。为进一步学习统计中的特征数——众数、中位数打下基础。

这是一节统计与概率领域的课，为什么安排在统计与概率领域里，想必只有在经历统计的过程中才有它产生的必要性吧。平均数应该重视其两层含义：首先，它是一个虚拟的数，可以存在也可以不存在，当我们无法用总数这个统计量进行比较时，它就产生了，它是为统计服务的，只是一种方法，反映了一组数据的集中趋势，代表了这组数据的整体水平，但当有极端数据影响的时候，它就不能很好地代表这组数据的平均水平。其次，它一定是在最大数和最小数之间的。

综观以上两点，本节课注重其统计意义的理解，弱化了计算平均数的方法教学，如"5并不在2、4、6、10、3里面，这是怎么回事"等，让学生充分地体验和感知平均数的统计意义，这样更能体现出它应有的价值。

纵向审辨课：《平均数》系列课之《平均数的再认识》（1）

引导者：工作室成员　鲍程云

参与审辨者：四年级学生

审辨目标：

1. 通过数形结合的方式，经历"移多补少"的过程，掌握求平均数的方法。

2. 理解用"基准数法"求平均数的算理，掌握"基准数法"求平均数的算法。

3. 经历独自思考、分层练习、交流探讨等过程，提高学生审辨思维能力。

4. 深化数学语言表达，培养数据分析观念。

审辨过程：

一、谈话导入，明确课题

师：之前几节课中我们已经认识了"平均数"。这节课，就让我们带着思考再走进平均数，去探索更多的奥秘吧！

二、审辨探究，理解算理

（一）算一算

1. 出示题目

"有5根电线，它们的长度分别是270米、271米、271米、273米和275

米，它们的平均长度是多少米?"

2. 估算结果并自主尝试计算

3. 交流分享

（1）（270＋271＋271＋273＋275）÷5＝272（米）

师：这是运用了求平均数的公式：总数÷总份数＝平均数。

（板书：总数÷总份数＝平均数）

师追问：有些同学很快就得出272米了，你们是怎么想的，快来说一说?

（2）把多的275米和273米补给其他少的。

师：这是运用了"移多补少"。

（板书：移多补少）

教师结合统计图展示移多补少的过程。

设计意图：设计估算环节，培养学生估计意识。再通过自主尝试解决，巩固常规的求平均数的方法："移多补少"和"总数÷总份数＝平均数"。

4. 介绍"基准数法"

（1）把270作为基准，再把比270多的部分平均分成5份，那么原来假设的平均水平就上升了，得出270＋2＝272（米）。

（2）刚才是把270作为基准，那除了270，还可以把哪个数看作基准?

（3）这个基准数，怎么找比较好?（找十的倍数，计算比较简便）

小结：这种方法可以称为"基准数法"。

（板书：基准数法）

设计意图：《平均数》一课的教学如果只停留于"总数÷总份数＝平均数"的算法的教学上，那么学生是不能深度理解"平均数"的含义的。针对学生的思维难点，借助统计图进行分析、推理，深刻理解"移多补少"的原理，并在此基础上提炼新的算法——"基准数法"，这样将算理、算法相结合，让学生看得清、想得明"平均数"的含义。

（二）比一比

师：对比这三种方法，你喜欢哪一种? 为什么?

方法1：都适用，但计算比较烦琐。

方法2：直观。

方法3：计算简便。

设计意图：对比计算"平均数"的三种方法，在说明"喜欢哪一种，为什么"的过程中，总结三种方法的优缺点，同时得出"基准数法"是综合运用前两种方法的计算方法，能使计算更简便。

（三）试一试

提问：有82、83、84、A这四个数，前三个数的平均数是（　　　），如果这四个数的平均数是84，那么A是（　　　）。

师：用自己喜欢的方法完成。

1. 学生独立解决

2. 直接得出：前三个数的平均数是83

3. 交流求A的方法

预设1：用"总数÷总份数＝平均数"的逆运算

$$84 \times 4 - 82 - 83 - 84 = 87$$

预设2：把83看成基准

①把前三个数都看作84。

②把A也先当作83，四个数的平均数是84，A补1才到84，还要补3分给前三个。

③（84－83）×4＝4，83＋4＝87

预设3：把84看成基准

①把前三个数都看作84。

②把A也先当作84，四个数的平均数是84，A还要补3分别给前三个。

③（84－83）×3＝3，84＋3＝87

设计意图：灵活运用"基准数法"，选取基准后，利用"移多补少"原理的逆运用，思考前面少的部分该由谁来补，从而得出A是87。同时，选取不同基准时，补的部分稍有不同，让学生更深刻理解移多补少的内涵。在解题过程中，不断锻炼学生数学语言表达能力，进而提高学生审辨思维。

三、分层练习，巩固提升

要求：A组完成选择题、判断题

　　　　B组完成活学活用

设计意图：这节平均数练习课的思维难度较高，考虑不同层次学生的学习差异，将学生分为A、B两组。A组同学完成基础性的课堂练习，进一步理解平均数的内涵外延；B组同学的学习能力比较强、接受程度比较高，则完成活学活用。

（一）A组

1. 选择题

三个数的平均数是a，其中两个数都小于a，那么第三个数（　　　）。

①大于a　　　②小于a　　　③等于a　　　④无法确定

师：假设第三个数小于 a，会怎样？

师：假设第三个数等于 a，会怎样？

2. 选择题

四个数的平均数是 a，其中两个都小于 a，第三个数大于 a，那么第四个数
（　　）。

①大于 a　　　　②小于 a　　　　③等于 a　　　　④无法确定

教师利用统计图动态展示三种不同的情况。

设计意图：这类有多种可能性的题，对于小学生而言是极具思维难度的，很难做到考虑全面。所以在学生解说时，教师配上直观形象的统计图，并用动态演绎的方式呈现出来，能让学生更直观地得出结论。

3. 判断题

（1）淘气 5 次跳远的总成绩是 10 米，他每次的跳远成绩肯定是 2 米。

（　　）

（2）小军家三口人的体重如下：爸爸 70 千克、妈妈 50 千克、小军 30 千克，那么他们三个人的平均体重一定在 30 千克到 70 千克之间。　（　　）

（3）游泳池平均水深是 120 厘米，小明身高 150 厘米，他在泳池中学游泳肯定不会有危险。　（　　）

（4）爸爸今年 32 岁，妈妈体重 52 千克，小明身高 90 厘米。他们三个人的平均数是 58。　（　　）

设计意图：通过判断题，巩固学生对平均数含义的理解以及平均数范围的选取。

（二）B 组

1. 李明期末考试中语文、数学两科的平均成绩是 94 分，英语成绩公布后，他的平均成绩提高了 2 分。李明的英语成绩是多少？

（学生说题，教师用动图辅助）

预设 1：把 94 看成基准

①把前三个数都看作 96。

②把英语也先当作 94，三门课的平均分是 96，英语先补 2 分才到 96，还要补 4 分分别给语文和数学。

③（96－94）×3＝6，94＋6＝100

预设 2：把 96 看成基准

①把前三个数都看作 96。

②把英语先当作 96，三门课的平均分是 96，英语还要补 4 分分别给语文和

数学。

③ $(96-94) \times 2 = 4$，$96 + 4 = 100$

设计意图：活学活用的题目，重点就在于考察学生是否真正理解"基准数法"的原理，掌握"基准数法"的算法。对于学习能力强的 B 组同学来说，还应该在理解并掌握的基础上，锻炼自己的数学表达能力，不仅会说还能让其他同学听懂。

四、全课总结，言明收获

学完这节课，你有什么收获？

五、板书设计

平均数练习

总数 ÷ 总份数 = 平均数

移多补少

基准数法

教学反思：

"平均数"一课的教学如果只停留于"总数÷总份数=平均数"的算法教学上，那么学生是不能深度理解"平均数"的含义的。针对学生的思维难点，借助统计图进行分析、推理，深刻理解"移多补少"的原理，并在此基础上提炼新的算法——"基准数法"，这样将算理、算法相结合，让学生看得清、想得明"平均数"的含义。灵活运用"基准数法"，选取基准后，利用"移多补少"原理的逆运用，思考前面少的部分该由谁来补。同时，选取不同基准时，补的部分稍有不同，让学生更深刻地理解"移多补少"的内涵。在解题过程中，不断锻炼学生说题能力、数学语言表达能力，进而提高学生的审辨思维。

纵向审辨课：《平均数》系列课之《平均数的再认识》(2)

引导者： 工作室成员　盛雨婷

参与审辨对象： 五年级学生

审辨目标：

1. 结合解决问题的过程，进一步认识平均数，初步感受平均数具有的代表性，知道平均数容易受极端数据的影响。

2. 在运用平均数的知识解释简单生活现象、解决简单实际问题的过程中，进一步积累分析和处理数据的方法，发展数据分析观念。

审辨过程：

一、创设情境，导入新课

根据有关规定，我国学龄前儿童免费乘车，即一名成年人可以携带一名身高不足 1.2 米的儿童免费乘车。

1. 用自己的语言说一说：1.2 米这个数据，可能是如何得到的呢？

生 1：调查得到。

生 2：估算得到。

师：是进行了抽样调查，老师对 6 岁男童进行了抽样调查，选取了 50 名男童和女童，我们先来看下男童的身高情况。

[出示老师收集的 6 岁儿童身高统计图（图 3 - 89，图 3 - 90），感受平均数具有代表性]

师：观察 6 岁男童身高统计图，纵轴表示什么？横轴表示什么？

生：横轴表示抽查对象，纵轴表示身高。

师：那这些点表示什么呢？

生：一个点表示的是一名男童的身高。

师：这些点有大有小，那同学们认为哪个数能代表这些男童的身高情况呢？

生 1：1.2 米。

生 2：中间的那个数。

师：是的，在四年级下册我们已经学习过平均数，我们知道平均数能代表一组数据的平均水平，那今天我们继续来学习关于平均数的知识。

（板书：平均水平平均数的再认识）

师：刚才同学们的意思是说，可以用平均数来代表这些 6 岁男童的身高情况，那我们如何求平均数呢？

生：把身高全部加起来再除以总人数。（也就是总数除以总份数）

师：老师已经把他们的平均身高算出来了，是 119.1 厘米，那老师现在只留下了点，请同学们观察一下这些点的分布位置（图 3 - 90），你发现了什么？

生 1：都集中在红线附近。

生 2：都在平均数左右。

师追问：也就是说这些点大部分向平均数靠拢？

师：通过刚才的分析我们得出大部分学生的身高是分布在平均数左右，都向平均数集中，那么这里的平均数就能反映这组数据的集中趋势。所以这里的平均数是具有代表性的。（强调代表性）

师：我们再来看看6岁女童的身高情况（图3-89）。（发现平均身高118.5厘米可以代表这些女童的身高情况）

师：为了方便观察，老师把女童和男童的身高情况统计图放在了一起，我们一起来看看，大部分6岁男童、女童的身高都向什么数靠拢？

生：平均数。

设计意图：通过对两组数据的观察、比较、分析，引导学生发现平均数不仅能代表一组数据的平均水平，而且能反映一组数据的集中趋势，因此是具有代表性的。

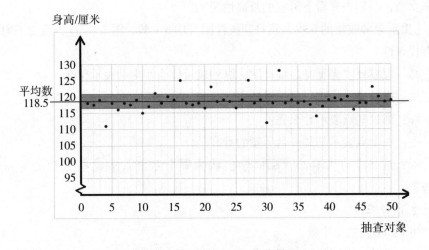

图3-89 6岁女童身高情况统计图

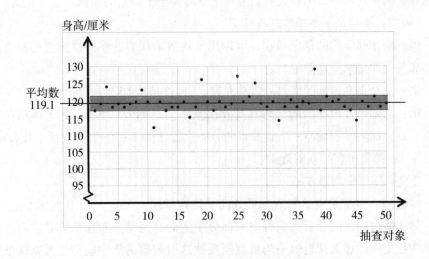

图3-90 6岁男童身高情况统计图

2. 出示北京市调查结果，解释免票线确定的合理性。

（1）出示北京市 6 岁儿童的调查情况。

师：请同学们讨论一下 1.2 米免票线的合理性。（同桌之间互相交流）

生：大部分 6 岁儿童的身高都集中在平均数左右，都向平均数靠拢，1.2 米比他们的平均身高略高些，因此是合理的。

（2）你能说说生活中还有哪些地方用到了平均数吗？

生 1：平均成绩。

生 2：比赛中。

师：我们继续研究有关平均数的知识。

设计意图：创设"1.2 米免票线"这一情境，通过交流 1.2 米这个数据的得出和解释 1.2 米免票线规定的合理性，引导学生经历数据统计的过程，使学生有知识经验，体会平均数在生活中的应用；引入直观的统计图，借助直观图像演示，让学生关注数据分布特点，直观感受集中趋势，进一步了解平均数的代表性，发展学生的数据分析观念。

二、问题导向、引领探究

比赛中，我们常常会用到平均分。大家一起来看看：

（出示课件："新苗杯"少儿歌手大奖赛成绩统计表）

1. 排出三位选手的名次。

师：现在老师把两种算法都放到了屏幕上，我们一起来看看。（出示课件）

方法一：

表 3 - 16 "新苗杯"少儿歌手大奖赛成绩统计表 1

	评委1	评委2	评委3	评委4	评委5	平均分	名次
选手一	93	95	94	93	95	94	
选手二	97	99	100	74	95	93	
选手三	90	100	88	87	90	91	

方法二：

表 3 - 17 "新苗杯"少儿歌手大奖赛成绩统计表 2

	评委1	评委2	评委3	评委4	评委5	平均分	名次
选手一	93	95	94	93	95	94	
选手二	97	99	100	74	95	97	
选手三	90	100	88	87	90	89.3	

2. 选择哪种算法比较合理（ ）

A. 方法一　　　B. 方法二

3. 为什么选择这种算法？请说说你的原因。

（一）引导比较前后两组数据的特点

第一组数据：大家的分数都差不多，得到的平均分也都差不多，都能代表选手一的歌唱水平，那么两种算法都可以。

第二组数据：前三位评委给选手2的分都不低于95分，而评委4只打了74分，明显打低了，这是一个极端数据，如果按照第一种算法，平均分就会被拉低，就不能很好地代表选手2的歌唱水平。

（板书：极端数据）

第三组数据：有三位评委给的分都不高于90分，但评委2给选手3打了100分，明显打高了，这也是一个极端数据，如果按照第一种算法，选手3的平均分就会偏高，就不能很好地代表选手三的歌唱水平。

（二）变一变、辩一辩

如果评委打的分数变了，平均数会有变化吗？会怎么变？

假设法：假如第4个评委给选手1打了80分，明显打低了，这是一个极端数据，平均分就会被拉低，就不能很好地代表选手1的歌唱水平。

（三）引导发现

平均数容易受极端数据的影响，变得不能很好地反映一组数据的集中趋势，不那么具有代表性。

一组数据中，任何一个数据的增加或减少，都会使平均数发生变化。平均数既具有代表性，又具有灵敏性。当数据差距不大时，平均数具有代表性；当数据差距较大时，平均数容易受极端数据的影响，不能很好地反映一组数据的集中趋势。

总结：在实际比赛中，通常都采取去掉一个最高分和一个最低分，然后再计算平均数的计分方法，这样处理数据，可以避免或减少极端数据对平均数的影响，使平均数更具有代表性。

师：学习了平均数的知识，我们一起来试试吧！

设计意图：在教学中发展学生的数感，通过对两组数据的观察、比较、分析，引导学生发现平均数背后不同的数据特征，体会极端数据对平均数的影响，积累分析数据的方法，发展数据分析观念。

三、实践应用、深化认识

淘气调查了操场上做游戏的小朋友的年龄情况，他们的年龄分别为：

7岁，7岁，7岁，8岁，8岁，8岁，9岁，9岁

1. 计算这些小朋友的平均年龄。（平均数具有代表性）

$(7+7+7+8+8+8+9+9) \div 8 \approx 8$（岁）

答：小朋友平均年龄约8岁。

2. 这时，老师也加入做游戏的队伍。他的年龄是45岁，估计并计算此时参与游戏的人的平均年龄。说一说你对平均数的理解。

$63+45=108$（岁） $108 \div 9=12$（岁）

答：此时平均年龄是12岁，当出现一个数据偏大或偏小时，对平均数影响比较大。

设计意图：通过练习，引导学生感受数学与生活的紧密联系，培养学生的应用意识，发展数据分析观念。

四、梳理总结，拓展认知

通过今天的学习，说一说，你对平均数有了哪些新的认识？

五、板书设计

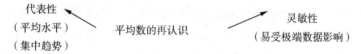

图3-91 "平均数的再认识"板书

纵向审辨课：《平均数》系列课之《稍复杂的平均数问题》

引导者：工作室成员 蒋巧君

刨根问底 深度审辨 别有洞天

学生思考问题的视角不同，认知水平也不同，提出问题后寻找解决方案的过程自然也会不同，通过这些不同意见的分析、评估、判断、综合，生成合理的解决方案或做出准确的决策，是审辨思维的终极目标。下面将以《稍复杂的平均数问题》审辨探究为例，充分体验刨根问底、深度审辨后的收获。

一、缘由：不是粗心，是不懂

"笑笑妈妈买来两种水果，哈密瓜2.5千克，每千克18.8元，西瓜3.5千克，每千克12.2元，妈妈买的这两种水果平均每千克多少元？"这是某市小学毕业班试题之一，全市一万五千多名毕业生参加测试，结果错误率高达49.5%，很多教师认为是学生审题不够仔细，太粗心。教师讲评试卷时的一般思路是

"妈妈买的这两种水果平均每千克多少元"，因为妈妈买的水果总重量是（2.5 + 3.5）千克，对应的水果总价算式是"18.8×2.5 + 12.2×3.5"，而不是"18.8 + 12.2"。

　　看似比较简单的典型平均数问题，为什么会难倒这么多学生呢？真的是因为粗心吗？笔者深入访谈发现，很多学生错算成"（18.8 + 12.2）÷2 = 15.5（元）"，但是并不知道自己为什么错了，很委屈地问"总数÷总份数 = 平均数"为什么是错的呢？原来学生不是不认真审题，而是不懂！

　　教师应在不懈追问学生的同时学会双向质疑。课堂上常有老师不断质疑，"咄咄逼人"。学生常常"有困惑不敢说"，读、记、背标准答案是学习常态。如何让学生的"审辨"真的发生呢？首先，教师应蹲下身来倾听学生内心深处的疑惑，鼓励双向质疑，多鼓励、多表扬，肯定学生的认知水平，让学生敢问敢说。针对大多数学生的质疑，课堂上要放慢脚步，引领学生步入审辨的"深水区"，开展深度学习。

二、做法：不是操练，是探究

　　审辨思维是一种判断命题是否为真或是否部分为真的思维方式。教师应该如何引导学生明明白白地知道"（18.8 + 12.2）÷2 = 15.5（元）"中的错误呢？我们不妨向前迈一步，引导学生进行观察、比较，凭证据说话。引导学生养成这样的思维表达方式："我质疑，因为……""我预测，因为……""我不同意，因为……""我推断，因为……""我认为，因为……"，有理有据、思维清晰才能确保思维结果的客观性、科学性。

　　先审一审，辩一辩：观察比较图3–92和图3–93，你发现了什么规律？

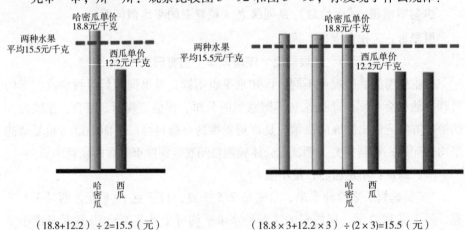

（18.8+12.2）÷2=15.5（元）　　　　　（18.8×3+12.2×3）÷（2×3）=15.5（元）

图3–92　画图法求平均价格1　　　　**图3–93　画图法求平均价格2**

　　经过讨论，师生发现当两种水果的重量相等时，所求出的平均单价是一样的。因为被除数和除数同时扩大相同的倍数，商不变。

　　再审一审，辩一辩：观察比较图 3-94 和图 3-95，又发现了什么规律？

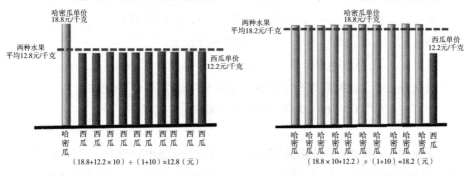

图 3-94　画图法求平均价格 3　　　　图 3-95　画图法求平均价格 4

　　经过审辨，师生发现当两种水果的重量不相等时，所求出的平均单价是不一样的。便宜的水果重量越大，两种水果的平均单价越低；贵的水果重量越大，两种水果的平均单价越高。

　　接着追问笑笑妈妈买水果的问题："这道题如何变一变，就可以用'（18.8 + 12.2）÷2 = 15.5（元）'来解答呢？"这时答案举不胜举，如："笑笑妈妈买来两种水果，哈密瓜 5 千克，每千克 18.8 元，西瓜 5 千克，每千克 12.2 元，妈妈买的这两种水果平均每千克多少元？"

　　最后，让错算成"（18.8 + 12.2）÷2 = 15.5（元）"的学生谈谈明白了什么。学生之间互相分享自己的深刻感悟：只有当两种水果的重量相等时，才可以用"（18.8 + 12.2）÷2 = 15.5（元）"的方法计算，因为当两种水果的重量相等时，所求出的平均单价是一样的。如果想让解题思路更加清楚，应该写出详细的算式到简便算式的转变过程，如 [（18.8 + 12.2）×5 ÷（2×5）] =（18.8 + 12.2）÷2 = 15.5（元）。但当两种水果的重量不相等时，不能用简便方法计算；一定要注意"水果总价÷水果总重量 = 两种水果的平均单价"，即总价一定要除以相对应的重量。

　　以上教学，教师善用"数形结合"的方法深度理解平均数的意义，并通过类比推理，让学生深刻感悟为何"（18.8 + 12.2）÷2 = 15.5（元）"是错的。

　　为了活学活用，在后续教学中，还要适当编制一些拓展提升的"稍复杂平均数"问题激活学生的审辨思维。在学习了六年级下册正比例和反比例之后，通过一题多解的练习课，灵活解决稍复杂的平均数问题。

如：笑笑妈妈开车从甲地开往相距 3600 千米的乙地，每小时行 60 千米，到达乙地后马上返回，每小时行 90 千米。求笑笑妈妈开车往返一趟的平均速度。

方法一：（3600 × 2）÷（3600 ÷ 60 + 3600 ÷ 90）= 72（千米/时）

方法二：（1 × 2）÷（1 ÷ 60 + 1 ÷ 90）= 72（千米/时）

方法三：速度比 90 : 60 = 3 : 2，则时间比是 2 : 3，

$\qquad$（90 × 2 + 60 × 3）÷（2 + 3）= 72（千米/时）

方法四：解：设笑笑妈开车往返一趟的平均速度为 x 千米/时。

$\qquad$（3600 ÷ 60 + 3600 ÷ 90）x = 3600 × 2

$$x = 72$$

又比如，"小明骑车从甲地到乙地，去的时候每小时行 15 千米，回来的时候每小时行 10 千米。小明来回一趟，平均速度是每小时多少千米""男生平均分为 91 分，女生平均分为 85.5 分，全班平均分为 88 分，男女人数比是多少"。促使学生能够坦然面对变化无穷的数学问题情境，引导学生的思维永远在审辨之中！

三、感悟：不是费时，是增效

这个慢教学过程，不是"费时"，而是"增效"。通过全方位思辨，学生不仅明白了对"妈妈买的这两种水果平均每千克多少元"应该如何正确解答，而且非常清楚地知道了"（18.8 + 12.2）÷ 2 = 15.5（元）"的解答方法在什么情况下可以适用。

教师应该深入学生认知世界，明晰学生困惑之处，精心设计，并向前迈一步，引导学生审辨、反思、评价，从而提升学生的思维能力。

第四节　审辨微短课：
便于家校因材施教促进儿童适性发展

要切实提高学习效率，有的放矢地进行个别辅导是关键。因材施教是教学永恒的主题。如何满足学生的学习需求，开展精准教学呢？在实行班级授课制的今天，没有高科技的软件支持难以开展精准教学。在课堂上进行同桌讨论、小组交流、个别辅导等策略还是基于教师的观察、分析开展的模糊教学。

如何为学生提供自适性练习微课，让学生可以自选自学呢？

我们利用课余时间精心制作了一些学生"易错较难"问题的十分钟左右的微课，供学生反复观看，有利于家长与学生一起观看，为构建学习型家庭添砖

加瓦；也利于有需要的老师自取灵活学习；便于家校因材施教，促进儿童适性发展。

数形结合——比较分析法：《圆周长一半和半圆的周长问题》

引导者：工作室成员 蒋巧君

参与审辨者：六年级毕业班师生

审辨过程：

一、审一审，试一试

一个半圆形花坛的直径是 8 米，这个花坛的周长是多少米？

（每个同学认真读题后，通过"数形结合"的方法独立思考，然后列式解答。）

二、辨一辨，辩一辩

一个半圆形花坛的直径是 8 米，这个花坛的周长是多少米？

① 3.14×8 ② $3.14 \times 8 \div 2$ ③ $3.14 \times 8 \div 2 + 8$

经过每个同学的独立思考解题后，发现主要有以上答案，请同学们睁大眼睛"辨一辨"，然后有理有据地"辩一辩"。

有的同学说求这个花坛的周长是 $C = \pi d = 3.14 \times 8$（米）。

有的同学说这个花坛的形状是半圆形，所以这个花坛的周长是 $C = \pi d \div 2 = 3.14 \times 8 \div 2$。

有的同学说这个花坛的形状是半圆形，所以这个花坛的周长应该是：半圆的周长 = 圆周长的一半 + 直径 = $3.14 \times 8 \div 2 + 8$。

为什么呢？

（数形结合）

圆周长 = πd 圆周长的一半 = $\pi d \div 2$

     = 3.14×8 = $3.14 \times 8 \div 2$

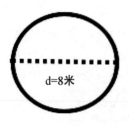   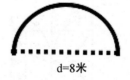

图 3 - 96 圆的周长   图 3 - 97 圆的周长的一半

半圆的周长 = 圆周长的一半 + 直径

$$= \pi d \div 2 + d$$

$$= 3.14 \times 8 \div 2 + 8$$

想一想：圆周长的一半和半圆的周长的区别在

哪里？

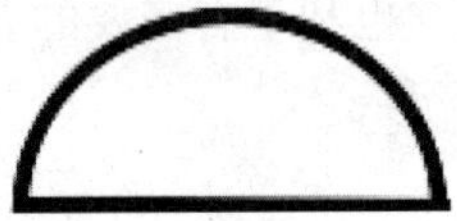

图 3 - 98　半圆的周长

三、变一变，找一找

想一想，找一找：准确计算周长的窍门是什么？

找一找准确计算圆周长的窍门：先找出要求的周长在哪里，再思考如何计算。数形结合，一一对应。

活学活用：

明明是一个独轮车爱好者，图 3 - 99 是他练习骑独轮车的路线。你能算出这条路的长度吗？

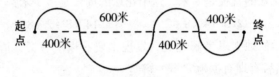

图 3 - 99　练习骑独轮车的路线

判断选择————对应法：《图形的运动》

引导者： 工作室成员　龚淑华

参与审辨者： 六年级毕业班师生

审辨过程：

一、审一审，试一试

1. 各组图形式中图形 1 如何运动得到图形 2？

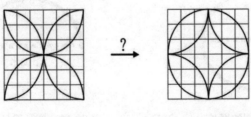

图 3 - 100　图形 1　　　　图 3 - 101　图形 2

（每位同学认真读题后，通过想象或操作，独立思考 1 分钟，然后记录下你的方法。）

二、辨一辨，辩一辩

1. 各组图形中图形 1 如何运动得到图形 2？

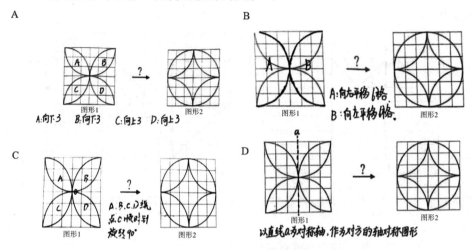

图 3 - 102　不同学生的解题方法

2. 经过每个同学的独立思考解题后，发现主要有以上 A、B、C、D 四种答案，请同学们睁大眼睛"辨一辨"，然后有理有据地"辩一辩"。

3. 你认为上面的说法对吗？为什么？错误的话又错在哪里呢？

通过验证，A 同学的方法是对的。B 同学的方法是对了，但平移的距离数错了，你有什么好办法吗？

（寻找对应点，数一数）

C 同学的旋转中心找错了，正确的旋转中心在哪里呢？如下图 3 - 103，动画演示。

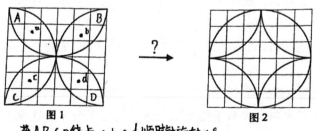

图 3 - 103　解题方法

D同学的方法并没有改变形状，所以也是行不通的。

4. 想一想：平移、旋转和轴对称的联系和区别是什么？

三、变一变，找一找

1. 你能利用平移和旋转把图3-104还原成图3-105吗？记录出还原的过程。

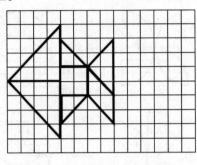

图3-104　图形1　　　　　　　图3-105　图形2

2. 想一想，找一找：突破点在哪里？

（先判定图形的方向有没有改变，再思考运动的要素）

3. 判断运动方式的窍门：先看方向有没有改变，方向变了，就考虑是旋转和轴对称；方向不变，就是平移。平移找对应点，旋转找旋转中心和关键边。

转化比较——反思评价法：《圆柱的侧面积和体积》

引导者： 工作室成员　何小龙

参与审辨者： 六年级毕业班师生

审辨过程：

一、审一审，试一试

一根圆柱形木料，底面半径是2分米，长是2分米。这根木料的体积是多少？

（每个同学认真读题后，通过"数形结合"的方法独立思考，然后列式解答。）

二、辨一辨，辩一辩

一根圆柱形木料，底面半径是2分米，长是2分米。这根木料的体积是多少？

① $2 \times 2 \times 3.14 \times 2 = 25.12$（平方分米）

② $2 \times 2 \times 3.14 \times 2 = 25.12$（立方分米）

请每位同学独立思考：上面两个算式好像一模一样，到底哪个是对的，然后"辨一辨"，再有理有据地"辩一辩"。

有的同学说：因为第一个算式的单位是平方分米，说明这个算式所求的结果与面积有关。那么式子 $2 \times 2 \times 3.14$ 表示的是 $2r \times \pi$，也就是底面周长，再乘2就是指底面周长乘高，底面周长乘高所求的是圆柱的侧面积，而题目要求的是圆柱的体积，显然不符合题意。

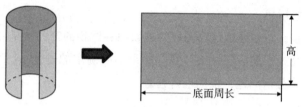

图3-106 圆柱体侧面积

有的同学说：因为第二个算式的单位是立方分米，说明和体积有关系。那么式子 $2 \times 2 \times 3.14$ 表示的是 $r^2 \times \pi$，也就是底面积，再乘2就是指底面积乘高，底面积乘高所求的是圆柱的体积，符合题意，说明第二个算式是正确的。

想一想："底面周长×高"和"底面积×高"的不同点在哪里？

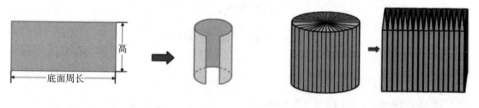

图3-107 底面周长×高　　　　　　　　　　**图3-108 底面积×高**

回顾圆柱的侧面积和体积的推导过程，发现圆柱的侧面积的推导过程是面之间的转化，圆柱的体积推导过程是体之间的转化。虽然两者的关系式看起来很像，但它们的本质是不同的！

三、变一变，找一找

一个无盖的圆柱形铁桶，底面周长是6.28分米，桶深4分米。制作这个铁桶至少需要多大面积的铁皮？这个铁桶最多能装多少升水？

第一步：答前思。

想一想：两个问题分别求什么？

找一找：准确解答圆柱的表面积和体积问题的窍门在哪里？

第二步：答中思。

至少需要多大面积的铁皮是表面积知识的应用，求至少需要多大面积的铁皮就是求侧面积加一个底面积，所以算式为 $6.28 \times 4 + (6.28 \div 3.14 \div 2)^2 \times 3.14 = 28.26$（平方分米）；最多能装多少升水是圆柱体积知识的应用，圆柱的体积 = 底面积 × 高，所以算式为 $(6.28 \div 3.14 \div 2)^2 \times 3.14 \times 4 = 12.56$（立方分米）。

第三步：答后思。

通过前两步，总结准确计算圆柱的表面积和体积的窍门就是先明确求什么，再利用合适的公式，最后要仔细计算。如果不明确求的是什么，可以利用"数形结合"的方式分析问题，帮助理解题意。

活学活用：

用下面的长方形硬纸卷成圆柱体，再给它配上底面，淘气和笑笑卷成的圆柱体体积一样大吗？

18.84厘米

12.56厘米

图 3 - 109 "活学活用"

笑笑的圆柱体如下。

半径：$18.84 \div 3.14 \div 2 = 3$（厘米）

底面积：$3 \times 3 \times 3.14 = 28.26$（平方厘米）

体积：$28.26 \times 12.56 = 354.9456$（立方厘米）

淘气的圆柱体如下。

半径：$12.56 \div 3.14 \div 2 = 2$（厘米）

底面积：$2 \times 2 \times 3.14 = 12.56$（平方厘米）

体积：$12.56 \times 18.84 = 236.6304$（立方厘米）

体积大小比较如下。

354.9456（立方厘米）> 236.6304（立方厘米）

笑笑的圆柱体的体积大。

观察辨析——选择论证法：《圆柱和圆锥体积的关系》

引导者： 工作室成员　杨雯

参与审辨者： 六年级毕业班师生

审辨过程：

一、审一审，试一试

一个圆柱形橡皮泥，底面积是 12 平方厘米，高是 6 厘米。如果把它捏成底面一样大的圆锥，这个圆锥的高是多少？

（每个同学认真读题后，独立思考，然后列式解答。）

二、辨一辨，辩一辩

经过每个同学的独立思考解题后，主要有三种答案：

（1）淘气说：橡皮泥不管变成什么形状，体积不变，所以圆锥的体积就是圆柱的体积，我们可以先求出圆柱的体积，再根据公式求出圆锥的高。

圆柱体积是 $12 \times 6 = 72$（立方厘米），圆锥的高就是 $72 \div \frac{1}{3} \div 12 = 18$ 厘米。

（2）妙想：$6 \times 3 = 18$ 厘米，奇思：$6 \div 3 = 2$ 厘米。

他们俩的算式很简单，但是完全相反？同学们先思考判断一下谁的算式是对的？

结合图形辩一辩。

图 3-110　圆柱和圆锥

圆柱的体积是与它等底等高的圆锥体积的 3 倍，也就是说在等底等高的情况下，本来圆锥的体积就小，如果还把它的高缩小 3 倍的话，体积只会越来越小，所以奇思的算式不符合题意，是错的。

再看妙想的算式，为什么这么简单的一个算式就能求出高？圆柱和圆锥之间到底还有什么秘密呢？我们一起去发现吧。

三、变一变，找一找

想一想：圆柱和圆锥体积相同，①当它们的底面积相同时，高是多少呢？②当它们的高相同时，底面积是多少呢？

在图 3 - 111 中，圆锥的体积与哪个圆柱的体积相等？说说你是怎么想的。

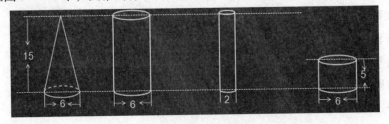

图 3 - 111　不同的圆柱和圆锥的体积比较

活学活用：

1. 一个圆柱与一个圆锥的底面积和体积都相等，若圆锥的高是 4.8 厘米，则圆柱的高是（　　　）厘米。

2. 一个圆柱的底面半径是一个圆锥底面半径的 2 倍，它们的高相等，则这个圆柱的体积是这个圆锥体积的（　　　）倍。

操作感悟——举一反三法：《水面升高问题》

引导者： 工作室成员　柯巧仙

参与审辨者： 六年级毕业班师生

审辨过程：

一、审一审，试一试

一个圆柱形容器，底面半径是 2 厘米，里面装的水高 2.5 厘米，放入一块不规则石块后水面升高到 3.5 厘米，这个石块的体积是多少立方厘米？（每个同学认真读题后，通过"数形结合"的方法独立思考 1 分钟，然后列式解答。）

二、辨一辨，辩一辩

一个圆柱形容器，底面半径是 2 厘米，水面高 2.5 厘米，放入一块不规则石块后水面升高到 3.5 厘米，这个石块的体积是多少立方厘米？

①$2 \times 2 \times 3.14 \times 3.5 = 43.96$（立方厘米）

②$2 \times 2 \times 3.14 \times (3.15 - 2.5) = 12.56$（立方厘米）

经过每位同学的独立思考解题后，发现主要有以上答案，请同学们睁大眼睛"辨一辨"，然后有理有据地"辩一辩"。

有的同学说这个石块的体积是 $V = \pi r^2 h = 2 \times 2 \times 3.14 \times 3.5 = 43.96$（立方厘米）。

有的同学说这个石块的体积是 $V = \pi r^2$（升高后的高度 - 原有的高度）$= 2 \times 2$

×3.14×（3.15−2.5）=12.56（立方厘米）。

底面积×水面最终的高度=水和石块的体积（图3−112）。

放入石块后

图3−112 放入石块后的容器

底面积×水面升高的高度=石块的体积（图3−113）。

放入石块后

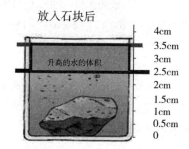

升高的水的体积

图3−113 升高的水的体积

想一想："底面积×水面最终的高度"和"底面积×水面升高的高度"的不同点在哪里？

三、变一变，找一找

1. 变一变，找一找。一个圆柱形水箱，里面的直径是6分米，高是6分米，先倒入128.74升水，再浸入一个底面周长是12.56分米的圆锥形铁块。这时水面离开箱口1分米。问：这个圆锥形铁块的高是多少分米？

2. 想一想，找一找。准确解答圆锥形铁块的高这个问题的关键是什么？（先找出与圆锥等体积的水的体积）

3. 找一找。准确解答圆锥形铁块的高这个问题的关键：借助数形结合，理解升高的水的体积就是浸没物体的体积，算清楚水面升高的高度。

图 3 – 114

活学活用：

有一个底面边长是 2 分米的正方体玻璃缸，里面装有 8 厘米深的水，把一根底面积为 150 平方厘米、长为 6 分米的圆柱形木棒垂直放入水中，木棒的底面与玻璃缸的底面充分接触，这时水面升高到几厘米？

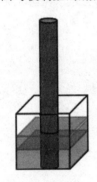

解法一：

被圆柱形木棒挤掉的水的体积：$150 \times 8 = 1200$（立方厘米）

水面升高的高度：$1200 \div \left[(2 \times 10)^2 - 150 \right] = 4.8$（厘米）

水面最终的高度：$8 + 4.8 = 12.8$（厘米）

解法二：

水的体积：$(2 \times 10)^2 \times 8 = 3200$（立方厘米）

水面最终的高度：$3200 \div \left[(2 \times 10)^2 - 150 \right] = 12.8$（厘米）

答：这时水面或高到 12.8 厘米。

图 3 – 115　"活学活用"题目示意图及解法

对应比较——理解迁移法：《平均数与平均速度》

引导者：工作室成员　白亚香

参与审辨者：六年级毕业班师生

审辨过程：

一、审一审，试一试

一辆轿车从甲地开往乙地，每小时行 50 千米，4 小时到达；按原路返回时，每小时行 40 千米。这辆轿车往返的平均速度是多少？

二、辨一辨，辩一辩

经过每位同学的独立思考解题后，发现主要有以下两种答案，请同学们睁大眼睛"辨一辨"，然后有理有据地"辩一辩"。

有的同学说这辆轿车往返的平均速度是 $(50 + 40) \div 2 = 45$（千米/时）。

有的同学说这辆轿车往返的平均速度是 $(50 \times 4 \times 2) \div (50 \times 4 \div 40 + 4) = \frac{400}{9}$（千米/时）。

为什么呢？

因为：① $(50 + 40) \div 2 = 45$（千米/时）中，$(50 + 40)$ 是轿车从甲地开往乙地的速度与原路返回时速度的和，2 是速度出现的次数，整个式子即速度之和 ÷ 次数，求的是速度的平均数。

② $(50 \times 4 \times 2) \div (50 \times 4 \div 40 + 4) = \frac{400}{9}$（千米/时）中，$(50 \times 4 \times 2)$ 是往返的总路程，$(4 + 50 \times 4 \div 40)$ 是往返的总时间，整个式子即往返的总路程 ÷ 往返的总时间，求的是往返的平均速度。

想一想：速度的平均数与平均速度有什么不同呢？

三、变一变，找一找

1. 某人骑自行车从甲地至乙地，开始时 0.2 小时行了 3 千米，剩下的路又以每分钟 0.3 千米的速度行了 18 分钟。这个人从甲地到乙地骑自行车的平均速度是每小时多少千米？

2. 小明爬一座山，上山的速度是 4 千米/时，下山的速度是 6 千米/时，他爬山的平均速度是多少？

找一找准确求出平均速度的窍门：先求总路程，再求总时间，最后用总路程 ÷ 总时间，求出平均速度。

活学活用：

淘气步行速度是 1 米/秒，骑车速度是 4 米/秒，他先步行 5 分钟，又骑车 10 分钟，求全程的平均速度。

质疑分析——论证生成法：《分数与百分数》

引导者：工作室成员　朱灵敏

参与审辨者：六年级毕业班学生

审辨过程：

一、审一审，试一试

（一）出示情境，提出问题

我们学校每个班都有一块红领巾绿地种植园。六 1 中队的种植园中蔬菜占了这块地的 $\frac{90}{100}$；茄子种了 $\frac{90}{100}$ 平方米，这两个分数，哪一个能转换成百分数？

(1) $\dfrac{90}{100}=90\%$　　　（2）$\dfrac{90}{100}$平方米 $=90\%$ 平方米　　　（3）两个都可以

思考提示：暂停视频独立思考，通过想一想、画一画等方法找一找这两个分数有什么不同的地方。

二、辨一辨，辩一辩

（一）火眼金睛辨一辨

独立思考，选择正确的答案并说说理由。

（二）有理有据辨一辨

（1）画一画，在下面的三块菜地中分别表示出蔬菜占了菜地的 $\dfrac{90}{100}$。

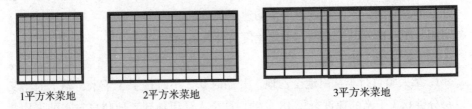

1平方米菜地　　　　2平方米菜地　　　　　　3平方米菜地

图 3 –116　在三块菜地中占 $\dfrac{90}{100}$ 的蔬菜

（2）辨析：蔬菜占了 $\dfrac{90}{100}$ 表示种植蔬菜面积占种植园总面积的 90%。种植蔬菜面积的大小会随着单位"1"菜地面积的变化而变化，不变的是蔬菜种植面积与种植园总面积的关系，都是把总面积平均分成 100 份，在其中的 90 份中种上蔬菜。它表示的是这两个量之间的关系，与百分数的意义正好吻合。因此 $\dfrac{90}{100}$ $=90\%$ 是正确的。

（3）画一画，在下面的三块菜地中分别表示出茄子的种植面积是 $\dfrac{90}{100}$ 平方米。

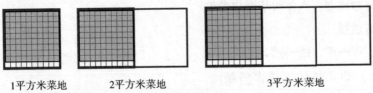

1平方米菜地　　　　2平方米菜地　　　　　3平方米菜地

图 3 –117　在三块菜地种 $\dfrac{90}{100}$ 平方米的蔬菜

（4）辨析：不管菜地怎么变，种 $\frac{90}{100}$ 平方米的茄子，茄子种植面积的大小是不变的，都是 $\frac{90}{100}$ 平方米。他表示的是一个具体数量，并不是两个量之间的关系，与百分数的意义不符合，所以 $\frac{90}{100}$ 平方米 ＝90％ 平方米是错的。因为 $\frac{90}{100}$ 平方米 ＝90％ 平方米是错的，所以选项"两个都可以"也就错了。

（三）比一比，找一找

1. 比一比，想一想刚刚的两个分数都是 $\frac{90}{100}$，这两个 $\frac{90}{100}$ 有什么不同的地方呢？我们试着列一个表格。

表3－18　$\frac{90}{100}$ 和 $\frac{90}{100}$ 平方米的区别

	$\frac{90}{100}$	$\frac{90}{100}$ 平方米
意义不同	表示蔬菜种植面积与总面积之间的关系。是两个量之间的关系	表示种植茄子面积的大小，表示一种物体数量的多少
单位不同	表示两个量的关系，不带单位	表示具体数量，一般带有单位

2. 读信息，把里面能改写成百分数的分数改写在其后面的括号里。
（1）独立改写；
（2）结合分数的意义，说一说改写的理由；
（3）分类比较，体会分数与百分数的联系与区别。

据调查，我国小学生近视率是 $\frac{35}{100}$（　　　）。读写姿势不正确是主要原因之一，读写时眼睛距离书面要 $\frac{33}{100}$ 米（　　　）。专家建议每天饮食摄入要均衡，每天摄入蛋白质 $\frac{5}{100}$ 千克（　　　），碳水化合物摄入量要占食物总量的 $\frac{6}{100}$（　　　）。

比较分析，能改写与不能改写两类分数的特征。用一个椭圆形（图3－118）表示分数，分数可以分成两种，一种表示具体数量，如 $\frac{33}{100}$ 米，$\frac{5}{100}$ 千克；一种是两个量之间的关系，如碳水化合物占总量的 $\frac{6}{10}$。能改写成百分数的都是表示两个量关系的分数。看来百分数是一种特殊的分数。

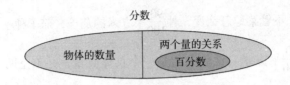

图3－118　分数与百分数的关系

3. 认识百分数和分数的区别。

表3－19　分数和百分数的区别

	分数	百分数
意义	两种含义： 一是表示一个具体的数量 二是表示两个量之间的关系	一种含义： 表示两个量之间的关系
书写形式	分子、分母、分数线； 一般约分成最简分数； 不带单位表示关系，带上单位表示数量	分子加百分号； 分子可以是小数，不用进行约分； 不带单位
运用场合	常用于计算、测量得到的非整数结果	常用于调查、统计、分析和比较

四、活学活用：选一选、说一说

1. 从下面的数中选择合适的填在相应括号里，并说说它表示的意义。

$\frac{3}{5}$　　　　25%　　　　$\frac{4}{5}$千克　　　　$\frac{3}{5}$米

（1）把5千克糖果平均分成4份，每份重（　　　　），占这些糖果的（　　　　）。

（2）学校美术组编织蝴蝶作品，每只蝴蝶需要彩带（　　　　），下课前完成的同学占总人数的（　　　　）。

第五节　审辨探究长课：
让儿童在足够的探究时空中审辨生长

牛顿悠闲地躺在苹果树下思考，发现了牛顿定律；阿基米德放松心情洗澡，突然想到了浮力。很多发明创造需要足够的探究时空。紧张的心情，有限的时空，往往会扼制学生创新的思维。

我国学生参加国际学生评估项目（PISA）检测后的结果分析说明我国学生需要长时间考虑解决较大问题。短短40分钟的课堂中，老师们为了赶进度，不太可能常常给予学生足够的探究时空。笔者及团队设置了60分钟的选修课，每周至少一次。这种选修课叫作审辨探究长课，让学生拥有足够的探究时空去体验、去思考、去判断、去选择，发现数学规律。

审辨思维让学习更有趣：《有趣的推理》

引导者：工作室成员 蒋巧君

参与审辨对象：三年级学生

审辨目标：

1. 经历对生活中的某些现象进行推理、判断的过程，能够对这些现象进行合理地分析。

2. 学会运用列表、尝试、操作等解决问题的策略进行推理，发展推理能力。

3. 能够用语言清楚地表述自己的推理过程，在经历推理判断的过程中树立自信，体会生活中这些现象蕴含的数学道理。

审辨的重难点与关键：

本课难点"推理"体现出数学是思维的体操；通过"表述"厘清推理思路，因为语言是思维的外壳；通过可视化的"连线法和列表法"突破"推理"这一难点，因为有趣是儿童的需求。

审辨过程：

一、导入

（一）铺垫

1. 审题：智慧学校的电脑和足球兴趣小组各剩一个名额。淘气和笑笑各选其中一个兴趣小组。有几种可能？为什么？

2. 推理：淘气说"我不是电脑小组的"，可以推理出＿＿＿＿＿＿＿；还可以推理出＿＿＿＿＿＿。

师：奇思和妙想用了独特的方法表示了刚才的推理过程，你们想知道吗？

3. 表述：

（1）奇思用连线法来表示推理过程，表示什么呢？他是根据什么进行推理的？

（2）猜猜妙想会用什么办法来推理呢？妙想用表格法来表示推理过程，表示什么呢？（先明确已知信息是什么，再根据已知信息可以推理出什么。）

（板书：有理有据，推出结论）

（二）揭题

师：根据已知信息有理有据地推出新结论，这就是推理。你喜欢这样的推理吗？

（板书：有趣的推理）

师：接下来我们继续推理。

二、展开

（一）审题

1. 出示：智慧学校除了电脑和足球兴趣小组之外还有航模兴趣小组，淘气、笑笑和奇思根据自己的爱好分别参加了其中一组，他们三人都不在一个组。

淘气说："我不是电脑小组的。"笑笑说："我不喜欢踢足球。"奇思说："我喜欢航模。"

2. 比较：跟刚才比较，多了哪些信息？

（二）推理

1. 独立完成：他们分别在哪个兴趣小组？在导学单上选一种自己喜欢的方法，把推理过程表达出来。

2. 交流反馈：学生上讲台反馈推理过程

连线法：老师根据课件问"先连哪条线，为什么？"（先连肯定信息）

列表法：你是怎样想的？为什么？（根据学生的回答在黑板上动态生成表格）强调先标出已知信息。根据奇思所说的——"我喜欢航模"，可以推出哪些结论？

分析表格："√××"各表示什么？横看、竖看表格，发现了什么？（横看时，每人只参加一个兴趣小组；竖看时，他们三人都不在一个组）"只有一个√，两个×"，为什么？"√××"验证了什么？（只参加其中一组）

3. 同桌交流：如果在不影响推理的前提下，删除其中一条信息，你觉得可以去掉哪一条信息？大家一起看大屏幕验证一下，谁说的是对的呢？（用手势判断，请学生上台边说边填边验证）。以上3条信息，哪条信息更重要呢？为什么？

（三）感悟

在以后的推理中，你会怎么做呢？从哪个信息开始推理呢？

（板书：关键信息）

三、应用

（一）自由读题

飞机模型分别放在柜子的什么位置？

航模小组有6个飞机模型：淘气号、奇思号、妙想号、笑笑号、乐乐号和教练号，放在柜子里。请你根据下面的信息，找到它们的位置。

信息一：淘气号和乐乐号都放在柜子的左侧，淘气号在乐乐号的上面。

信息二：教练号在最上面一排左侧。

信息三：妙想号不在最上面，也不在最下面。

信息四：奇思号没有放在教练号的旁边。

图3－119　飞机模型位置推理

（二）独立完成

1. 每个学生独立完成导学单：在柜子上填出各种飞机模型的位置？

2. 从哪条信息开始推理的？按什么顺序推理出每一个模型的位置？

3. 反馈后问：此时此刻看大屏幕，想想："有什么要问的呢？"

（三）小组交流

1. 从别的信息开始，按不同的顺序推理可以吗？

2. 在推理中还要注意什么问题呢？

（四）指定小组上台汇报交流结果

四、总结

想一想：推理在生活中有用吗？在推理过程中要善于寻找突破口，像著名侦探福尔摩斯一样聪明。

教学反思：

掌握比较完善的逻辑推理能力是儿童智力发展的重要环节和主要标志。本节课用列表法推理，使原本看不见的思维过程非常清晰地呈现了出来。让学生有条理地陈述推理过程，能很好地培养学生思维的条理性和深刻性。但顺向思维之后应采用"正难则反法"进行后续教学。根据①淘气说"我不是电脑小组的"，②笑笑说"我不喜欢踢足球"，③奇思说"我喜欢航模"，删除其中一条信息，是否也可以推理出他们选择了哪个兴趣小组？你觉得可以去掉哪条信息？

为什么？进一步追问："以上3条已知信息，哪条信息更重要呢？为什么？"让学生用批判的思维进行推理，"正难则反"的策略能很好地培养学生思维的批判性和独创性。

审辨思维让学习更快乐：《烙饼问题》

引导者：工作室成员　于建玲

参与审辨对象：四年级学生

审辨目标：

1. 经历从优化的角度解决简单实际问题的过程，初步体会运筹思想在解决实际问题中的应用。

2. 感受数学在日常生活中的广泛应用，培养学生的应用意识和合理安排时间的意识。

审辨重点：

使学生理解优化的思想，形成从多种方案中寻找最优方案的意识，提高学生解决问题的能力。

审辨难点：

使学生在自主探索、合作交流中积累从事数学活动的经验，逐渐养成合理安排时间的良好习惯。

审辨过程：

一、谈话引入"优化"

引入：煮熟一个鸡蛋需要6分钟，那么煮熟5个鸡蛋需要多少分钟呢？（6分钟）为什么不是30分钟呢？引出同时煮的含义并板书"同时"。

小结：没错，我们可以一个一个煮，也可以把5个鸡蛋一起煮，同时煮5个更加节省时间，这就是方法上的"优化"。今天这节课我们利用生活中的"烙饼"来进一步理解什么是"优化"。

二、合作学习，主动探究

（一）预设情景，走进生活

1. 出示主题图，理解题目的含义：每次只能烙2张，两面都要烙，每面需要3分钟。

2. 烙1张饼需要几分钟？（演示）

小结：因为饼有两个面，每个面需要3分钟，所以烙一张需要 $3 \times 2 = 6$ 分钟。

（板书：1张饼 3×2=6）

3. 烙两张饼呢？（学生演示）

提问：怎么不是12分钟呢？

小结：虽然两张饼有4个面，但我们可以一次同时烙2个面，烙两次就可以了，所以还是3×2=6分钟。

（板书：2张饼 3×2=6）

4. 那么烙3张饼至少需要几分钟？还是6分钟吗？我们应该怎么烙最省时间呢？

学生动手操作。

同桌合作，提出操作要求：

（1）同桌合作，用学具摆一摆。

（2）想一想，怎样烙3张饼最节省时间？

（3）烙完后，用自己喜欢的方式把烙饼过程记录在记录单上。

反馈，让学生上来演示烙饼的过程。（一人说，一人演示）

展示学生的记录方法，注意结合学生的记录方法再烙一遍。并且进行对比，选择最简洁的记录方法。（体验记录方法中符号化的作用，简洁，清晰）这又是记录方法上的优化。

这两种方法有什么不同？

方法一：

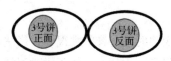

图3－120 3张饼烙法1

方法二：

图3－121 3张饼烙法2

提问：为什么方法二更节省时间呢？（体会到方法一最后一次烙饼时只有一张饼，浪费了空间，突出交替烙的作用，明白方法二的优化所在）

小结：当我们烙3张饼的时候，需要换饼交替烙，这样可以保证每次都有2

张饼在烙，节省时间，也充分利用这口锅。

（板书：3 张饼　3×3=9）

（二）探究 4 张饼与 5 张饼的烙法

1. 四人小组合作完成以下要求

分工合作，用学具摆一摆，请记录员把烙饼过程简洁明了地记录在记录单上。

2. 反馈：4 张饼

请学生上来演示两种烙法。找出哪一种烙法最好？

方法一：

图 3-122　4 张饼烙法 1

方法二：

图 3-123　4 张饼烙法 2

突出时间一样的情况下，烙法越简洁越好。这又是一种优化。

思考：为什么烙 4 张饼时不需要换饼呢？

（板书：4 张饼　3×4=12）

3. 反馈：5 张饼

图 3-124　五张饼烙法

思考：怎么烙 5 张饼既省时间又少换饼？突出烙 5 张饼的时候可以将其分成两部分（先烙 2 张，再烙 3 张），换饼的次数越少越好。

（板书：5 张饼　3×5=15）

思考：4 张饼和 5 张饼在烙法上有什么不同？

4 张饼：不需要换饼，可以分解成 2 张饼 + 2 张饼。可以画图来表示（图 3 – 122）。

5 张饼：需要换饼，可以分成两部分（先烙 2 张，再烙 3 张），可以画图来表示（图 3 – 124）。

现在不操作，你有办法知道烙 6 张饼、7 张饼至少需要多少时间吗？

反馈学生的各种方法。

方法一：画图。

方法二：分解。

6 张饼分解成 2 张饼 + 2 张饼 + 2 张饼，7 张饼可以分解成 2 张饼 + 2 张饼 + 3 张饼。

方法三：根据规律得出张数 × 3 = 所需的时间。

通过观察，在烙饼的方法上你有什么发现？

（除了 1 张饼外，其余的奇数张饼需要换饼烙，偶数张饼不需要换饼，这样才省时间）

师（小结）：同学们，这可以说是我们数学的魅力，可以从一个简单的问题出发得出一个不寻常的规律。今天我们在烙饼中多次运用了优化思想，我们也把它叫作统筹方法，这是我国著名的数学家华罗庚最先发现，也是他最先应用到生活生产中去的。（出示课外知识）运用统筹方法，只要合理地安排事情的程序，就可以节省时间，提高效率。

教学反思：

本节课笔者以生为本，创设条件让学生充分经历优化思维的过程。从直观演示烙 1 张饼开始，到合作探究，思考烙 3 张饼、4 张饼、5 张饼的烙法，在比较中逐步找到了比较省时间的方法，明白了方法的优化。其中烙 3 张饼是重点，也是难点，要让学生明白为什么要换饼，换饼烙有什么好处，从而明白优化的思想。当烙 6 张饼时，我让学生思考：现在不操作，你有办法知道烙 6 张饼、7 张饼至少需多少时间吗？反馈学生的各种方法：画图法；分解法，6 张饼分解成 2 张饼 + 2 张饼 + 2 张饼，7 张饼可以分解成 2 张饼 + 2 张饼 + 3 张饼；算式法，张数 × 3 = 所需的时间。在多种方法中，让学生展开辨析选择，优化烙饼策略，同时在观察、比较板书的过程中发现烙奇数张饼和烙偶数张饼在方法上的区别，使审辨思维在这里得到了提升。

审辨思维让决策更科学：《包装的学问》

引导者：工作室成员 陈大鹏

参与审辨对象：五年级学生

审辨目标：

1. 结合长方体表面积知识，探索多个相同长方体叠放后表面积最小的最优策略。

2. 在讨论、想象、猜想等学习体验中，培养学生有序思考、合理分类、化繁为简的思维方法，并发展空间观念。

3. 通过解决包装问题，体验数学方法的多样化，发展优化思想，渗透节约意识。

审辨重点：

应用表面积等知识来讨论如何节约包装纸。

审辨难点：

引导观察、比较、交流、反思，得出节约包装纸的最佳策略。

审辨过程：

一、介绍长方体的大面、中面和小面

1. 今天老师给同学们带来了一份见面礼，一个牛奶盒。这个牛奶盒是什么形状的呢？长方体有几个面呢？

2. 老师介绍大面、中面和小面。（边展示边说）

3. 同桌互相说说大面、中面和小面。

4. PPT 出示问题：如果知道牛奶盒的长、宽、高，你能求出大面、中面、小面的面积吗？

指定学生口答。（为后面求一个、两个长方体的表面积做好铺垫）

二、复习旧知

如果把一盒牛奶用包装纸包起来，求包装纸的大小是多少？也就是求什么？（表面积）

学生独立完成，反馈：A. $10 \times 6 \times 2 + 10 \times 4 \times 2 + 6 \times 4 \times 2 = 248$（平方厘米）

B. $(60 + 40 + 24) \times 2 = 248$（平方厘米）

（及时表扬使用第二种方法的学生，能用已有的数据来解决问题。若没有学生想出第二种方法，引导学生发现）

如果把两盒牛奶单独包装，包装纸的大小又是多少？（口答：$248 \times 2 = 496$ 平方厘米）

（为引出两个长方体的表面积之和减去重叠的面积这种方法做铺垫）

三、研究两个长方体的包装策略

1. 如果我把两盒牛奶拼在一起，有几种不同的拼法？用手中的牛奶盒试一试，再和同桌说一说。

2. 请学生展示拼法。（学生边演示边说）

重叠几个大面？几个中面？几个小面？（强调有序思考）

（板书：重叠 2个大面 2个中面 2个小面）

3. 这三种拼法，哪种最节省包装纸？

猜测：说一说理由。

验证：请你列出算式（不计算）。

独立完成，反馈：A. 看成新的长方体来计算

B. 计算露在外面的面

C. 两个长方体表面积之和减去重叠的面积

哪个算式能清楚地反映出最节省包装纸的方案？（方法择优）

请列出学生第三种方法的说明理由（可以从算式中看出重叠的面积越大，也就是减去的越多，表面积越小，越节省包装纸）

4. 小结：包装最节省，需要看什么？

（板书：重叠面积越大，包装纸的面积就越小）

四、研究四个长方体包装策略

1. 刚才我们共同研究了2盒物体的包装，现在每组都有4个相同的长方体，对它们进行包装，有多少种包装方案呢？请4人小组一起研究，注意做到不重复，不遗漏。每完成一种包装请记录重叠的面。

2. 小组操作，教师检查指导。

3. 汇报：学生边演示，边介绍6种方案。（板书：6种方案）

4. 哪一种方案最节约包装纸？需要计算6种方案吗？

5. 指定学生回答：用排除法，剩下6个大面和4个大面、4个中面这两种方案。

6. 得出结论：只需要比较1个大面和2个中面的大小就可以了。

（使用三种不同的材料出现三种情况）

7. 小结：当包装多个相同的长方体时，需要考虑重叠最大的面，也要考虑重叠最多的面，这样才能节约包装纸。

五、总结

同学们，这节课我们是从什么角度对物体进行包装（节约）的。其实生活中还有很多不同的包装，我们一起来欣赏一下。（课件出示）生活中许多物体的包装有的是为了节省材料，有的是为了携带方便等。包装的学问还有很多，同学们可以自己去探索、去发现。

六、板书设计

包装的学问

重叠的面积越大   包装纸的面积就越小

2个长方体：2个大面   4个长方体：6个大面

             2个中面   6个中面

             2个小面   6个小面

                                       4个大面、4个中面

                                       4个大面、4个小面

                                       4个中面、4个小面

教学反思：

《包装的学问》是北师大版《数学》第十册《数学好玩》的内容之一，它是在学生掌握了正方体、长方体的表面积计算，也有了合并、分割正方体、长方体的已有经验的基础上进行教学的。

在课前，设计了一道复习题，计算图形的表面积，为新课学会包装的计算做铺垫。在"我会摆"的过程中，让学生自己尝试摆一摆，通过动手操作，由抽象到直观，充分培养学生的空间想象力。在计算表面积的过程中，学生想到了两种不同的方法：一种方法是先算出拼成新的长方体的长、宽、高，然后再计算它的表面积；另一种方法是先算出2个长方体的表面积之和，然后减去重叠的面积。在比较中辨析后总结出：重叠的面积越大，包装纸的面积越小。接下来是4个长方体来包装，分为牛奶盒、餐巾纸盒、单词卡片盒。这个问题比较复杂，所以在问题中只是设计了找到最节省的策略就可以了，然后让学生经历小组合作，一起摆、一起记。

在动手实践操作后，学生积累了大量直接经验，对各种包装方法进行审辨、判断、选择，动态综合生成最优结论：重叠的面积越大，包装纸的面积越小。通过学习本节课，学生感悟到包装的学问。反思学生课堂上的思维过程，本节课能很好地培养学生严格估计思维材料和认真检查思维过程的智力品质水平。

审辨思维让决策更有效：《智取王位》

引导者：工作室成员　周莉莎

参与审辨对象：五年级学生

审辨目标：

1. 经历"智取王位"的操作练习，让学生初步体会逆推思维在解决实际问题中的应用。

2. 通过有趣的数学游戏，让学生认识到解决问题策略的多样性，形成寻找解决问题最优方案的意识，尝试用数学思维来解决生活中的一些问题。

3. 经历游戏过程，培养学生的数学思维，让学生在玩乐中拓展思维。

审辨重点：

掌握用逆推思维来解决问题的方法。

审辨难点：

在游戏过程中拓展学生的数学思维。

审辨流程：

一、兴趣导入，了解游戏规则

1. 这节课我们一起来玩玩游戏，双人 PK，看看谁最有智慧。（板书：智取王位）

2. 从名字上你知道了什么？（通过一定的方法来取得王位）

3. 认识器具：1 颗王棋和多颗兵棋。

4. 游戏由来及规则。

巴什博弈问题：只有一堆 n 个物品，两个人轮流从这堆物品中取物，规定每次至少取一个，最多取 m 个。最后取光者得胜。

游戏规则：两人轮流拿，每次 1~2 颗，取得最后一颗王棋者获胜。

同桌一起玩，了解规则。

提问：现在有 917 颗棋子，怎么玩能必胜呢？什么难倒了你？

小结：把复杂的博弈问题简单化，这是数学中一种很重要的思想——化繁为简。棋子多有困难，那就化繁为简，从最简单的开始玩，一步一步打通关。

二、动手操作，探索通关方法

（一）化繁为简，明晰规则

917 颗棋子太多了，有困难，那最简单的玩法是使用几颗棋子？

预设：100 颗、10 颗……3 颗、2 颗、1 颗。

提问：仔细审辨，为什么取 2 颗不是最简单的玩法？

预设：使用 2 颗不能玩，因为每次可以取 1~2 颗，先拿的人如果直接把 2 颗都拿走，那么就无法两人轮流拿，所以使用 3 颗是最简单的玩法。

评析：学生通过化繁为简，在探究最简单的玩法是使用几颗棋子的过程中，解析游戏规则，互相探讨、质疑、论证，从而得出结论。

提问：使用 3 颗棋子怎么玩一定能赢？你们发现了什么？

预设：一人先拿 1 颗、另一人后拿 2 颗，或者一人先拿 2 颗，一人后拿 1 颗。

追问：谁一定赢？

小结：后拿的一定赢。

（板书：1 + 2　2 + 1）

提问：那使用 4 颗棋子怎么玩一定能赢？请同桌两人拿出 4 颗棋子，一起研究一下 4 颗棋子的必胜玩法。请几位同学上台来试一试。

追问：谁一定赢？你觉得哪颗兵棋很重要？

小结：先拿的赢。

［板书 1（1 + 2）］

提问：使用 5 颗棋子怎么玩？你们发现了什么？哪颗棋子很关键？

表 3 - 20　　"智取王位"游戏必胜策略

棋子数量	必胜策略	胜利
4	1（1 + 2）	先拿
5	2（1 + 2）	先拿

小结：明晰规则，指导记录方法。

（二）合作互助，尝试破解 6 ~ 11 颗棋子的必胜玩法

在动手玩之前请听清楚要求：

（1）同桌一起玩，在玩的时候想一想必胜玩法，并在任务单上记录你的必胜策略。

（2）少几颗棋子、多几颗棋子怎么玩？

（3）计时 5 分钟，看看谁能够成功破解难题。

说说遇到的困难。

请找到必胜玩法的同学来当小老师，为其他同学排忧解难。

（三）验证（6、9、12……）3 的倍数的必胜玩法

提问：增加棋子，6 颗棋子如何取胜？要取得王棋，先取得哪颗棋子很关键？

预设：1 + 2　2 + 1

　　　3 个一组，后拿凑 3

提问：还有几颗棋子的必胜玩法和 3 颗棋子的差不多？（9 颗）

追问：为什么拿到第六颗就决定了胜利呢？

从后向前推理，想要拿到第 9 颗棋子必须拿到倒数第 4 颗，剩下 3 颗，然后他拿 1 颗，你拿 2 颗，或者他拿 2 颗，你拿 1 颗，你后拿最后保证你赢。

追问：还有哪些数量的棋子的必胜玩法和 3 颗棋子的差不多？你发现了什么？

小结：12、15、18……都是 3 的倍数，后拿凑 3 的赢。

三、层层深入，解密游戏规律

1. 使用 7 颗棋子怎么玩呢？

提问：和前面的 3、6、9 颗有什么不同？

预设：7 不是 3 的倍数。

提问：那必胜策略有什么变化？

预设：根据逆推，必须拿到第 4 颗棋子，前面还多着 1 颗棋子，所以先拿走多余的 1 颗棋子，然后拿到第 4 颗棋子，先拿的赢。

2.8 颗棋子的必胜策略是怎样的？你发现了什么规律？

预设：先拿走余数，再凑 3。先拿的赢。

3. 现在你能想出 917 颗棋子的必胜玩法吗？

预设：917 除以 3 不是整数，因此先拿走多余的 2 颗，再凑 3，就能获胜。

4. 挑战再升级，解密 n 颗棋子的必胜玩法。

使用 n 颗棋子，必胜策略有什么变化？

学生用自己的理解总结其规律。

小结：n 是 3 的倍数时，后拿凑 3 的赢；n 不是 3 的倍数，先拿余数再凑 3。

四、创造规则，尝试多样玩法

还可以怎么玩？

请自由创造游戏规则，和你的小伙伴一起玩一玩，研究其中的必胜策略。

例如：20 颗棋子，两人轮流拿，每次取 1～3 颗，取得最后一颗王棋即获胜。

（拓展学生思维，举一反三）

五、课堂回顾，交流整理经验

通过今天这节课，你有什么收获？有哪些启发？

小结：回顾本节课，我们运用了化繁为简、逆推等方法，找到了游戏最本质的极简模型就是被 3 整除问题。通过列表整理思路，发现规律。一个小小的游戏蕴含了丰富的数学知识，只要我们有一双善于观察的眼睛，就能发现生活非常奇妙！

六、板书设计

智取王位

化繁为简

数量	必胜策略	胜利
3	(1+2)	后拿
6	(1+2)(1+2)	后拿
9	(1+2)(1+2)(1+2)	后拿

逆推

数量	必胜策略	胜利
4	1(1+2)	先拿
5	2(1+2)	先拿
7	1(1+2)(1+2)	先拿

当 n 是 3 的倍数时，后拿凑 3 赢。当 n 不是 3 的倍数时，先拿余数再凑 3 赢。

教学反思：

智取王位是双人游戏，涉及著名的巴什博弈问题，所以依托学生已有的知识和技能，通过对"智取王位"必胜策略的探索，能很好地培养他们的化繁为简、逆推思维。对弈输赢所引发的小小竞争，是这项具练的动力，而取胜的关键则是"智取"，即找出关键、准确推算、合理取舍，通盘考虑每一轮的取子数量，准确预判对手的反应，灵活应对对手取子后的棋局，巧妙设局困扰对手。

五年级的学生处于小学高段，已经由具体抽象思维过渡到抽象思维，对事物的认识较之前上升了一个层次，已经学会了用归纳概括的方法认识事物及解决问题。本节课在老师多次追问之下，学生猜想验证，多维审辨，最终恍然大悟。

审辨思维让儿童更理性：《找次品》

引导者： 工作室成员　金志超

参与审辨对象： 五年级学生

审辨目标：

1. 利用天平，通过观察、猜测、实验、推理等活动，理解"找次品"问题的基本原理，发现解决这类问题的最优策略。

2. 以"找次品"活动为载体，经历由多样到优化的思维过程，培养学生的优化意识。

3. 感受数学在日常生活中的广泛应用，发展学生的应用意识和解决实际问题的能力。

审辨重点：

让学生初步认识"找次品"这类问题的基本解决方法。体会解决问题策略的多样性及运用优化的方法解决问题的有效性。

审辨难点：

观察归纳"找次品"这类问题的最优策略。

审辨过程：

一、求同存异，辨析题意

师：有81人，每人一个瓶子，当中只有一个瓶子稍轻，如果只能利用没有砝码的天平称量，最少称几次，你能保证称出那一个瓶子呢？

活动要求：独立思考。

预设：81次，40次，1次。

师：有的同学说是1次，有的同学说是81次。

师：请同学们各自说明理由。

生：我觉得在天平足够大的时候，可以把81个瓶子分成40、40、1个瓶子三个部分。在两个托盘上各放40个瓶子，运气好的话，天平平衡，那么剩下的那个瓶子就是次品。

师：可不可能呢？

生：可能。

师：她用了一个词，"运气好"的话。那么这个问题究竟是从运气最好的角度考虑还是运气最坏的角度考虑的呢？为什么？

生：我认为是从运气最好的角度去考虑，因为题目中说"最少"。

生：我认为是从运气最差的角度去考虑，一次称出的概率非常小，而且题目中说的是"保证"称出。

师：很好，大家都用题目中的关键词来说明了自己的想法。一次确实是最少的，但是不能保证。

师：现在认为是从运气最好的角度去考虑的同学请举手，等一下认为是从运气最差的角度去考虑的同学举手。

师：很好，大部分同学的想法达成一致了，还有同学坚持自己的观点，很好。我们继续在探究的过程中去辨析。

设计意图：反馈学生的答案和原因。尤其是对于给出"1次"这个答案的学生进行追问："为什么1次就能称出"。当学生说出"运气好的话一次就可以找出"后，再次进行追问，通过"追问"的审辨策略，引导出第一个审辨点："这个问题究竟是从最好的角度考虑还是最坏的角度考虑的呢？为什么？"引发学生思考，发展审辨思维，同时强化学生的审题能力。通过认真审题引导学生有理有据地论述自己的观点。

二、有理有据，辩说关键

师：掌握了前面学习的那些知识，我们才能有机会来解决这道题，但是这个问题还是太复杂了，对吗？那遇到难题我们应该怎么办呢？

师：天下难事，必作于易。遇到难的事情，从最简单的情况入手，可以得到启发，找到方法，最后将它解决。

师：81个瓶子太难了，你们认为最简单的是从几个开始呢？

生：两个瓶子的情况我们已经讨论过了，可以探讨三个瓶子。

师：三个瓶子里面，如果有一个次品，至少称量几次保证能找出来？

先独立思考，再小组讨论一下。

师：（点名回答）你是几次的？

生：1次。

师：请你来演示一下。

生：如果第一次拿的两个瓶子都不是次品，天平平衡，那么剩下的一个瓶子就是次品，只需要称1次。还有一种可能，如果拿到的两个瓶子中有一个瓶子是次品，那么也只需要1次。

师：他讲的你们都听到了吗？他在阐述的时候不仅用了关联词"如果……那么……"，而且把两种情况都说出来了，这样的思考就全面了，不是只考虑一种。

师：听明白他说的了吗？谁能够来重复一下？

生：如果第一次拿的两个瓶子在天平上是平衡的，那么剩下的一个瓶子就是次品，只需要称1次。如果拿到的两个瓶子中有一个瓶子是次品，那么次品就在天平上升的一边，只需要称1次。

师：那这么看，三个瓶子中有一个次品，至少需要称量几次保证能找出来？

生：一次。

师：同学们，现在看到黑板上有什么疑问？

生：为什么两个瓶子是一次，三个瓶子也是一次？

师：是啊，为什么多了一个瓶子也是一次呢？

生：只有一个次品，所以这个次品可能在左盘，也可能在右盘，也可能在下面，就这三种情况。

师：那我称了两个瓶子之后第三个还需不需要称了？

生：不用，可以推断出来了。如果天平平衡，就可以推断出剩下的那个瓶子是次品；如果天平不平衡，就可以推断出次品在天平上升的一边。所以三个瓶子的情况也是称一次就够了。

设计意图：先让学生独立思考，然后小组讨论。这个过程，让学生有足够的时间和空间经历思考、探究、讨论，提高表达能力；并且利用"重复"的策略，让学生"复述"称法，让更多的学生能够理解。紧接着又进行提问，引导学生自主提出第二个审辨点"为什么2个瓶子是一次，3个瓶子也是一次"，让学生"质疑""批评"，在"辨一辨"的活动中发展质疑、反思、归纳的能力。总结出是利用"推断"的方式来找出次品，为后面将瓶子分成三组做铺垫。

三、自主探究，深化题意

师：那4个瓶子的情况是不是也只称1次呢？

生：天平两边各放两个，一定不平衡。那么次品就在天平托盘高的那一边，那就从高的那边的两个瓶子里面来找。两个瓶子的情况我们的结论是需要称1次，所以·共需要2次才能找出次品。

师：还有没有其他方法？

生：天平两边各放1个，如果平衡，那么次品在剩下的两个中，接着从剩下的两个瓶子中找，一共需要2次；如果不平衡，那么次品就在天平托盘高的那一边，所以1次就可以。

师：同学们有的说是1次，有的说是2次，那四瓶的情况到底需要称几次呢？

生：需要2次，因为不能保证每个第一次都能发现次品。

小结：所以四个瓶子的情况至少需要称2次才能保证找到。

设计意图：学生多种方法的呈现，引发学生争辩，让学生在"辨一辨"中进行比较、判断、选择，并且追问引出第三个审辨点——"为什么不是一次"，继续引导学生有理有据地表达。这道题我们需要从最坏的角度、最差的情况去考虑问题才能保证从中找出次品，加深学生对题意的理解。

四、质疑批判，分析论证

师：咱们增加一点难度。8个瓶子的话需要称量几次才能找出来呢？

生：天平两边各放四个，一定不平衡。接着从四个瓶子里面找。四个瓶子的情况我们的结论是需要称2次，所以一共需要3次。

师：看来8个瓶子也难不倒大家，接下来我们再看看9个瓶子。9是一个很特殊的数字，它是最大的一位个位数，而且9在古代也表示很多的意思，我们有必要探究一下。

活动任务：如果从9个瓶子中找一个次品，最少需要称多少次才能保证找到？

活动要求：先独立思考，再小组讨论，最后再交流汇报。

生：分成3-3-3。天平两边各放3个，如果平衡，那么次品就在剩下的3个中，那么总共需要2次；如果不平衡，那么次品就在天平托盘高的那一边，接着从那三个瓶子中找，总共需要2次。

生：分成4-4-1。如果平衡，那么次品是剩下的那一个瓶子，但是不能保证。如果不平衡，那么次品就在上升的那一边，接着从那4个瓶子中找，4个瓶子的情况我们的结论是需要称量2次，所以共需要3次。

小结：9个瓶子至少需要称2次才能保证找出次品。

提问：对比8个瓶子和9个瓶子，你有没有疑问？

生：为什么8个瓶子需要称量3次，而9个瓶子才需要2次呢？数量增加了，但是称量的次数却减少，为什么呢？

师：谁能解答一下呢？8个瓶子的情况能不能称量2次就找出次品或者更少的次数？

生：8个瓶子也可以是2次。分成3-3-2。天平两边各放3个瓶子，如果平衡，那么次品就在剩下的2个瓶子中，接着从2个瓶子中找，总共需要2次；如果不平衡，那么次品就在天平托盘高的那边，接着从那3瓶中找，总共需要2次。

小结：所以8个瓶子的情况也是至少需要称2次才能保证找出次品。

师：同学们，8个瓶子的这两种称法的不同点在哪里？巧妙在哪里？称2次就找出来的方法有什么高明之处？

生：从分成2份变成分成了3份。

师：我们在称9个瓶子的时候，4-4-1这种分法不是也是分成三份吗？为什么这种分法不是最少的次数呢？

预设：3-3-3这种分法是要平均分成3份。

师：你还有疑问吗？

生：如果不能平均分成3份呢？比如8个瓶子的时候？那怎么办？

生：尽量分得匀一点？

师：什么叫尽量分得匀一点呢？

生：分成三组时，每组的数量最多相差1。

生（小结）：要找出其中一个稍轻的次品，我们需要将总数分成三组，并且尽量分得匀一点。这样才能用最少的次数保证找出次品。

设计意图：对8瓶、9瓶称的次数的矛盾关系，进行有效比较、质疑、辨析，并且通过"反复"的策略，多次的"反问""追问""质疑"，引出第四个审辨点——"为什么8个瓶子是3次，9个瓶子是2次，瓶子的数量增加了，但是称的次数反而减少了"。学生产生"质疑"进行"反思"，继续探究，从而去发现对于8个瓶子还有其他称法可以在称2次之后找出残次品（3-3-2）。这时马上追问引出第五个审辨点——"两种分法的不同之处在哪里，巧妙之处在哪里？能够称2次的这种分法有什么高明之处？"继续引发学生思考，进而希望学生总结出其中的规律。4-4是分成2组，而3-3-2是分成3组，所以"分成三组"是最少组别的保证能够找出次品的分法。接着追问学生"你有没有问题？"，继续进行质疑、审辨。进而引出第六个审辨点——"在9个瓶子中也有分成三组的称法：4-4-1，但是所称次数为什么不是最少的"。再一次提出了质疑，让学生感受到数学的严谨性，体会数学的辩证性。让学生在"辩一辩"的过程中总结"需要平均分为三组"。最后再追问"你还有什么问题吗？"，让学生继续质疑，引出第七个审辨点——"如果不能平均分怎么办？"。从而得出一般规律，需要分成三组，不能平均的情况下要尽量分得均匀一点，也就是每两组之间的数量相差1。

五、总结反思，感悟延伸

师：现在我们再来看一看开始的那道题：有81人，每人一个瓶子，当中只有一个瓶子稍轻，如果只能利用没有砝码的天平称量，最少称几次，你能保证称出那一个瓶子呢？

预设：40-40-1。

预设：27-27-27。

提问：为什么我们不把81分成40-40-1？

因为这样没有均分3组，而且如果天平不平衡，就得接着从40个瓶子中去找次品，最多排除41个瓶子。而分成27-27-27，称1次就可以排除另外两组，也就是排除54个瓶子，接着从27个瓶子中去找。把27均分3组：9-9-9，称1次就可以排除18个瓶子。9个瓶子的情况我们前面已经研究过了，需要称量2次，所以总共需要称量4次就能保证找出次品。

设计意图：让学生利用结论去解决问题，并且提问学生——"现在还没有40-40-1这种分法，为什么？"，强化课堂探究的一般性规律。师生在"辩一辩"的过程中发现，如果按照40-40-1这种分法，最多排除的是41个瓶子，还要从称量的40个瓶子中去找；而分成27-27-27，我们称1次就可以排除两组，也就是54个瓶子（这种称法排除得更多，也再一次验证了我们的结论），接着从27个瓶子中去找，将27分成9-9-9，排除两组18个瓶子，再接着从9

个瓶子中去找，我们已经验证过 9 个瓶子的情况需要称 2 次，所以总共需要称量 4 次就能保证找出次品。

小结：解决问题之前，同学们认为要称量很多次才能从 81 个瓶子中找到一个次品，其实只要 4 次，这和我们的预期相差得有点大，是吗？但这正是数学的魅力，研究前我们觉得很难，研究完我们发现，只需要称量几次就够了。

教学反思：

教学活动，特别是课堂教学应激发学生的兴趣，调动学生的积极性，引发学生的数学思考，鼓励学生的创造性思维。学生的学习应当是一个生动的、主动的和富有个性的过程。学生应当有足够的时间和空间经历观察、实验、猜测、计算、推理、验证等过程。在探究的过程中提高表达能力，发展审辨式思维，学会质疑，能有理有据地论述自己的观点。

本节课以学生的认知发展水平和已有经验为基础，面向全体学生，更加注重启发式思维，引导学生进行有效"审辨"：分析、比较、质疑、追问、反问，处理好教师主导与学生自主学习的关系，引导学生独立思考、主动探索、合作交流，使学生理解和掌握基本的数学知识与技能，体会和运用数学思想与方法，获得基本的数学活动经验。

本节课通过教师的提问、追问、反问，引发了学生之间的质疑，抓住了审辨点，进行了"猜想—验证""比较—分析"，让学生学会了审辨。数学课"辨"得有趣，"辨"出精彩。

审辨思维让儿童更智慧：《百变正方体》

引导者： 工作室成员　龚淑华

参与审辨对象： 六年级学生

审辨目标：

1. 能用器具拼摆不同的造型，初步感受空间记忆、定位的重要作用。

2. 将不同造型的器具归方，体会思维的有序性和"形变积不变"的数学思想。

3. 发展学生的思维能力、空间想象能力、统筹规划能力和数学表达能力。

审辨重点：

体会百变正方体的游戏策略，能够合理判断所变成的正方体的一个面的大小或者是一条棱的长短，表达自己的创意，体会形变体积不变的数学思想。

审辨准备：

百变正方体器具、课件。

审辨过程：

一、异中求同，提出猜想

师：你知道这个正方体的体积是多少吗？（见图3－125）

图3－125 正方体　　　　图3－126 分割后的正方体

生：不知道，没法算，因为不知道棱长。

师：看，像这样把它分割成大小相同的小正方体，现在你知道它的体积是多少吗？（见图3－126）

生：如果一个小正方体就是一个体积单位，这里就有$3 \times 3 \times 3 = 27$个体积单位。

师：我们学习过正方体表面积的展开图，如果把这些小正方体铺开，变成一层，会出现什么样的造型呢，想象一下。

师：老师也带来了几种造型，这些造型和原来的正方体相比，什么变了，什么没有变？（见图3－127）

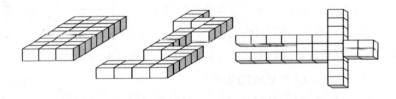

图3－127 展开后的正方体

生：形状变了，体积不变，都是27个体积单位。

师：把这些造型还原成正方体的过程，我们称为"归方"，你认为它们可以归方吗？

（板书：归方）

生1：应该可以，因为体积数一样。

生2：不一定。我们需要动手验证，耳听为虚眼见为实。

设计意图：好的提问应该基于学生的最近发展区，遵循学生的认知规律。从学生的已有经验出发，打破学生一定要给数据才能量化体积的惯性思维，学会从体积的元认知去获取数学信息。接着通过回忆二维的平面展开图大胆猜测立体的展开造型,这就是思维的一次飞跃。引导学生有依据地审视新问题——"你认为它们可以归方吗?",学生因此热烈讨论,这是审辨式思维的入门之道。

二、探究归方,能辨善辩

(一)熟悉器具,操作验证

师:请出今天的益智小伙伴百变正方体——"绿可"。请同学们先观察,想想它和我们刚才的铺开造型有什么异同?(见图3-128)

图3-128 "绿可"正面　　　　　图3-129 "绿可"背面

生:颜色不一样;这里的有大有小,刚才的都是一样大的;我发现这个"绿可"也是27个体积单位。

师:同学们分辨得很清晰,辩说到位,其他同学也认为是27个吗?你能不能用自己的方法验证一下?

生1:(边操作边解说)我发现它的头部由4个小正方体组成,躯干和腿部的一个长方体是由两个小正方体组成的。(见图3-129)

生2:我也证明了一样的关系,可是和他的方法不一样(边操作边解说)。

生1:我觉得他的方法比我的简单。

师:通过组块之间的凹槽和皮筋,可以实现"绿可"的翻转、平移和旋转,验证"绿可"也有27个体积单位。同学们能自己探究,用证据说话,做到了有理有据。

设计意图:具有审辨式思维的人不轻易相信他人的说法。他们会用自己的头脑独立地进行思考,不断质疑。"绿可"是不是也有27个体积单位?能不能归方?自己动手验证一下组块间的大小关系。经过自己的思考以后,做出自己的判断,再认同或者反对他人的观点。

(二)自主探索,辩说关键

师:那么它能归方吗?能的话它会是一个怎样的正方体?

生:如果以一个小正方体为单位,它一共就有27个单位,拼出的正方体应该每条棱长有3个小正方体。

师：刚才通过观察和计算，从理论上得出它是可以归方的。接下来就请你们动手试一试。

学生操作。

师：同学们，我们要把一个"人"变成一个正方体，并不是一件容易的事情，所以暂时拼不出来，也不要气馁。我们先请一位同学上来演示一下，看看他是如何归方的？

学生演示并解说（说得不是很有条理，突然又有点忘记了）。

师：看明白了吗？

其他学生一脸茫然……

师：不是很明白，那是因为没有告诉你们他操作背后的想法，接下来你们有一次提问机会，求得归方秘诀。

生：第一步做什么？怎样找到突破口？最关键的是什么？

……

师：你们觉得哪几个问题最有帮助？

生：第一步怎么做？从哪里入手？

师：你们是不是想知道"绿可"最不灵活的是哪一块，并将它中心。

生：身体这块。

师：从哪里入手，可以想想它哪块很特殊？为什么？

生1：头部，因为它很大。

生2：因为头不动就会出现半个单位，而其他的组块并没有半个单位，最后就不能拼成每条棱长有3个小正方体的正方体。

设计意图：学生在一开始操作归方时最容易出现的问题是什么？拿起器具就开始左右开弓，没有分析思考关键点是什么，就如学生做数学题，一拿到题目就开始列式，但列式后又发觉不对，这就暴露了学生没有审题意识。学生对归方感到束手无策，就进入了深度思考阶段，所以笔者设置了一个提问环节，让学生去分析提问一个什么样的关键问题可以帮助自己，同时引导学生形成看问题抓突破口的意识，还要能够听取和理解他人提出的意见和问题，不断修正自己的观点。这也是审辨式思维包容异见的体现。

（三）辨析操作，确定头位

师：那么头部有几种拼组方式呢？小组里试一试，比一比哪组的方法多。

学生反馈，上台展示。

师：老师选取了部分拼组方式，我们一起来判断一下。（见图3-130）

师：最后一个为什么是错误的，请你说说理由。

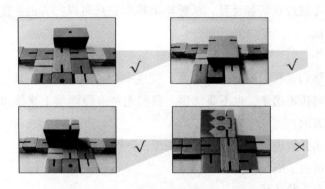

图 3 – 130 　 "绿可" 归方的几种方法

生：因为我们刚才已经知道是不能动身体部分的，躯干连着头部变成 4 个单位，而我们最后拼成的正方体每条棱长只能有 3 个小正方体，所以不符合要求。

师：刚才这位同学能联系前面的内容进行辨析，用整体的眼光看待问题，值得夸奖。所以我们要定好头位。

设计意图：提出好问题就已经解决了问题的一半。恰当的问题构造，是学生思维激荡的前提。通过设问、追问、质问让学生辨析正确的头位，并要求辨说理由，用整体联系思想去分析问题，从而找到归方的突破口。确定好头位，也只能算是成功的第一步。

（四）分层归方，关注人格

师：我们先选择一种头位进行归方，找到中心，定好头位，接下来就不难了，同学们再试一试吧。

先归方的学生操作并反馈。

师：像玩魔方一样，分层思考，做到非常有条理。

师：有位同学还把归方方法编了儿歌分享给大家（见图 3 – 131）。

（举起手来，抱抱胸） 　 （抬抬屁股，收收腿） 　 （"绿可" 变为正方体）

图 3 – 131 　 "绿可" 归方过程

师：很多同学都已经会了，那么接下来比一下吧，看哪一个小组动作最快。
学生再次操作，体验成功的快乐。

师：同学们善于思考，动手能力也很强，能够把"绿可"归方，我们一起来梳理一下是如何归方的？

生：拿到器具以后，我们先观察、再思考、后操作。

师：聪明的孩子善于思考，会抓关键，懂得顺序，能用正方体的体积计算指导自己的归方思路，这就是学以致用。

设计意图：确定好中心，定好头位，继续让学生自己去探索，这时有个别学生成功了。通过生生互动，解说了第一层的拼法，又让学生自己尝试，又有一批学生成功了。最后通过视频学习，基本上学生都实现了归方，营造了一个生生互动的生态课堂。根据学生自身的学习能力来决定学习进程。当学生遇到困难时，要帮助他们形成坚韧的学习态度。坚韧的学习态度是具有审辨式思维的人的一般人格。

三、回归拓展，辩说提升

师：体积可以帮助我们实现归方，以及解决数学问题。想挑战一下相关练习吗？（见图3－132）

用棱长为1厘米的小正方体拼成下列图形，请说出每个图形的体积。

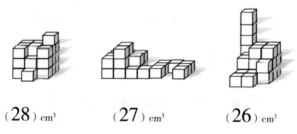

（28）cm³　　　（27）cm³　　　（26）cm³

图3－132　三个图形的体积

设计意图：本组题目对于就算是没有学过本节课的学生也不是问题，学过本节课的学生只是在寻求结果的过程中，内在的想象有了依托，空间观念的发展又多了一个抓手。比如第二题，有的学生就会想到把多余的部分看成"绿可"的腿，进行翻转，把自己的操作经验应用到解题当中。其他学生在看到的同时，也会纷纷效仿，所以解答第三题就是要打破思维定式，经验是可以借鉴的，但往往也是不可靠的，因为世界是在不断变化的。

四、总结反思，感悟延伸

师：本节课你有什么收获或感想？

生1：我学会了百变正方体的归方方法。

生2：这节课很有趣。

生3：我想到了自己平时做的题，以前我做题都是拿起来就做，也不分析，所以往往很容易出错。应该先观察、再思考、后做题。

总结：同学们的收获很大，总结得各有侧重，就像刚才那位同学所说的，其实归方的策略就是我们解决问题的一般策略。先分析思考，再下笔解答就可以有效地解决问题。

设计意图：引导学生反思总结，能让他们把归方策略迁移到解题策略，这正是本节课的意义所在。最后引导学生在课后进行多头位归方策略的探究，让课堂继续延伸，发展思维的广阔性和深刻性，让学生体会用多种方式探究疑难问题，从而全方位提高学习能力。

五、板书设计

百变正方体

正方体的体积=棱长×棱长×棱长

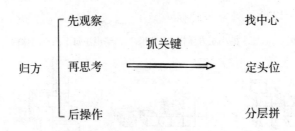

图 3 - 133   "百变正方体"板书

教学反思：

"百变正方体"是一款经典的策略性游戏，它规则简单，通过游戏教学能够培养学生的观察能力，能够有效培养学生的多向思维能力和集中注意力的能力，去探究其中的规律，更能够培养学生手脑并用、协调运作的能力和"胜不骄，败不馁"的良好品质。

学生对魔方有一些学习基础，对正方体的布局以及变化有一定的经验积累，也接触过"华容道"这款游戏，对策略性游戏有一定的感知积累和解决问题的经验，但是对于"百变正方体"这款游戏学生没有接触过。

本教学设计以益智具"绿可"为载体进行百变正方体的研究。基于学生已有认知，借助环环相扣的问题串，看似不经意，实则都是精心为之。正方体归方的关键是头位的分析和确定，通过学生观察，发现头位占了半格，是不符合正方体归方要求的。在学生尝试的基础上，通过一组判断题让学生进一步分辨，理解定好头位的重要性。本节课引导学生获取、处理、转换信息，通过凭证据说话、合乎逻辑地论证观点、反省自身的问题、对异见保持包容等，引导学生结合所学的数学知识进行合理地推测，解决归方策略，回归数学课堂内容，应用知识。

最后进行反思，对策略进行一般性推广。因为我们的目的不是要灌输知识，也不是要告诉他们某个正确答案。创造者、发明者和领导者不可能靠背诵和记忆别人的答案来创造、发明和领导。本节课以学生为本，以问引路，引导学生大胆猜想，在判断辩论中明理，在操作验证中感悟，从而培养学生的审辨思维。

审辨思维让生活更美丽：《蝴蝶结》

引导者：工作室成员　顾梦阳

参与审辨对象：五年级学生

审辨目标：

1. 让学生经历"观察—拆解—还原—概括"的环节，感受绳结的神奇和趣味性。

2. 通过对蝴蝶结的拆解和还原，培养学生的空间想象能力，提高学生的创新思维。

3. 在经历一系列的绳结操作后，进一步体会益智器具与数学的密切联系，从而提高学生的学习兴趣。

审辨重点：

在拆解还原的实践中，培养学生的动手能力、观察能力及创新精神。

审辨难点：

在拆解、还原、观察过程中培养学生的数学思维品质。

审辨流程：

一、发现问题

通过图片的形式让学生去观察，然后找出系蝴蝶结的顺序。在学生已经可以初步找出顺序后，带领他们去实际操作一次系蝴蝶结的每一个步骤。操作过后再次让学生去观察——最后系出的蝴蝶结有什么不同，学生能轻而易举地发现：两个蝴蝶结的带子长度不同。

二、解决问题

顾老师把探寻"带子长度不同"因素的这个环节设计成闯关游戏，调动学生求胜的欲望，力争把课程推向高潮。让学生回忆刚才系蝴蝶结的步骤，去猜测影响带子长短的因素，然后通过反复地拆解和还原去验证学生的假设。在这个环节之后总结出需要注意的几点，让学生再次制作一个完美的蝴蝶结。

第一步：先打一个活结（要注意正反面）。

第二步：把丝巾的一边抓出蝴蝶翅膀。

第三步：把翅膀沿着活结移到另一侧。

第四步：另一条边从上到下绕一圈。

第五步：把绕过圈的那条边从圈里拉出形成另一个翅膀。

第六步：调整大小，制作完成。

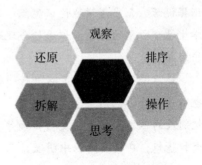

图 3 –134　系蝴蝶结的流程

三、反思拓展

整个环节就是让学生在练习中观察，在观察中探索，在探索中找答案。总而言之就是让学生动起来、说起来、脑筋转起来。

"结"在我们日常生活中是不可缺少的，如：蝴蝶结、红领巾、鞋带、包装等。有的结注重的是保暖、有的结注重的是美观，可见，结既实用又美观，小绳结里也蕴藏着大奥秘，而且还是一门艺术。你还知道哪些结呢？（消防结、旗袍上的结、中华结……）原来生活中还有这么多神奇的结，那么下节课我们就一起学习中华结。

教学反思：

《美丽的蝴蝶结》这一课是义乌复旦实验学校研讨的"六巧"益智器具子课题"千千结里数学奥秘探寻与应用"的教学内容之一。这节课充分体现了"活起来的思维，靓起来的文化"。

一是源于生本需求，提升校园品位。我国是礼仪之邦。但是目前很多学生会弹一手美妙的钢琴，却不会系鞋带，不会系红领巾。教学生打结是让学生学会打扮自己的主要途径之一。

二是探寻系结奥秘，激活学生思维。老师精心设计，引导学生用数学的思维去观察分析、判断选择、尝试猜测、归纳概括、变式创新，提升学生的高阶思维能力。

三是研习中华绳结，传承非遗文化。著名的英国数学家康威说："绳结问题，本质上就是数学问题。"绳结和数学上的拓扑学及群论有关系。从小培养学生对绳结的兴趣，有利于激发学生对蝴蝶结、中华结、旗袍结等非遗文化的传承欲望。

《美丽的蝴蝶结》这节课就是在"结"的基础上，让学生经历"观察—拆解—还原—总结"的一系列过程，感受绳结在日常生活中的重要性，在拆解、还原不同编法的蝴蝶结后培养学生的空间想象力。从而将丝带、丝巾、围巾等进行运用，实现数学与生活相结合这一目标。

数学是一门多元化的学科，对学生综合能力的培养至关重要。选择这个生活中常见的数学绳结益智器具，能够让学生在生活中学习，再通过学习将知识运用到生活中去。从身边常见的事物入手，感受数学和生活的密切联系，让学生在"观察—拆解—还原—概括"的过程中不知不觉地走进益智课堂，爱上数学，并且要在活动中培养学生专心做事、独立解决问题的能力。

审辨思维让生活更优雅：《琵琶结》

引导者： 工作室成员　俞佩华

参与审辨对象： 四年级学生

审辨目标：

1. 了解琵琶结的概念、特点、寓意及种类，掌握琵琶结的编法步骤。

2. 在制作琵琶结的过程中培养学生的多维审辨和空间思维能力。

3. 联系生活实际，掌握琵琶结在生活中的妙用。

审辨重点：

琵琶结的编法。

审辨难点：

用数学眼光看待琵琶结。

审辨过程：

一、审辨式思维教学要求"不懈追问"

现在的学生多数受到"真理—谬误"学习方式的影响，对很多命题都是"想当然"。其实引导学生提出质疑，"不懈追问"，会发现许多问题都有待审辨。对各种可能的答案进行质疑，帮助学生养成不轻易相信"正确答案"的习惯，那么学生的审辨式思维就会得到发展，创造力就会受到保护。

益智审辨课《琵琶结》中的课前导入"不懈追问"设计如下：

师：同学们，2019 年是祖国华诞 70 周年，举国欢庆，到处张灯结彩，用了各种绳结装饰庆典。你认识的绳结有哪些？

生：单结、平结、蝴蝶结、团锦结、中华结……

师：同学们真是善于联系生活。是啊，其实这些结和数学也息息相关。今天我们就来学习"琵琶结"，一起来探索它有什么数学奥秘？

追问1：看到这个题目，你有什么疑问吗？

生1：什么是琵琶结？

生2：琵琶结是什么样儿？有什么特点呢？

生3：为什么叫琵琶结？

生4：琵琶结里藏着什么数学奥秘？

……

师：（讲解概念特点）琵琶结是中国传统手工编织工艺品，属于中国结的一种。因为形状像古乐器琵琶（图3－135）而得名。

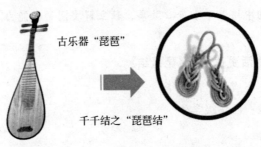

古乐器"琵琶"

千千结之"琵琶结"

图3－135　琵琶与"琵琶结"

追问2：对琵琶结有了基本的认识，生活中，你在哪里见过琵琶结？

生1：衣服装饰纽扣。

生2：耳环装饰。

生3：手链装饰挂件。

……

设计意图：引导学生先审"题"（标题），提出问题——"对琵琶结有什么疑问？"激发学生兴趣，让学生不是想当然地接受式地学习知识内容，而是独立审"题"，自己主动寻找学习的目标。利用追问式引导——"在哪里见过？"自然而然地开展新课。对内容不懈思考，不懈追问，拓宽思想内容维度。这其实也是培养学生审辨思维的起始点。

二、审辨式思维教学要求"双向质疑"

"不懈追问"的对象不仅包括他人的看法，而且也包括自己的看法，这就是审辨式思维所倡导的"双向质疑"。

基于"双向质疑"，学生会对新的事实、新的观点、新的视角保持开放的心态，持续地调整和完善自己的想法。

只有基于"双向质疑"，才能对他人不懈追问、不懈质疑，也对自己不懈追问、不懈质疑，才能发展审辩式思维，才能成为真正的创新型人才。

在探寻琵琶结数学奥秘过程中，巧设"双向质疑"如下。

师：生活中运用琵琶结的例子处处可见。你能用数学的眼光，说一说琵琶结的特点吗？

生1：形状像一个数字"8"。

生2：交叉的上下两个图案，是两个半圆。

生3：整个绳结的编法一直在"重复"。

生4：琵琶结关于中间连线"轴对称"。

追问：对于这几位同学的发现，你有其他看法吗？

生5：我认为生2的说法不严谨，看着有曲线半圆状，但不能说是半圆，而且半圆在中间处没有交叉点，只是一条曲线。

生6：生3说的"重复"规律，在开始几圈有体现，但在最后一圈却没有。

生7：对于生6的"轴对称"，我非常赞同。但是要在制作工整紧凑的琵琶结上，才能体现这一特点。

师：同学们不但提出了自己的想法，还能善于思辨和互相辩说。

设计意图：经过生生辩说，引导学生进行双向质疑——"用数学眼光看待琵琶结，发现有什么数学奥秘？""你还有其他看法吗？""你觉得对吗？"，放手让学生做审辨的主角。不能仅凭直观印象来判断，还需要联系数学理论实际来准确辨识，勇于提出自己的见解。同时，要鼓励学生用数学眼光看待实物，要透过现象看本质，用词表达需严谨。那么在数学知识求解中，也不能忽略知识细节，特别是关键词的知识概念。

三、审辨式思维教学要求"凭证据说话"

审辨式思维教学倡导"凭证据说话"，而非"凭权威说话"。学生在论述自己的观点的时候要提供有力的论证证据，而不是死守教科书的"唯一标准"，只有这样才能发展成为创新型人才。

在探索琵琶结数学奥秘中，编法教学中呈现如下。

师：咱们认识了琵琶结的特点，那么它在编法中是怎么呈现的呢？独立动手操作，看着示意图试一试。

生：看似简单，动手却不容易。

（教师展示学生的第一次完成的作品，各种式样，但是几乎没有人成功完成）

师：观察示意图，对编法你有什么不解之处？拿出笔，圈一圈关键词，说一说你的理解。

生1：对折、十字交叉点、关键点、叠压、重复等。

生2：关键点是 U 型头左下角未知位置；长线尾要逆时针绕过 U 型头。

师：经过圈出关键词进行理解，观看微课边学边做，第二次制作琵琶结。

（展示学生作品，大半学生成功完成。）

师追问：你觉得在制作中，哪几个步骤特别难操作？容易出错？

生：长线尾一定要逆时针方向叠压在圈的内侧。

生：最后一圈要从前到后穿到最中间的小孔。

设计意图：经过编法学习、关键要点讲解，引导学生重复观看步骤，圈出关键词，"倒 U 型线""逆时针方向""重复""内侧叠压""从前往后"等突出"证据要点"，从原本"证据"出发，由"根"生"芽"，寻找易错审辨点，多次反复练习。在成功作品中引导学生观察优缺点，树立学习榜样，以"优"带"差"。

此外，笔者还进行了"微练习"审辨，让学生深刻体验"用证据说话"。

【微练习】判断下面哪种头位是正确的，对的打√。

(1)

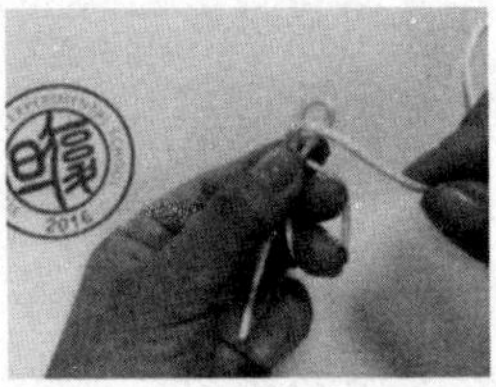

(   )   (√)

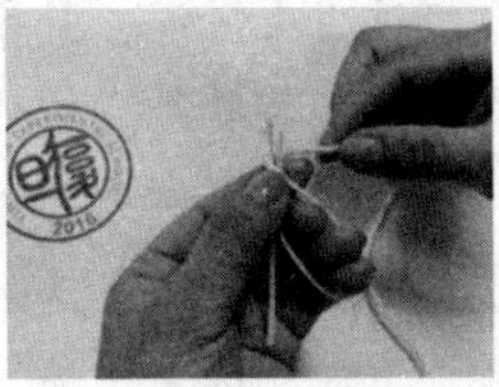

(2)

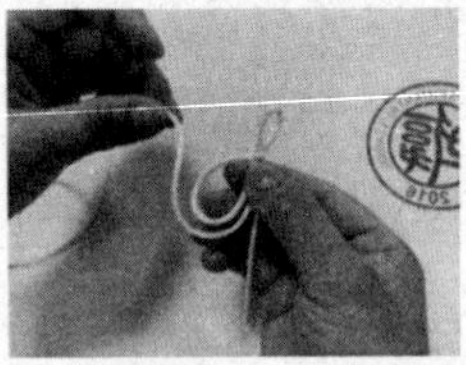

(   )   (√)

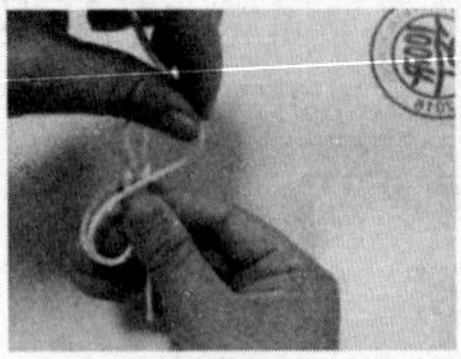

图 3-136　琵琶结微练习

让学生在对比练习中学会辨识，重新回到示意编法中寻找"证据"，而不是空想。第 (1) 题看编法中的步骤二和三，要求"顺时针方向绕过 U 型头"，方能形成正确的上小下大圈，得到正解。第 (2) 题引导学生善思明辨，着眼编法中的步骤四和五，关键是"从内侧叠压在第一圈"，反复绕圈。利用理论和实践经验得到正解。指尖上的益智如此，延伸到数学学习亦是如此。数学在指尖"跃"动，思维在心中自然"活"起来，寻找证据，加之实践思考，方能得解。

综上，笔者在这节益智琵琶结的课例中通过观察、发现、实践、展示几个环节，巧妙创新，充分展示了"巧解"模块蕴含的数学奥秘。

预设的思维目标有这样几点：

1. 引导学生仔细观察，冷静分析，在复杂结构中寻找关键性突破点，利用结构相似形如琵琶，发现规律和解决问题的策略，培养学生的迁移审辨意识。

2. 引导学生在编结的过程中，通过穿、套、拉、钻及翻转等一系列动作，学会去除冗杂思维和破除思维定式，体会对思维的梳理和精简，训练逆向思维。

3. 引导学生在反复试错的过程中，学会有意识、有根据地发现并筛除无效的动作和思路，提高思维的审辨性、灵活性和敏捷性。

其中，呈现的思维要点以数据雷达图来表示（图3-137，图3-138）。从思维品质侧重点来看，全方面发展审辨性、灵活性、深刻性、独特性、敏捷性；从思维能力训练点来看，多方面培养发散思维、逆向思维、创新思维、正向思维和聚合思维。以此为基础，培养和发展审辨式思维。

图3-137 思维品质侧重点　　图3-138 思维能力训练点

数学的学习不仅仅是对数学知识的简单掌握，更重要的是在学习的过程中感受数学与生活的联系，发展数学中思考问题、解决问题的思维，提升数学意识。由此，作为人才的第一生产力，教师在教学中重视思维的培养显得尤为重要，而审辨式思维的培养是重中之重。

教学反思：

小学阶段是学生思维高速发展的时期。因此在审辨式思维教学中，我们需要做到以下几点。

一、提供思考空间，由"教"转"帮"

审辨式思维教学的首要任务是"审"，在实际教学中，多数老师将"审"简单地理解为"看题""读题"，实则不然。"审"不仅限于此，更包含了主观理解、独立思考的过程。前文提到，审辨式思维教学要求"不懈追问"，而"追问"的前提就是学生对题目有自己的理解和思考，才能有意义地追问。因此，在教学上，要转变"教师教"的教学模式，注重给学生提供足够的思考空间，教师要做的是协助学生进行理解和思考。

二、创设质疑情境，由"答"转"问"

审辨式思维教学要求"双向质疑"，综观现在的教学实际，少有看到学生主动质疑的现象，更多的是教师提问，学生如同背答案般回答，这不是把学生教育得"优秀"了，而是教学上的"失败"。有思考才有质疑，质疑往往是学生认真思考最直接的表征。教学上，教师应努力创设便于学生质疑的情境，让学生在学习的过程中不断产生质疑，推动对问题的深层思考，把被动的"答"变成主动的"问"。

三、鼓励有理有据，由"猜"转"论"

"猜想—验证—总结"是数学教学中常见的教学模式，而这种教学模式也正是审辨式思维教学所提倡的一种重要教学模式，只是与以往的模式有所不同。审辨式思维教学不仅仅要在这种模式下设计教学环节和情境，更要在教学中传达这种观念——凭证据说话。数学是一门严谨的学科，我们要做到"有理有据"，用证据支撑自己的观点，这种观点没有对错之分，但是要有足够的事实依据，把常说的"我猜""我想"变为"根据……因此我认为……"。

审辨式思维教学不仅是社会的需要，也是学生向优质人才发展的需要。我国的审辨式思维教学研究起步较晚，还不够广泛，还有许多值得深入探讨的方向，作为一线教师，要理论与实际相结合，在教学中不断实践新的理论，给新时代的教学研究注入新鲜血液。本节课对审辨式思维教学的研究比较浅显，也存在很多不足，谨希望能给同在一线的教师提供一些教学参考。

审辨思维让视野更宽广：《索玛方块》

引导者：工作室成员　陈薪宝

参与审辨对象：四年级学生

审辨目标：

1. 经历用正方体拼搭立体图形的过程，加深对立体图形（长方体、正方体）的认识。

2. 在对立体图形分类的过程中再次体会分类的方法，认识索玛方块的组成。

3. 在活动中激发学习兴趣，积累拼立体图形的经验，发展空间观念。

审辨重点：

加深对立体图形及分类的认识，认识索玛方块的组成。

审辨难点：

认识索玛方块的组成，发展空间观念。

教材分析：

本课时的教学是在学生已经基本掌握立方体特征的基础上进行的，主要是让学生在拼、搭的活动中认识索玛方块的各组件，加深对立体图形特征的认识与理解。教材先安排学生用 2 块相同的正方体拼出各种各样的组合图形，再让学生以小组合作的方式用三、四块正方体拼搭出形状各异的组合图形，其目的有两个，一是让学生在拼搭的活动中进一步认识立体图形的特征；二是在"小组合作"的活动中，让学生经历解决问题的完整过程，有目的、有计划地培养学生的审题能力，让学生获得分析问题、思考问题、解决问题的基本方法。

学情分析：

"索玛方块"也被称为立体七巧板，是我国的一种古老的智力道具，后来传到欧洲，在北欧国家相当流行。它是一款经典的策略性道具，操作简单，但对学生来说是陌生的，因此本节课的主要目标是利用立体图形的知识和搭建过程让学生认识索玛方块各组件。在学生自我创造、突破极限的过程中，开发学生的智力、想象力，提升他们的心理素质、注意力、创造新思维和综合分析的能力。

审辨点分析：

1. 学生在拼搭的过程中列举了所有情况，具体包括以线相连与以面相连，而以面相连是本节课的关键。

2. 认识 5 号索玛方块和 6 号索玛方块图 3 – 140 是这节课的一个难点，这两个形状在平面上的投影是对称的，但它们在立体空间却无法重合，学生比较难以分辨这两种形状的异同，因此在教学的过程中先安排学生区分这两种形状的相同点和不同点，借用手指区分："左手棒"是 5 号索玛方块、"右手棒"是 6 号索玛方块，将知识的难点与学生的认知建立联系，让学生可以从多角度去思考并解决问题。

审辨过程：

一、拼搭立体图形

（一）27 块小正方体拼搭大立方体

1. 知识回顾

师：（出示课件）请同学们观察这是什么图形？（正方体）

师：正方体有什么特征？

（8 个顶点，6 个面，12 条棱，每个面大小相等，12 条棱长度相等）

师：看来同学们的知识掌握得非常好，这节课我们就用这些正方体来拼一拼，玩一玩。

2. 拼搭立方体

师：今天老师给大家带来了几块这样的小正方体，我先将它们摆一摆，每行 3 块，每层摆 3 行，总共摆 3 层。（观看大正方体形成动画）现在摆成了一个什么图形？（一个大正方体）

师：你们知道这块大正方体里面有多少块小正方体吗？（27 块）你是怎么想的？（$3 \times 3 \times 3 = 27$）

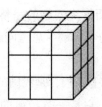

图 3 - 139　含 27 块小正方体的大正方体

（二）两块拼搭

1. 用两块正方体拼搭

（1）有这样的两块正方体，你们能拼成什么形状？谁来试试？

（2）学生汇报。

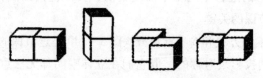

图 3 - 140　两块小正方体的拼搭方法

①能拼成长方体。

②上面两种形状其实是一种形状，只是摆放的形式不同。

③说明：什么是以面相连？

　　　　只要是其中一块转动后与另一块一样，就说明它们是一种形状。

（三）三、四块拼搭

1. 如果有这样的三至四块正方体，以面相连，可以拼成什么形状？同学们想不想试着拼一拼呢？接下来，老师把这个重任交给同学们，两人一个小组，分别拼出含有三块小正方体的形状和四块小正方体的形状，并且画出来。

（1）出示活动要求

①依次拼搭三块正方体学具与四块正方体学具，并把相关图形画在学习卡上，一个图形一张学习卡。

②一个同学拼，一个同学画（草图即可），做好明确分工。

③计时9分钟。

（2）教师慢速读出活动要求

大家都听清楚了吗？开始操作，限时9分钟。

（教师在实验过程中随机收集几位学生的学习卡）

3. 分享交流，梳理归纳

请几组同学依次拿学具上台分享自己的经验。

（1）三块拼搭

【预设】可以拼成以下三种形状。

图 3 - 141　三块拼搭

（2）四块拼搭

【预设】可以拼成以下八种形状。

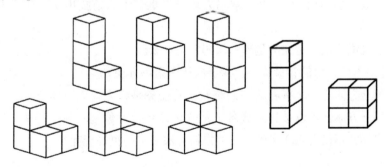

图 3 - 142　四块拼搭

二、图形分类

（一）同桌分类

我们用4块以内（不超过4块）的正方体，以面相连，一共拼出了12种形状，你们能把这12种形状分分类吗？（出示课件，请同学上台作答）

（二）汇报交流

预设：按照正方体的数量分类（1块、2块、3块、4块）。

按层数分。

按照形状分（规则与不规则）。

小结：可分为长方体、正方体和其他三类。其中长方体和正方体是规则形状，其他的是不规则形状。

三、认识索玛方块的组成

刚才我们用4块以内的正方体，以面相连，拼出了7种不规则形状。这7种形状组合起来，就是一种让人百玩不厌的立体拼装玩具，叫"索玛方块"。

老师给这7种形状进行了编号。（图3－143）

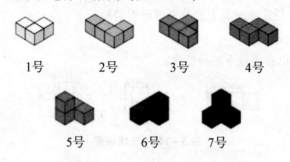

1号　　　2号　　　3号　　　4号

5号　　　6号　　　7号

图3－143　索码方块的序号

（提供教具）把你盒子里的索玛方块倒在桌子上，请找出1号至7号索玛方块。

你能说说你最先记住的是哪一块吗？为什么？

（介绍索玛方块的背景资料，深层次认识索玛方块）

索玛立体是一个有名的装嵌游戏，其任务是将七块立方体拼成一块正方体。索玛立体还可以被拼组成各式的立体图形，就像是立体七巧板。索玛方块玩法多样，不仅有480多种立方体拼搭方法是不是很好玩呢？

四、板书设计

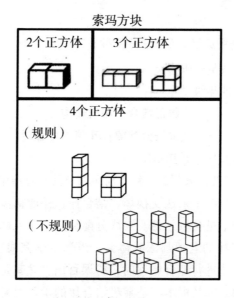

图 3 – 144　"索码方块"板书

教学反思：

本节课是在学生学习了长方体和正方体的特征及体积的基础上展开教学的，它对学生图形认识和空间观念的发展起到很好的推动作用。特别是对于那些空间观念薄弱的学生来说，本节课的学习虽有一定的难度，但也能将其化难为易。这一课时注重做到以下几点：

（1）根据学生已有的知识和经验，先让学生说说关于正方体已经了解了哪些知识。然后根据学生的回答组织教学。

（2）给学生更多的时间与空间动手操作，让学生通过看一看、拼一拼认识索码方块各块的组成和特征，并且学会给它们分类与编码。

（3）4 块小正方体以面相连拼搭是这节课的核心，学生在拼搭的过程中穷举了所有情况，初步经历用完全归纳法解决问题的过程。其中认识 5 号索码方块和 6 号索码方块是这节课的一个难点，这两个形状在平面上的投影是对称的，但它们在立体空间却无法重合，学生难以分辨这两种形状的异同，因此在教学的过程中先安排学生区分这两种形状的相同点和不同点，培养学生空间观察的能力，建立学生的空间观念，将知识的难点与学生的认知建立联系，让学生可以从多角度去思考并解决问题。

本节课使学生充分发挥了他们的自主性、积极性，为他们提供了一个生动、富有个性的知识构建过程。

审辨思维让视野更深远：《乘法分配律》

引导者：工作室成员　朱志英

参与审辨对象：四年级学生

数形结合，深层建构

——《乘法分配律》审辨教学设计

目标定位：深研教材，紧扣本质

《乘法分配律》是北师大版四年级上册第四单元运算律中的教学内容。本节课是在学生已经学习掌握了乘法交换律、结合律，并能初步应用这些定律进行一些简便计算的基础上进行教学的。乘法分配律是本单元的教学重点，也是难点。教过乘法运算定律的老师都深有体会，当学生学完乘法交换律、结合律、分配律这三个运算定律进行综合练习时，错误百出，尤其是经常混淆使用乘法结合律和乘法分配律。究其根本，是乘法结合律的学习对乘法分配律的学习产生了"负迁移"，学生对于乘法分配律的算理没有理解透彻，大多数时候仅仅停留在分配律的"形"——表面上，并没有深刻理解分配律的"质"——"分配"的含义。

因此，在教学乘法分配律时，应注重对乘法分配律本质的把握，引导学生从把握分配律的"形"深入到理解分配律的"质"，实现学生对乘法分配律内涵的真正把握。鉴于以上思考，我将本节课的教学目标确定为：

经历发现、猜想、验证乘法分配律的过程，理解并掌握乘法分配律的内涵、本质。

体会用字母式表示乘法分配律的严谨与简洁，增强用符号表达数学规律的意识。

感受"由特殊到一般，再由一般到特殊"的认识事物的方法，增强主动探索、得出结论的学习意识。

教学过程：数形结合，深层建构。

一、前置学习，展示交流

1. 同学们，课前我们完成了 3 组计算练习题（题目如下），并在此基础上进行了观察，你们有了怎样的发现？（板书：发现）

①$4 \times 27 + 6 \times 27$　　$(4 + 6) \times 27$

②$126 \times 4 + 74 \times 4$　　$(126 + 74) \times 4$

③$300 \times 45 + 8 \times 45$　　$(300 + 8) \times 45$

2. 小组汇报展示：

预设：①每组的两个算式都相等。

②每组的两个算式都有相同的乘数。

③右边算式中括号内的两个加数正好就是左边算式中除了相同乘数之外的两个数。

二、数形结合，深层建构

（一）初步感知，提出猜想

1. 同学们，根据课前的发现，你们有了怎样的猜想？（板书：猜想）

（若学生只能用自己的语言表述猜想，则及时给予肯定，并进一步提出要求：用字母式子来表示猜想）

$$a \times c + b \times c = (a + b) \times c$$

2. 同学们，你明白这个字母式子的意思吗？这个式子中的 a、b、c 三个字母分别相当于这些算式（手指着课前练习的 3 组计算题）中的哪些数呢？谁能解释一下？（根据学生的发言，一一进行对应）

（二）数形结合，验证猜想

1. 引入。

同学们可真了不起！不仅能根据发现说清楚自己的猜想，还能用字母式子来表示自己的猜想，简洁明了，具有当数学家的潜质。那么，我们的猜想是否成立呢？接下来，我们需要做什么呢？（板书：验证）

2. 学生分组讨论，寻求验证的方法，并进行验证。

3. 全班汇报交流，教师有意识地按以下顺序引导学生进行展示：

方法一：计算举例验证

比如：$9 \times 8 + 7 \times 8 = 128$　$(9 + 7) \times 8 = 128$　$9 \times 8 + 7 \times 8 = (9 + 7) \times 8$

$35 \times 3 + 45 \times 3 = 240$　$(35 + 45) \times 3 = 240$　$35 \times 3 + 45 \times 3 = (35 + 45) \times 3$

……

用这种方法进行验证的同学，你们的式子有没有出现左右两边不相等的情况？

方法二：现实原型验证

比如：一件上衣 138 元，一条裤子 62 元，买两套这样的衣服共需要多少元？

$138 \times 2 + 62 \times 2$　　　　　$(138 + 62) \times 2$

$= 276 + 124$　　　　　　　　$= 200 \times 2$

$= 400$（元）　　　　　　　　$= 400$（元）

不管是先分别算出两件上衣、两条裤子的钱，再算出总的钱数，还是先算出一套衣服的钱，再算出总的钱数，得到的结果都是一样的。

方法三：矩阵模型验证

模型图见图3-145。

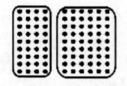

图3-145 矩阵模型验证

$4 \times 9 + 6 \times 9 = (4+6) \times 9$

4个9+6个9=10个9

方法四：面积模型验证

面积模型图见图3-146、图3-147。

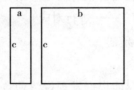

图3-146 面积模型1

两个长方形的面积之和可以这样算：$a \times c + b \times c$。

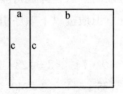

图3-147 面积模型2

也可以先把两个长方形拼成一个大长方形，再计算面积：$(a+b) \times c$。

两种方法算的都是相同的两个长方形的面积之和，所以 $a \times c + b \times c = (a+b) \times c$。

思考1：字母式子 $a \times c + b \times c = (a+b) \times c$ 和长方形的面积是如何联系起来的？谁能来解释一下？

思考2：这里的a、b、c三个字母分别可以表示几？（除了0以外的任何数都可以）

小结：这个小组的同学采用数形结合的方法，巧妙地利用长方形的面积进一步验证了我们的猜想。通过他们的验证，我们发现，这里的 a、b、c 三个字母可以是除了 0 以外的任何数，从而可以得出，我们的猜想是正确的。

4. 巧用面积模型，进一步理解乘法分配律。

咱们借用这里的长方形，反过来思考，这个大长方形的面积可以用整条长乘以宽来计算：$(a+b) \times c$，也可以用两个小长方形的面积之和来计算：$a \times c + b \times c$，因此 $(a+b) \times c = a \times c + b \times c$，这也就是我们今天所学习的乘法分配律。

（三）学以致用，深层建构

1. 化静为动，促进理解

说到长方形，今天朱老师也给大家带来了一个长方形（出示长方形，如图 3 –148a 所示），长是 5 厘米，宽是 3 厘米。现在老师想要把它拼成一个更大的长方形，可以选择这三个中的哪一个呢（图 3 –148b、c、d）？请你先想一想，再用信封中的学具动手拼一拼，并计算出拼成的大长方形的面积。

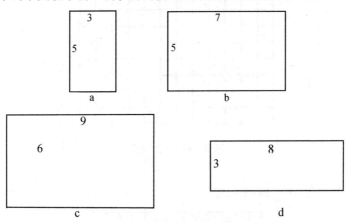

图 3 –148 思考题示意图（单位：厘米）

2. 反馈交流，深层建构

（1）谁愿意和大家分享一下你的学习成果？

学生可能会选第 1 个：$5 \times 3 + 7 \times 5 = 50$（厘米）或 $(3+7) \times 5 = 50$（厘米）；

也可能会选第 3 个：$5 \times 3 + 8 \times 3 = 39$（厘米）或 $(5+8) \times 3 = 39$（厘米）。

（2）为什么不选第 2 个？你能想办法把第 2 个长方形变一变，使它也能和所给的长方形拼成一个更大的长方形吗？（把长为 9 厘米变成 3 厘米或者 5 厘米，也可以把宽为 6 厘米变成 3 厘米或者 5 厘米）

（3）通过刚才的练习，你认为怎样的两个长方形才能拼成一个更大的长方形？（只有具有相同边的两个长方形才能拼成一个更大的长方形）

（4）数形结合，深层建构：回到我们的算式当中，也就是具有相同乘数的时候，才能把两个乘法式子合并起来，先算出不相同的两个乘数的和，也就相当于图中大长方形的长，再算出它们的积，也就是图中大长方形的面积。

三、拓展提升，回归本质

（一）由数到形，提升思维

利用长方形的面积，我们验证了乘法分配律，那么，你能想象出算式为 $(4+6) \times 6 = 4 \times 6 + 6 \times 6$ 的大长方形是由两个怎样的长方形拼成的吗？请把你想到的图形画在下面的方格中（每个小方格的边长为 1 厘米）。

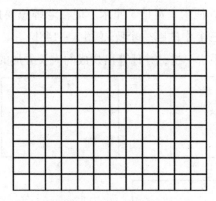

图 3 - 149　方格图

（二）反馈交流，回归本质

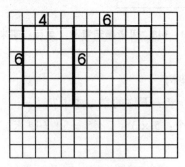

图 3 - 150　思考题参考答案

引导学生回归到乘法分配律的本质：$(4+6) \times 6$ 就是 $(4+6)$ 个 6，结合图

3－150可知，也就是4个6＋6个6。

设计意图：教学中倡导"以生为本""先学后教"的理念，注重学生已有的知识经验，利用课堂生成顺学而导，努力培养学生"敢想""敢说""敢争""敢辨"的良好学习品质。

四、板书设计

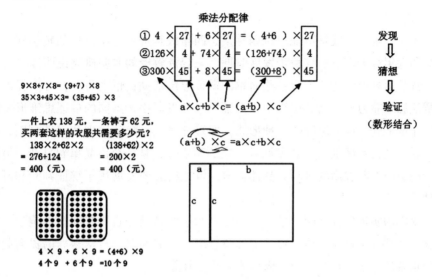

图3－151 "乘法分配律"板书

乘法分配律是我们今天学习的新知识，这一知识看似陌生，其实不然，它早就悄悄地来到了我们的学习当中。课后，请同学们回顾以前所学的知识，看看哪些知识里面藏有乘法分配律的影子，下节课我们一起来交流。

第四章

我的儿童数学评价观——审辨中提升学力

小学一至三年级是辩证思维萌芽期，四年级是辩证思维发展的转折期，五年级和六年级为辩证思维稳步发展时期。朱智贤教授的实验研究说明四年级学生在数学运算中已能够进行一些简单的辩证思维活动；也说明教育可以促进儿童辩证思维能力的提高。在小学生辩证思维的发展中，不同的辩证思维形式的发展速度不同。辩证思维的三种形式，即辩证概念、辩证推理和辩证判断，是相互联系又相互区别的，其发展有一定的顺序性，是一个由简单到复杂，由低级到高级的不断提高的过程。具体而言，辩证概念的发展优于辩证判断和辩证推理。

中学的实证研究证明：量化推理能力水平的高低会直接或间接影响学生的数学、物理等学科的成绩，对学生理科思维的发展和自然科学素养的提高起到十分重要的作用，与数学学科成绩的关系更为密切。

而小学数学教材中没有系统化的量化推理课程，若干推理课以分散形式隐藏于各册之中。笔者及团队基于"因材施教，按需自学，适性发展"的教学理念，研发并应用了系统化、科学化的量化推理云课程，强化了小学生的推理意识与能力，有意识地锻炼了学生的量化思维能力，有效地提高了学生的自学力和学习力，从而提高了他们的数学成绩。

我们编制好 A、B 两张试卷后，在外省选一个班或几个班，周一测 A 卷，周二测 B 卷。我们假设这个班的水平在两天之中没有变化。两次测试之间平均分的差距，就是试卷难度的差距。据此，我们可以在两份试卷之间建立起可比性。之后，将两份试卷用于实验学校，学期开始时测 A 卷，学期结束时测 B 卷。这样，就可以测试出学生量化推理能力的进步情况。

学习测试的结构如图 4-1 所示。

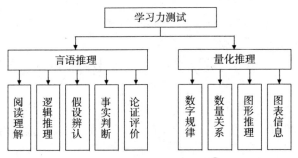

图4-1 学习测试的结构①

第一节 数字规律推理检测题

四年级A组：

1. 按规律填数 （ ）

21	3	6
63	9	?
189	27	54

A. 27　　　　　　B. 8　　　　　　C. 21　　　　　　D. 18

2. 共有1991个数：1，9，9，1，4，1，4，1，9，9，1，4，1，4，1，9，9，1，4，……其中共有多少个1，多少个9，多少个4？（ ）

A. 288个1；285个9；284个4　　　　B. 853个1；570个9；568个4

C. 285个1；286个9；284个4　　　　D. 852个1；568个9；568个4

3. 按规律填一填：□，1，△，4，□，9，△，（ ），（ ），25，……

A. □　14　　　B. 16　□　　　C. 16　△　　　D. △　14

4. 按规律填数 （ ）

① 杨志明，朱建宏，程惠云. 基于题目参数等值的学习力成长性评价 ［J］. 教育测量与评价，2019（7）：3 - 9，53.

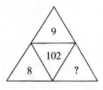

A. 6　　　　　　　B. 7　　　　　　　C. 8　　　　　　　D. 9

5. 按规律填数：1，9，2，8，3，7，（　），6，5，5。括号内应填（　）

A. 3　　　　　　　B. 4　　　　　　　C. 5　　　　　　　D. 6

四年级 B 组：

1. 下面前三个长方形方框中，数的排列有规律也有联系，按此规律，A =（　　），B =（　　），C =（　　）

9 1	20 2	35 3	A 4
2 3	3 4	4 5	B C

A. A =（　9　），B =（　2　），C =（　1　）

B. A =（　35　），B =（　4　），C =（　3　）

C. A =（　20　），B =（　3　），C =（　2　）

D. A =（　54　），B =（　5　），C =（　6　）

2. 1，2，4，4，5，8，9，16，（　　），（　　）

A. 14 32　　　　B. 45 32　　　　C. 17 25　　　　D. 13 25

3. 仔细观察下边的数：当 N = 100 时 S =（　　）

N	1	2	3	4……
S	1	1 + 3	1 + 3 + 5	1 + 3 + 5 + 7 ……

A. 1000　　　　B. 10　　　　C. 100　　　　D. 10000

4. 填在下面各正方形中的四个数之间都有相同的规律，根据规律可得 m 的值是（　　）

2	6
4	26

A. 86　　　　　B. 74　　　　　C. 42　　　　　D. 76

5. 按规律填数：4，10，22，46，（　　）

A. 92　　　　　B. 93　　　　　C. 94　　　　　D. 95

五年级 A 组：

1. 在数列 2，4，6，8……中，第 n 个数是（　　　）

A. 2n　　　　　　　B. n + 1　　　　　　C. 3n − 2　　　　　　D. 2n + 1

2. 下面括号里的两个数是按一定规律组合的，则□里填（　　　）

（8，16）　　　　　（3，6）　　　　　（11，22）　　　　　（□，100）

A. 20　　　　　　　B. 30　　　　　　　C. 40　　　　　　　D. 50

3. 根据前面每组数之间的关系，想一想括号里应填什么数？

51	23
1253	

74	19
4179	

66	85
（　　　）	

A. 6685　　　　　　B. 6568　　　　　　C. 6865　　　　　　D. 6856

4. 按规律填数：2，4，16，96，768，（　　　）

A. 864　　　　　　　B. 7680　　　　　　C. 3072　　　　　　D. 9216

5. 如下图，观察下面三角形的三个顶点所标的数字规律，那么 2019 这个数在第（　　　）个三角形的（　　　）顶点处

第1个　　　第2个　　　第3个　　　第4个

A. 672　右下　　　B. 673　上　　　　C. 673　左下　　　D. 673　右下

五年级 B 组：

1. 在数列 1，4，9，16……中，第 n 个数是（　　　）

A. 2n　　　　　　　B. n^2　　　　　　C. 2n + 2　　　　　　D. 3n

2. 下面括号里的两个数是按一定规律组合的，则□里填（　　　）

（1，1）　　（4，16）　　（3，9）　　（7，□）

A. 21　　　　　　　B. 28　　　　　　　C. 35　　　　　　　D. 49

3. 下面括号里的两个数是按一定规律组合的，则□里填（　　　）

（1，42）　　（21，2）　　（6，7）　　（□，3）

A. 12　　　　　　　B. 14　　　　　　　C. 16　　　　　　　D. 18

4. 按规律填数：95，47，23，11，（　　　）

A. 6　　　　　　　　B. 7　　　　　　　　C. 5　　　　　　　　D. 8

5. 在数列 1，4，7，10，13……中，第 n 个数用式子表示为（　　　）

A. 3n − 2　　　　B. 2n + 1　　　　C. 3n + 1　　　　D. 2n + 2

六年级 A 组：

1. 下面括号里的两个数是按一定规律组合的，则□里填（　　　）

　　　　（17，16）　　（14，10）　　（13，4）　　（□，2）

A. 16　　　　B. 12　　　　C. 14　　　　D. 18

2. 下面括号里的两个数是按一定规律组合的，则□里填（　　　）

　　　　（20，13）　　（18，12）　　（10，5）　　（□，0）

A. 2　　　　B. 3　　　　C. 4　　　　D. 5

3. 按规律填数：$\frac{1}{5}$，0. 4，$\frac{3}{5}$，0. 8，（　　　）

A. 1　　　　B. $\frac{5}{5}$　　　　C. $\frac{4}{5}$　　　　D. 1. 0

4. 按规律填数：3，5，9，17，（　　　），65

A. 23　　　　B. 45　　　　C. 56　　　　D. 33

5. 加法算式 1 + 2，2 + 5，3 + 8，1 + 11，2 + 14，3 + 17……是按一定规律排列的，则第 40 个加法算式是（　　　）

A. 2 + 119　　　　B. 1 + 120　　　　C. 1 + 119　　　　D. 2 + 120

六年级 B 组：

1. 按规律填数：1，6，15，28，（　　　），66

A. 45　　　　B. 40　　　　C. 35　　　　D. 56

2. 按规律填数：$\frac{1}{2}$，$\frac{2}{5}$，$\frac{3}{10}$，$\frac{4}{17}$，（　　　），$\frac{6}{37}$

A. $\frac{5}{19}$　　　　B. $\frac{5}{20}$　　　　C. $\frac{5}{25}$　　　　D. $\frac{5}{26}$

3. 按规律填数：6，7，12，18，29，（　　　）

A. 52　　　　B. 46　　　　C. 50　　　　D. 48

4. 按规律填数：$\frac{2}{5}$，$\frac{3}{10}$，$\frac{7}{30}$，$\frac{23}{210}$，（　　　）

A. $\frac{31}{967}$　　　　B. $\frac{35}{1208}$　　　　C. $\frac{159}{2282}$　　　　D. $\frac{187}{4830}$

5. 根据前面每组数之间的关系,想一想括号里应填什么数?

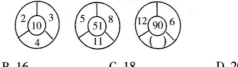

A. 14　　　　　　B. 16　　　　　　C. 18　　　　　　　D. 20

第二节　图形规律推理检测题

四年级 A 组:

1. 下列选项中,符合所给图形的变化规律的是 (　　　)

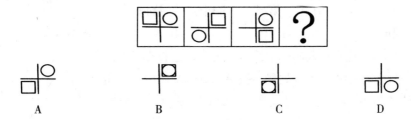

2. 下列选项中,符合所给图形的变化规律的是 (　　　)

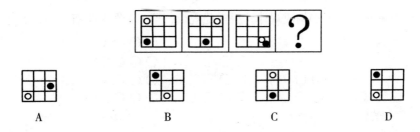

3. 美美有黑珠、白珠共 102 个,她想把它们做成一个帘子挂在自己的床头上。她是按下面的顺序排列的:○●○○○○●○○○●○○○……,则最后一个珠子应是 (　　　),这种颜色在这串珠子中共有 (　　　) 个

　　A. 白　25　　　　B. 白　26　　　　C. 黑　25　　　　D. 黑　26

4. 一组图形按★○○□□□△△★○○□□□△△ 这样的顺序循环排列,则第2015 个图形是 (　　　)

　　A. ★　　　　　　B. ○　　　　　　C. □　　　　　　D. △

5. 如下图,摆 6 个三角形要用 (　　　) 根小棒

271

A. 12 B. 13 C. 17 D. 18

四年级 B 组：

1. 下列选项中，符合所给图形的变化规律的是（ 　）

A B C D

2. 下图中，按规律画下去，第 n 个图形有（ 　）个圆

第1个　第2个　第3个　第4个

A. 3n B. 4n C. 4n − 4 D. 4n + 4

3. 如图，连在一起的两个等边三角形，边长都是 1 厘米，一只小蚂蚁由点 A 开始爬，按 ABCDECA 顺序沿三角形的边不断循环。当小蚂蚁爬了 2018 厘米时，它停在（ 　）点

A. D B. C C. B D. E

4. 观察下列图形的构成规律，根据此规律，第 8 个图形中有（ 　）个圆

第1个　第2个　第3个　第4个

A. 32 B. 33 C. 64 D. 65

5. 用小棒摆正六边形，摆 10 个正六边形需要（ 　）根小棒

A. 45 B. 51 C. 60 D. 61

五年级 A 组：

1. 观察下面图形的构成规律，按此规律第 10 组图形中圆的个数为（ 　）个

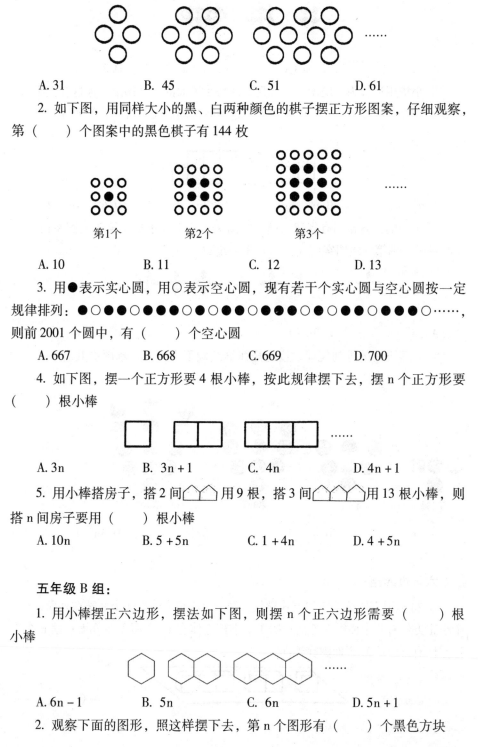

A. 31　　　　　B. 45　　　　　C. 51　　　　　D. 61

2. 如下图，用同样大小的黑、白两种颜色的棋子摆正方形图案，仔细观察，第（　　）个图案中的黑色棋子有 144 枚

第1个　　　　　第2个　　　　　第3个

A. 10　　　　　B. 11　　　　　C. 12　　　　　D. 13

3. 用●表示实心圆，用○表示空心圆，现有若干个实心圆与空心圆按一定规律排列：●○●●○●●●○●●●●○●●●●●○●●●●●●○……，则前 2001 个圆中，有（　　）个空心圆

A. 667　　　　　B. 668　　　　　C. 669　　　　　D. 700

4. 如下图，摆一个正方形要 4 根小棒，按此规律摆下去，摆 n 个正方形要（　　）根小棒

A. 3n　　　　　B. 3n + 1　　　　　C. 4n　　　　　D. 4n + 1

5. 用小棒搭房子，搭 2 间用 9 根，搭 3 间用 13 根小棒，则搭 n 间房子要用（　　）根小棒

A. 10n　　　　　B. 5 + 5n　　　　　C. 1 + 4n　　　　　D. 4 + 5n

五年级 B 组：

1. 用小棒摆正六边形，摆法如下图，则摆 n 个正六边形需要（　　）根小棒

A. 6n – 1　　　　　B. 5n　　　　　C. 6n　　　　　D. 5n + 1

2. 观察下面的图形，照这样摆下去，第 n 个图形有（　　）个黑色方块

A. 2n B. 2n + 1 C. 2（n + 1） D. 2n – 2

3. 小华用边长为 1 厘米的正方形纸片摆了下面的三个图形。像这样摆下去，摆第 n 个图形要用（　　）个正方形，这个图形的周长是（　　）厘米

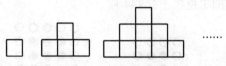

A. n^2 4n B. n^2 6n C. 2n 6n – 2 D. n^2 6n – 2

4. 下面的图案排列有规律，第 1 组图案由 4 个 ◇ 组成，第 2 组图案由 7 个 ◇ 组成……则第 n 组图案由（　　）个 ◇ 组成

A. 3n B. 3n + 1 C. 4n D. 4n + 1

5. 观察下图的排列规律，按此规律继续画下去，第 n 幅图中共有（　　）个圆

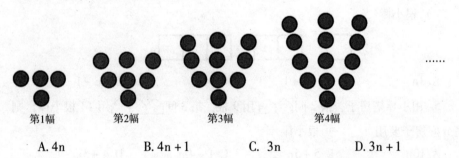

A. 4n B. 4n + 1 C. 3n D. 3n + 1

六年级 A 组：

1. 将小正方体按下图的方式摆放：摆 1 个小正方体有 5 个面露在外面；摆 2 个小正方体有 8 个面露在外面；摆 3 个小正方体有 11 个面露在外面；摆 n 个小正方体有（　　）个面露在外面

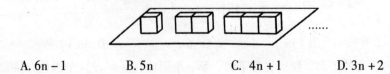

A. 6n – 1 B. 5n C. 4n + 1 D. 3n + 2

2. 下图是用同样大小的正三角形按一定规律拼成的一组图形。第（ ）个图形中，白正三角形比黑正三角形多 2019 个

A. 2017 B. 2018 C. 2019 D. 2020

3. 用相同的小直角三角形进行拼图游戏，请观察下面 6 幅图的拼图规律，第 2n 幅图的周长是（ ）厘米（用含有 n 字母的式子表示，n 是不为 0 的自然数）

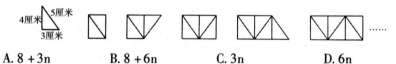

A. 8 + 3n B. 8 + 6n C. 3n D. 6n

4. 如图，有一个正方形，通过多次划分，得到若干个正方形，具体操作如下：

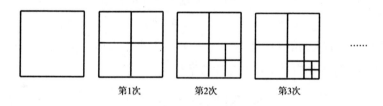

操作 200 次后，共得到（ ）个正方形

A. 798 B. 799 C. 800 D. 801

5. 如图，在正方形内有 1 个点时，就能画出 4 个不重叠的三角形；在正方形内有 2 个点、3 个点时……依照此规律，正方形内有 100 个点时，能画出（ ）个不重叠的三角形

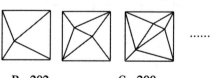

A. 24 B. 202 C. 200 D. 22

六年级 B 组：

1. 农夫将苹果树种在正方形果园里。为了保护苹果树不让它们被风吹到，他在苹果树的周围种了一些针叶树。在下图中，你可以看到农夫种植苹果树的

列数（n），和苹果树数量及针叶树数量的规律。

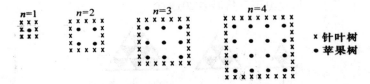

请你分别用含有 n 的式子表示苹果树和针叶树的数量（　　）

A. 苹果树为 n^2 和针叶树为 4n　　　B. 苹果树为 2n 和针叶树为 8n

C. 苹果树为 n^2 和针叶树为 8n　　　D. 苹果树为 2n 和针叶树为 4n

2. 为庆祝"六一"儿童节，学校举行用火柴棒摆"金鱼"比赛，如图所示：

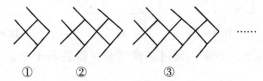

按照上面的规律，摆 n 个"金鱼"需用火柴棒的根数为（　　　）

A. 2 +6n　　　　B. 8 +6n　　　　C. 4 +4n　　　　D. 8n

3. 把在各个面上写有同样数字（1~6）的五个正方体木块排成一排（如图所示），那么与数字 6 相对的面上写的数字是（　　　）

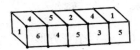

A. 2　　　　　B. 3　　　　　C. 5　　　　　D. 以上都不对

4. 图中各个圆的三个数之间有相同的规律，据此规律，第 5 个圆中，m =（　　）

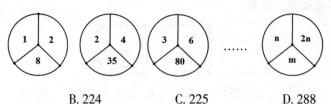

A. 143　　　　B. 224　　　　C. 225　　　　D. 288

5. 用正方体积木摆阶梯，一块积木就是一级阶梯，6 块这样的积木可以摆成一座二级阶梯，也就是不论从前后左右哪个方向登上这座阶梯都需要爬 2 阶（如下图）。按照这种摆法，摆成一座三级阶梯要 15 块这样的积木，则摆一座四级阶梯，一共需要（　　　）块这样的积木

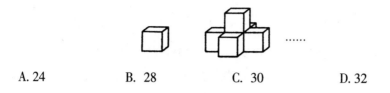

A. 24   B. 28   C. 30   D. 32

第三节 数量关系推理检测题

四年级 A 组:

1. 如果○ + □ = 6, □ = ○ + ○, 那么, □ - ○ = ( )

A. 1   B. 2   C. 3   D. 4

2. 设 a, b 都表示数, 规定: a△b 表示 a 的 5 倍减去 b 的 2 倍, 即 a△b = a×5 - b×2。试计算: 5△6 = _____

A. 30   B. 38   C. 13   D. 37

3. 王叔叔骑电动车出发, 10 分钟后到达单位。已知他家到单位的路程是 8 千米, 那么王叔叔平均每分钟骑行 ( ) 千米

A. $\dfrac{4}{5}$ B. $\dfrac{1}{10}$ C. $\dfrac{1}{3}$ D. $\dfrac{10}{3}$

4. 王老师为三好学生买了三件奖品, 其中最贵的一件是 15 元, 最便宜的一件是 10 元, 估计一下, 这三件奖品的总价在 ( ) 元

A. 25 ~ 30   B. 30 ~ 35   C. 35 ~ 40   D. 40 ~ 45

5. 已知 13 < a < 17, 下列各数中, ( ) 是 6、14 和 a 这三个数的平均数

A. 13   B. 12   C. 11   D. 10

四年级 B 组:

1. △ + □ = 50, △ - □ = 10, 则 △ = ( )

A. 40   B. 30   C. 20   D. 10

2. 设 a, b 都表示数, 规定: a△b 表示 a 的 5 倍减去 b 的 2 倍, 即 a△b = a×5 - b×2。试计算: 7△8 = _____

A. 30   B. 38   C. 19   D. 37

3. 张叔叔骑电动车出发, 10 分钟后到达单位。已知他家到单位的路程是 3 千米, 那么张叔叔平均每分钟骑行 ( ) 千米

A. $\dfrac{3}{10}$ B. $\dfrac{1}{10}$ C. $\dfrac{1}{3}$ D. $\dfrac{10}{3}$

4. 王老师为三好学生买了三件奖品，其中最贵的一件是 25 元，最便宜的一件是 15 元，估计一下，这三件奖品的总价在（   ）元

A. 25～30   B. 30～35   C. 55～65   D. 40～45

5. 小华和小明在同一早餐店买馒头和豆浆。已知小华买了 5 个馒头和 5 杯豆浆；小明买了 7 个馒头和 3 杯豆浆，且小华花的钱比小明多 1.8 元。关于馒头与豆浆的价钱，下列叙述正确的是（   ）

A. 2 个馒头比 2 杯豆浆少 1.8 元   B. 2 个馒头比 2 杯豆浆多 1.8 元

C. 12 个馒头比 8 杯豆浆少 1.8 元   D. 12 个馒头比 8 杯豆浆多 1.8 元

五年级 A 组：

1. 一家三口人，母亲比父亲小 2 岁，父亲比儿子大 27 岁，5 年后，全家人的年龄和是 82 岁，现在儿子的年龄是（   ）岁

A. 4   B. 5   C. 6   D. 7

2. 有甲、乙两根线，甲剪去 $\dfrac{1}{2}$，乙剪去 $\dfrac{1}{2}$ 米，两根线都还剩下 $\dfrac{3}{4}$ 米，原来两根线（   ）

A. 甲长   B. 乙长   C. 一样长   D. 无法确定

3. 修路队三天修完一条长 3 千米的路，第一天修了全长的 $\dfrac{1}{3}$，第二天修了 $\dfrac{2}{3}$ 千米，第三天修了（   ）

A. 0 千米   B. $\dfrac{2}{3}$ 千米   C. 2 千米   D. $\dfrac{4}{3}$ 千米

4. 将 A 组人数的 $\dfrac{1}{5}$ 给 B 组后，两组人数相等，原来 A 组比 B 组多（   ）

A. $\dfrac{1}{5}$ B. $\dfrac{2}{5}$ C. $\dfrac{2}{3}$ D. $\dfrac{1}{3}$

5. 过年了，小明家买了很多瓶果汁，一家除夕喝了总量的一半少 1 瓶；初一喝了剩下的一半；初二又喝了剩下的一半多 1 瓶，这时还剩 2 瓶没有喝，那么小明一家一共买了（   ）瓶果汁

A. 20   B. 22   C. 24   D. 26

五年级 B 组：

1. 一根绳子分成两段，第一段长 $\frac{3}{5}$ 米，第二段占全长的 $\frac{3}{5}$，两段绳子（　　）

　　A. 第一段长　　　　B. 第二段长　　　　C. 一样长　　　　D. 无法比较

2. 整修一段公路，6 人 11 天可以完成，照这样计算，若要提前 5 天完成，则应增加（　　）人

　　A. 2　　　　　　　B. 3　　　　　　　C. 4　　　　　　　D. 5

3. A、B、C、D 四人商定一起完成一件工作，但 D 只做了一天就因病请假了，结果 A 做了 6 天，B 做了 5 天，C 做了 4 天。D 拿出 48 元给 A、B、C 三人作为报酬，若按天数计算劳务费，则这 48 元中 A 应该分（　　）元

　　A. 18　　　　　　B. 19. 2　　　　　C. 20　　　　　　D. 32

4. 小雨和小慧的家与学校在同一条直线上。一天，两人同时从家出发走向学校，小雨每分钟走 75 米，小慧每分钟走 65 米，经过 10 分钟在校门口相遇。求她们两家相距多少米，下面的算式正确的是（　　）

　　① （75 + 65）× 10　　　② （75 − 65）× 10　　　③ （75 + 65）×（10 + 10）

　　A. ①　　　　　　B. ①和②　　　　　C. ①和③　　　　　D. ②和③

5. 有三堆棋子，每堆 42 枚，并且只有黑、白两色，第一堆里的黑棋子和第二堆里的白棋子一样多，第三堆里的黑棋子占 $\frac{3}{7}$。把这三堆棋子集中在一起，那么白棋子占全部棋子的（　　）

　　A. $\frac{11}{21}$　　　　　B. $\frac{3}{7}$　　　　　C. $\frac{10}{21}$　　　　　D. $\frac{4}{7}$

六年级 A 组：

1. 水结成冰后体积是原来的 1.1 倍，冰的体积比水的增加了（　　）

　　A. 10%　　　　　B. 110%　　　　　C. $\frac{1}{11}$　　　　　D. $\frac{10}{11}$

2. 如果把甲、乙两件商品各自按七五折出售，甲商品比乙商品还贵 24 元，那么原来甲商品的价格比乙商品的价格（　　）

　　A. 贵 32 元　　　B. 贵 24 元　　　C. 贵 18 元　　　D. 无法确定

3. 一件大衣先打八折销售，再降价 a 元，现在的价钱是 b 元，则这件大衣

的原价是（　　）元

　　A. b÷80%＋a　　　　　　　　　　B.（b－a）×80%

　　C. 80%b＋a　　　　　　　　　　D.（b＋a）÷80%

　　4. 一杯糖水，糖与水的质量比是 1 : 10，喝掉一半后，糖与水的质量比是
（　　）

　　A. 1 : 9　　　　　B. 1 : 5　　　　　C. 1 : 10　　　　　D. 无法确定

　　5. 丽丽和美美两人在做一个食盐溶解的实验。在含盐率为 20% 的盐水中，
盐比水少（　　）

　　A. 20%　　　　　B. 80%　　　　　C. 60%　　　　　D. 75%

六年级 B 组：

　　1. 一种商品的现价是 200 元，比原价降低了 50 元，降低了（　　）

　　A. 50%　　　　　B. 25%　　　　　C. 20%　　　　　D. 10%

　　2. 如果甲乙两件商品各自按七五折出售，甲商品比乙商品还贵 24 元，那么
原来甲商品的价格与乙商品的价格相比（　　）

　　A. 贵 32 元　　　　B. 贵 24 元　　　　C. 贵 18 元　　　　D. 无法确定

　　3. 某班正在进行班委投票选举，李明给其中 25% 的候选人投了赞成票，王
强给其中 6 人投了赞成票，两人都赞成的人数占候选总人数的 $\frac{1}{6}$，候选总人数
（　　）

　　A. 有 72 人　　　　B. 有 24 人　　　　C. 最少有 36 人　　　D. 最多有 36 人

　　4. 钟面上，时针和分针的转动速度的比是（　　）

　　A. 12 : 1　　　　　B. 1 : 12　　　　　C. 60 : 1　　　　　D. 1 : 60

　　5. 在含糖 20% 的糖水中加入 2 克糖、10 克水，这时糖水的浓度（　　）

　　A. 与原来一样　　　　B. 比原来高　　　　C. 比原来低　　　　D. 无法确定

第四节 图表信息推理检测题

四年级 A 组：

1. 2010 年甲市人口总数比 2000 年增加了（　　　）万

甲市第五、第六次人口普查统计结果

	2000 年	2010 年
人口总数	630 万	994.30 万
户籍人口	590.39 万	702.66 万
平均每户人数	3.83 万	3.21 万
大学文化程度人数（每 10 万人中）	5463	9309

A. 364.3　　　　　B. 630　　　　　C. 702.66　　　　　D. 994.30

2. 表中空出的两个数值之和为（　　　）

举家外出农民工	3071	3279			3578
本地农民工	8888	9415	9925	10284	10574

A. 150　　　　　B. 5560　　　　　C. 6900　　　　　D. 8600

3. 2014 年我国研究与试验发展经费支出比 2013 年增加（　　　）亿元

2010—2014年我国研究与试验发展（R&D）经费支出情况

A. 6249　　　　B. 4625　　　　C. 3014　　　　D. 1465

4. 佳佳的爸爸每天上班先骑自行车到公共汽车站，再乘公共汽车去工厂。下面图（　　）表示的是佳佳的爸爸去上班的情景

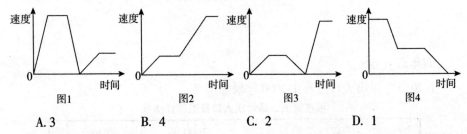

A. 3　　　　B. 4　　　　C. 2　　　　D. 1

5. 乌鸦口渴，到处找水喝，它看到了一个装有水的瓶子，但水位较低，且瓶口又小，乌鸦喝不着水，深思一会儿后，聪明的乌鸦衔来一个个小石子放入瓶中，水位上升后，乌鸦喝到了水。在这则乌鸦喝水的故事中，从乌鸦看到瓶子的那刻开始计时，关于时间和瓶中水位的高度变化情况，下面各选项中最符合故事情景的示意图是（　　）

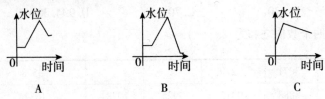

四年级 B 组：

1. 全国外出农民工与本地农民工人数相差最大的一年是（　　）年

2010—2014 年全国农民工规模

单位：万人	2010 年	2011 年	2012 年	2013 年	2014 年
农民工总量	24233	25278	26261	26894	27395
（1）外出农民工	15335	15863	16336	16610	16821
①住户中外出农民工	12264	12584	12961	13085	13243
②举家外出农民工	3071	3279	3375	3525	3578
（2）本地农民工	8888	9415	9925	10284	10574

A. 2010　　　　B. 2011　　　　C. 2012　　　　D. 2014

2. 2010 年甲市户籍人口比 2000 年增加了（　　）万

甲市第五、第六次人口普查统计结果

	2000 年	2010 年
人口总数	630 万	994.30 万
户籍人口	590.39 万	702.66 万
平均每户人数	3.83 万	3.21 万
大学文化程度人数（每 10 万人中）	5463	9309

A. 112.27　　　　B. 364.3　　　　C. 702.66　　　　D. 994.30

3. 2014 年我国研究与试验发展经费支出比 2010 年增加（　　）亿元

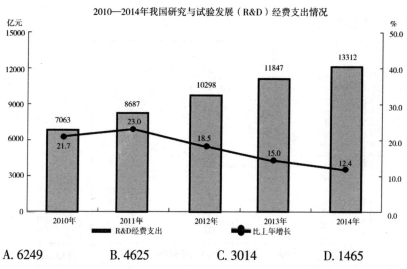

A. 6249　　　　B. 4625　　　　C. 3014　　　　D. 1465

4. 小明从家出发到书店买书，走到一半时，想起忘带钱了，于是回家取钱，然后去书店挑了几本书后回家。下面各选项中能比较准确地反映小明的行为的示意图是（　　）

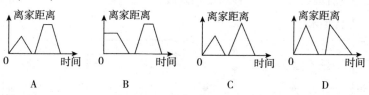

5. 用一大桶水冲洗教室的地面，桶里可用水的总量有 300 升，第一次冲洗了 5 分钟，用了这桶水的 $\frac{2}{5}$；休息 5 分钟后，又接着冲洗了 5 分钟，刚好把水桶里剩下的水用完。下面图（　　）表示了用水量与时间发生变化的过程

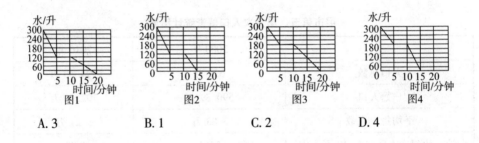

A. 3　　　　　　B. 1　　　　　　C. 2　　　　　　D. 4

五年级 A 组：

1. 如图是某地一天的气温记录折线图，这一天 2：00 到 17：00 的平均气温是（　　）℃

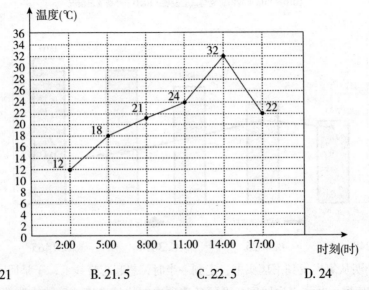

A. 21　　　　　B. 21. 5　　　　　C. 22. 5　　　　　D. 24

2. 如图是航模小组制作的两架航模飞机在一次飞行中时间和高度的记录。两架飞机起飞后大约（　　　）秒高度相差最大

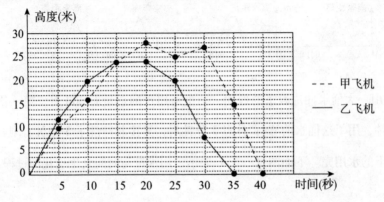

A. 20　　　　　　B. 25　　　　　　C. 30　　　　　　D. 35

3. 某市规定每户每月用水量不超过 6 吨时，每吨价格为 2.5 元；用水量超过 6 吨时，超过的部分每吨价格为 3 元。下图中能正确表示每月水费与用水量关系的示意图是（　　）

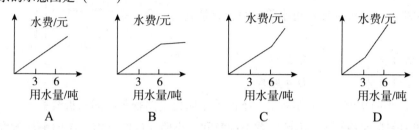

| A | B | C | D |

4. 2001—2011 年，有（　　）年世界发电量较上年增长 1 万亿千瓦时以上

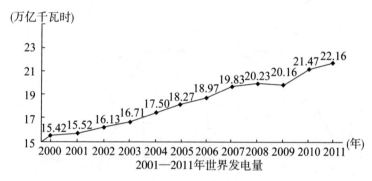

2001—2011年世界发电量

A. 1　　　　　　B. 2　　　　　　C. 3　　　　　　D. 4

5. 下图是某单位甲、乙两种品牌的手机一周销售量的统计图，甲品牌手机星期（　　）的销售量增长最快

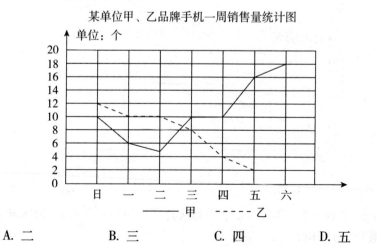

某单位甲、乙品牌手机一周销售量统计图

A. 二　　　　　　B. 三　　　　　　C. 四　　　　　　D. 五

五年级 B 组:

1. 一个水箱，在它的上部有一个进水管，底部有一个出水管。先打开进水管，过一段时间后接着打开出水管，右边的折线统计图表示水箱中水位的变化情况。如果单独开出水管，每分钟能使水位下降（　　）

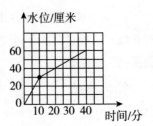

A. 1 厘米　　　　　　B. 2 厘米

C. 3 厘米　　　　　　D. 4 厘米

2. 小明从家去图书馆看书。下图是小明行走路程与时间的折线关系图，根据图中信息回答问题：不考虑看书的时间，小明往返图书馆一次的平均速度是每小时（　　）千米

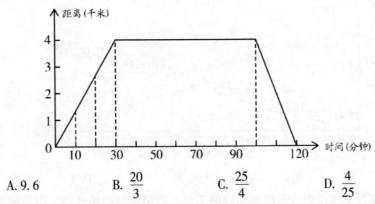

A. 9.6　　　　　B. $\frac{20}{3}$　　　　　C. $\frac{25}{4}$　　　　　D. $\frac{4}{25}$

3. 下图是杨伯伯家十多年家庭总收入情况统计图。2017—2018 年，总收入增长了（　　）%

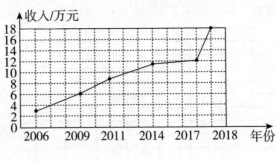

A. 30　　　　　B. 40　　　　　C. 50　　　　　D. 60

4. 下图是某景区近几年接待游客数量统计图（单位：万人）。2018 年接待的游客人数比 2015 年多（　　）%

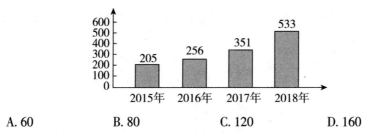

A. 60　　　　　　B. 80　　　　　　C. 120　　　　　　D. 160

5. 如图所示，这是明明和亮亮 200 米赛跑情况的折线统计图。亮亮跑完全程的平均速度是每秒（　　）米

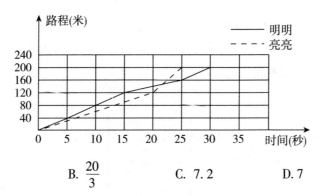

A. 8　　　　　　B. $\dfrac{20}{3}$　　　　　　C. 7.2　　　　　　D. 7

六年级 A 组：

1. 同学们用自己积攒的零花钱捐款，（　　）捐的钱大约是他所有零花钱的 50%

姓名	王东	李洋	邵梅儿	钱壮
零花钱总数/元	27.5	89.6	96.8	81.4
捐款数/元	13.8	30.7	19.7	20.9

A. 王东　　　　　B. 李洋　　　　　C. 邵梅儿　　　　　D. 钱壮

2. 一辆汽车以每小时 80 千米的速度行驶，下面图（　　）表示了行驶时间与所行路程之间的关系

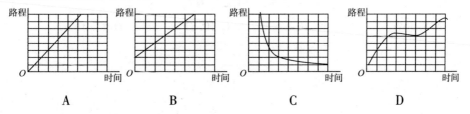

　　A　　　　　　　B　　　　　　　C　　　　　　　D

3. 下图是某年北京市和深圳市各季度的平均气温统计图，第二季度北京的平均气温比深圳的低（　　）

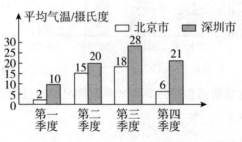

A. 15%　　　　　B. 20%　　　　　C. 25%　　　　　D. 30%

4. 郑磊来到外婆家后，和很久没见面的表弟张亮到河边的沙滩比赛跳远，他们共比了五次，张亮的平均成绩是（　　）米

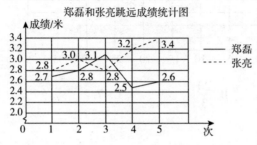

A. 3.04　　　　　B. 2.74　　　　　C. 3.1　　　　　D. 2.68

5. 我国2015年全社会固定资产投资增长了（　　）

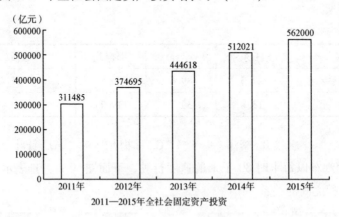

2011—2015年全社会固定资产投资

A. 8.36%　　　　　B. 9.76%　　　　　C. 10.81%　　　　　D. 12.01%

六年级 B 组：

1. 如下图，在四边形 ABCD 中，动点 P 从点 A 开始沿 A→B→C→D 的路径匀速运动到点 D 停止，在这个过程中，将三角形 APD 的面积 S 随时间 t 的变化关系表示正确的是（　　）。

　　　　A　　　　　　　B　　　　　　　C　　　　　　　D

2. 下面的统计图反映的是在毕业复习阶段，甲、乙两名同学阶段性检测的成绩提高情况，可以看出成绩提高得快的同学第五次成绩比第三次成绩提高了（　　）%

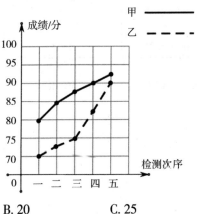

A. 15　　　　　B. 20　　　　　　C. 25　　　　　　D. 30

3. 环保社团做了一项调查，根据调查统计结果，统计图表绘制如下。请你结合图中的信息，算出表格中的 n =（　　　）

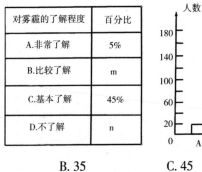

对雾霾的了解程度	百分比
A.非常了解	5%
B.比较了解	m
C.基本了解	45%
D.不了解	n

A. 25　　　　　B. 35　　　　　　C. 45　　　　　　D. 50

4. 丰收种子店进行促销：购买某种子 5 千克以内时按 2 元/千克计算；超过

5千克时，超出部分按八折销售。则图（　　）为购买种子数（千克）与所付钱数（元）的关系图

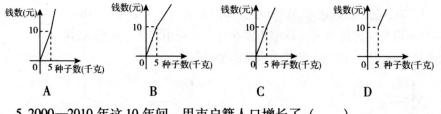

| A | B | C | D |

5. 2000—2010 年这 10 年间，甲市户籍人口增长了（　　）

甲市第五、第六次人口普查统计结果

	2000 年	2010 年
人口总数	630 万	994.30 万
户籍人口	590.39 万	702.66 万
平均每户人数	3.83 万	3.21 万
大学文化程度人数（每 10 万人中）	5463	9309

A. 57.83%　　　　B. 19.02%　　　　C. 56.88%　　　　D. 16.31%

第五章

我的儿童数学收获观——审辨中全面成长

审辨思维始于质疑，归于反思，包括质疑批判、分析论证、综合生成、反思评价四个要素，是一个循环往复的过程。

笔者根据小学生审辨思维发展特点，从审辨思维的"推理四能力""内容四要素""形式四评比""场域三时空"和"梯度三层次"等方面，分层、有序地开展了小学数学审辨思维培养，试图提升小学生审辨思维的认知能力。

效果如何？

要看学生的真实改变！

学生的真心感悟说了算！

因此，本书专门为我们的学生留下表达的空间，让我们看看小学生在经历较长时间的审辨教学文化熏陶之后的感受吧！

第一节　儿童体会到独立探究发现奥秘的好处

我们已经明白：今天，迫切需要改变"科学真理"这种陈旧的学习方式，不应再简单地向学生灌输特定的结论，而应小心翼翼地呵护学生的好奇心，应鼓励学生持有怀疑的精神，应努力保护和激发学生的创造力，倡导研究性的学习，倡导审辨式论证，重视发展学生的审辨式思维能力，从而使学习成为一个探索和发现的过程，而不仅仅是一个记忆和拷贝的过程。

儿童体会到独立探究发现奥秘的好处了吗？

笔者工作室从参与审辨教学研究的市区、郊区和山区代表性实验学校中随机选取了一些学生进行深度访谈，从二年级到六年级学生的内心表白中可知审辨教学带给学生的好处。

义乌复旦实验学校 202 班的孟傅阳同学："课堂上，老师让我们独立探究去发现数学奥秘，可以让我学会独立思考问题，思路更发达。考试的时候遇到难题就可以自己解决了。"

义乌复旦实验学校 305 班的楼芷萱同学："独立探究让我们拥有了独立思考

的习惯，防止我们一有问题就去问老师、家长和同学，而自己不爱动脑筋。"

义乌复旦实验学校 306 班的邓书岑同学："老师让我们独立思考，可以联想到很多的知识，可以探索出怎么做题，还可以发现自己存在的很多问题。"

义乌复旦实验学校 306 班个性十足的柯佳豪同学："老师让我们独立思考，我们就可以用自己喜欢的方法解决问题。"

义乌复旦实验学校 405 班的颜浩雅同学："老师让我们独立思考，我们就可以对题目理解得更深刻，会更加明白其他相似题目，今后的学习也会更加独立，更加认真。"

义乌复旦实验学校 601 班的林果儿同学："通过自己思考发现的结论总是可以带来巨大的自豪感。它推进着我们成长的每一步。"她还说："把自己探究出来的成果与大家交流分享好处很多。是否能完美解决数学问题，关键看三点，一是看准确，二是想明白，三是讲清楚。无论是语数英，还是其他学科，并不是答案对了就是会了。而厘清思路说出来，能使解题思路更清晰，也能说明自己学透了。能多次上讲台'辩题'，可以培养自己的信心，并巩固自己的解题思路。"

义乌复旦实验学校 601 班的叶承致同学："在课堂上学会独立思考是基础，有了这种能力才能更好地解说和辩论。更重要的是，自己思考研究出来的方法才是最可贵的。"

义乌复旦实验学校 601 班的孙语欣同学："比起过度地依赖老师和同学取得进步，自己思考、研究出解题方法，才是真正的提升。考前独立复习，考后独立订正，平时独立思考作业，或许一开始会有些困难，但只要坚持下来做到日复一日，思维就会变得活跃。思维活跃了，做起题目来自然会事半功倍。日日、月月、年年的努力，才能造就真正足够优秀的自己！"

义乌艺术学校 501 班的樊展硕同学："通过独立思考解决问题能带来很大的成就感，从而让人爱上思考。在独立思考时，我们会联想到相关的知识，来更好地掌握这一部分内容。"

义乌艺术学校 302 班的郝昱凯同学："在思考出正确答案后，自己就会感觉很有成就感。独立思考能让我们静下心来，专注于眼下的题目，培养我们的专注力。在独立思考的过程中，我们都在尝试，培养了我们勇往直前的品质。"

义乌艺术学校 602 班的吴金相同学："独立探究、发现、思考的好处很多，可以通过自己独立思考得到答案，印象更加深刻，对于自己的方法有一种独到的见解，能够把一道题目完全看懂，完全"吃透"；有助于培养自己挑战难题，攻克难题的精神，遇见它不会害怕、不会退缩，反而会勇往直前，一路'过关斩将'，将分值高的题目收入囊中、将思维含量高的题目刻入心中、将简单的题目握牢于手心；更可以从一串看似毫无规律，实则暗藏玄机的东西中得出规律，总结经验，在今后的学习、生活中用不同于往常的眼光去看待它们，学习它们。"

一道难题的思索

义乌市实验小学教育集团 三（1）班 金泽宁

一天，我正在兴致勃勃地做数学题，忽然，遇到了一道难题：

1，1，2，3，5，（ ），（ ），（ ），34

我一看，心想：这还不简单呀！还需要印在数奥书上？因为，前面的1与2相差1，3和2又相差1，5 - 3 = 2，所以，我推算出数与数之间的规律是：+ 0 + 1 + 1 + 2 + 2 + 3 + 3……于是，我不假思索地填上了7，10，13。

做完此题，我正准备做下一题时，猛然间看见了后面的34，要是按刚才那样算的话，后面13 + 4 = 17，再17 + 4才等于21，而不是34。

我又开始苦思冥想起来，还是无计可施。题目是否搞错了？我在纸上写着，画着……忽然，开窍了。我一拍脑门儿，自己也笑了起来！答案应该是：1，1，2，3，5，（8），（13），（21），34才对，因为它的规律是：前两个数的和就是第三个数，如：1 + 1 = 2，1 + 2 = 3，2 + 3 = 5，5 + 8 = 13……

填好答案后，我又发现了一种规律：两个数的差 + 两个数中的后一个数 + 1，就能得出答案了。如：5 - 3 = 2，2 + 5 = 7，7 + 1 = 8；8 - 5 = 3，3 + 8 = 11，11 + 2 = 13……

啊！通过这件事，我懂得了一个道理：做任何一件事都不能掉以轻心，不能不思考就乱下结论，要从多角度去思考问题。这就是数学给我的启示，原来一道难题的思索也能教会我们深刻的道理！

独立探究，发现思考的好处

义乌市实验小学教育集团 四（10）班 龚钰涵

在以前的学习和生活中，我一碰到难题，总是喜欢马上寻求帮助。老师和爸爸妈妈总是教导我们，要养成遇到难题先独立思考的习惯。在一次次的实践中，我渐渐地学会了碰到难题先独立探究。果然，大部分问题都能迎刃而解，而且在这个过程中我深深体会到了独立思考的好处。

首先，当你有了独立思考的能力，你就能在老师上课时，迅速地跟上老师的思路，并能准确地回答老师的问题，使听课的效率大大增加；其次，当你通过自己独立思考，做出一道难题时，你会感到非常幸福，从而增加了学习的兴趣；再次，有了独立思考的能力，你就能将所学知识灵活应用，轻松应对千变万化的题目，取得更好的成绩；最后，在日常生活中有了独立思考的能力，你除了可以提高自理能力外，有时还能帮助爸爸妈妈解决生活中的难题。

子曰："学而不思则罔。"成功人士哪个不是通过勤奋学习和独立探究思考来取得成就的呢？所以，大家赶快行动起来，收获更多独立思考的好处吧！

第二节　儿童感悟到倾听质疑补充评价的作用

我们已经清楚：要提升小学学生数学学力水平，目标是要提升学生的量化推理能力。为了达到这个目标，笔者和团队通过审辨思维这一思维方式提升思维过程中思维的含金量，审辨课堂教学中通过四种评价形式不断培养学生，让他们拥有审辨思维的质疑批判、分析论证、综合生成、反思评价这四个要素，为了让审辨思维更加持久、稳定发展，我们加强跨越时空的三个场域和因材施教的三个梯度，犹如让学生迈开有力的双腿走得更稳更远。"学思模型"多维度培养学生质疑批判、分析论证、综合生成、反思评价的意识、方法、能力和习惯，让他们成为拥有"四肢舒展、头脑发达"的人格与认知全面发展的健康可持续之"人"。

儿童感悟到倾听质疑补充评价的作用了吗？

笔者工作室从参与审辨教学研究的市区、郊区和山区代表性实验学校中随机选取了一些学生进行深度访谈，从二年级到六年级学生的内心表白中可知审辨教学带给学生的好处。

义乌复旦实验学校601班的林果儿同学："同学之间的争辩是彼此互相学习的过程，一方面输出自己的知识，一方面收获别人的知识。一场反馈交流学习其实就是一个知识的交流大会，我们可以在这个大会中收获我们还不会、不清楚、不理解的知识。在这个过程中，我们不仅可以巩固知识，还能锻炼口才，真可谓事半功倍。"

义乌复旦实验学校601班的张熙喆同学："能够上台解说，与同学辩论，是基于能够做题之上进行的，解说能巩固习题以及其中的知识点。演讲是一种很重要的能力，而解说这种在台上进行的微演讲练习，能很好地培养这种能力。解说成功，对自己的学习也有很大帮助。这种成就感会让你十分喜悦，且让你对学习的学科充满信心。在辩论时，想把对方说服就需要有充足的准备。在这个过程中，既能培养自己的语言组织能力，又能养成做好充足准备的习惯。在课堂上将答案补充完整，让其他的同学点评自己的答案，可以从中分析自己的不足之处。在课堂上辩论能活跃课堂气氛，让所有学生融入课堂之中。"

义乌复旦实验学校 601 班的孙语欣同学："在分享自己方法的同时，也从别的同学身上学到了更加简练、优良的方法。大家在互相交流、辩论的过程中，往往能发现自己许多的知识漏洞，及时地查漏补缺是进步的关键。耐心听取别人讲述的方法时，也可以适当发表自己的意见，与同学一起研究出好方法，更是帮助自己解题的'加速剂'。和同学们共同学习，一起进步，才能给枯燥无味的学习生活增添乐趣！"

义乌复旦实验学校 503 班的陈奕政同学："我喜欢当解说小老师，是因为那可以提高我的语言组织能力，可以提高我的自信心，可以做同学的好榜样，可以让同学验证我的方法是否正确简洁，可以让同学发现我的方法的不足之处。"

义乌复旦实验学校 404 班的刘岩同学："同学之间互相辩论、补充、完善，可以解决同学心中的问题；可以知道其他同学的不同看法；可以收获更多知识；还可以使用听、想等方法补充自己的看法。"

义乌复旦实验学校 404 班的顾诚一同学："同学之间互相补充不同的意见，可以用对方的优点来补充自己的缺点，也可以用自己的优点来补充对方的缺点。如果对方的答案不完整，也可以进行补充。"

义乌复旦实验学校 404 班的苗茜同学直率地说："课堂上，同学们之间互相解说、倾听、质疑、辩论、补充，可以增强同学们的反应能力，可以锻炼同学们的查漏补缺能力，可以实现一题多解并优化。在这个交流、思辨、碰撞的过程中，同学们的开心、快乐、惊喜、惊讶、伤心都能充分地体现出来，能让同学们拥有一个难忘的快乐童年。"

义乌市乡下佛堂镇三小 404 班的周振宇同学："上台当解说小老师的好处有两个，第一，锻炼自己的发言能力和培养自信心。在上台解说时会遇到有些同学有疑问的情况，这时候，我们就可以厘清思路，将自己的想法告诉他们。这能使我们将自己的思维变得更加清晰，下次遇到这种题目的话，就有更好的解决方法。第二，增强乐观面对挫折的能力。在解说的过程中，有时候发生的口误会引来同学们的嘲笑，这时候，我们要冷静下来，继续思考这道题，不要不敢面对同学，或者自责，要保持乐观，微笑地面对同学，这样能让同学开心，也能让自己更加乐观地面对挫折。同学之间互相辩论补充的好处是结合提升。在和同学争论，同学不同意你的观点，提出自己的意见时，你可以将同学和自己的方法相结合，得出更好的结论，还可以在心里想想自己为什么没想到，是哪里错误，给自己提升和进步的空间。"

义乌市实验小学教育集团四（6）班的龚紫嫣同学激情满怀地说："每次课堂上，我最喜欢的便是小组讨论、交流总结的环节，同学们各抒己见，有时候看着就像一场别开生面的'小战争'。小组长总会说有不同想法的同学可以大胆发言，其他组员如果对他的说法有不同意见，等他说完后可以补充或者推翻。这时候同学们的积极性就会特别高涨，你一言，我一语，在激烈的讨论中把课堂气氛推向高潮。同学们也会在激烈的讨论中互相提示，互相补充，一个同学补充一小部分，就能使结果更完整。最有意思的是，课堂上有趣的辩论还能博得同学们热烈的掌声，辩论的同学脸上露出了灿烂的笑容，大大地提高了同学们的自信心和积极性。课堂讨论、辩论不但起到了一个补充我们的知识的作用，还给我们提供了一个个性表演的舞台！"

义乌市实验小学教育集团四（5）班的吴越同学："当小老师，可以让我体会到老师讲课的辛苦。我也能够通过这个当小老师的经历，在之后更加珍惜课堂，珍惜当小老师的机会。当小老师可以培养我独立发现、独立思考的能力，因为要像老师一样讲题，那么我肯定需要去查找一些资料，或者多去了解知识点，加深对知识点的印象，让我更加主动地去通过查资料的方式了解知识点或题目的要求，把内容完整地讲出来。当小老师也可以让我更加有效地提高自主学习的能力，培养探究问题、发现问题的习惯，能够使我更加主动地去借助查资料、查字典等加深对于知识点的印象。当小老师还可以让我了解到自己上台演讲时发挥的情况，能够使自己变得更加自信。除此之外，它还能加深我和老师之间的感情。"

义乌市实验小学教育集团四（6）班的王宇邦同学："一次偶然的机会，我也体验了一回当'老师'的滋味。我感受颇深。原来上好一堂课，需要花费大量的精力，我真正明白了'台上一分钟，台下十年功'的含义。当'小老师'，让我收获良多。首先，角色的互换，我深深地体会到了老师工作上的辛苦，看似简单的一堂课，实则需要大量的时间和精力。我们哪有理由不珍惜、尊重老师的劳动成果呢？其次，可以提高语言组织能力和语言表达能力。一堂高效率的课，语言生动、精练、准确，这都需要课后反复地推敲与练习。再次，可以培养良好的自主学习能力，激发学习热情。不仅要预习课件，而且得吃透里面的内容，还要准备相关的资料，这样良好的学习习惯就慢慢养成了。最后，可以懂得换位思考和以多种角度看待问题。当小老师不会简单地顾及自身感受而忽略他人的感受，看待问题也不会片面地陷入主观判断当中。当然，当小老师的好处还有很多。比如增加自信心，锻炼胆量，增进老师与学生之间的融合度、默契感等。"

义乌艺术学校 501 班的樊展硕同学："上台当'解说小老师'的好处是可以通过讲题进一步梳理解题思路，从而找到还能改进的步骤；上台讲比直接讲更考验语言表达能力，如果有同学提问还要对题目解说得更透彻，临场发挥；同学讲题时其余的同学会更投入，更细致；常常当小老师能让同学为了好好解说，而去提前思考，也就是预习；经常上台可以激发同学对所学科目的兴趣，形成良性循环。同学之间互相辩论、补充、完善的好处是补充、完善可以集思广益，了解不同的思路；辩论时从理由中可以发现不同解法的缺点，从而找到解决问题的最佳途径；通过同学间的互动，能让同学积极主动地打开自己的思维。"

义乌艺术学校 602 班的吴金相同学："在解说的过程中，可以培养自己解说的能力，有助于培养语言表达能力；还可以让同学听懂、理解一道题目，彻底"吃透"，不把疑问藏在心里永远也不说出来；更可以让自己的思路更加清晰，方法更加完善，让自己把所有信息再整理、梳理一遍，让好的方法、好的思路得到推广，让整个班级能用更快、更好、更简捷、思路更清晰的方法去做同一类型、同一方法的高分题目。同学之间互相辩论、补充、完善的好处是让同学们在自行讨论的过程中得出答案、完善过程、厘清思路；同学们内部的讨论是一群人的思维、思想、思路和理解的融合，最终得出正确答案的解释是通俗易懂的，是综合所有同学的个人思想的。而老师给出的解释则可能是我们需要学习更多知识得到的。"

主要参考文献

［1］朱智贤，林崇德．思维发展心理学［M］．北京：北京师范大学出版社，2002.

［2］武宏志．批判性思维［M］．北京：高等教育出版社，2016.

［3］谢小庆．创新学习新思维［M］．北京：清华大学出版社，2017.

［4］谢小庆．审辨式思维［M］．上海：学林出版社，2016.

［5］索云旺．当下数学课堂教学应重点关注学生创新素养的生成和提升［M］//田树林，刘强．审辨式思维：创生激荡心灵的课堂．北京：光明日报出版社，2019.

［6］菜霞．浅谈审辨式思维在初中数学学科中的应用［M］//田树林，刘强．审辨式思维：创生激荡心灵的课堂．北京：光明日报出版社，2019.

［7］谢小庆．测验效度概念的新进展［J］．考试研究，2013（3）．

［8］谢小庆．审辨式思维能力及其测量［J］．中国考试，2014（3）．

［9］谢小庆．效度：从分数的合理解释到可接受解释［J］．中国考试，2013（7）．

［10］谢小庆．审辨式思维在创造力发展中的重要性［J］．内蒙古教育（综合版），2014（6）．

［11］刘葳．审辨式思维能力的评估和测试［J］．内蒙古教育（综合版），2014（11）．

［12］刘葳．审辨式思维能力的培养与训练［J］．内蒙古教育（综合版），2014（10）．

［13］刘葳．审辨式思维教育具有的现实意义［J］．内蒙古教育（综合版），2014（12）．

［14］雷其坤．发展审辨思维，提升核心素养［J］．教学管理与教育研究，2016（7）．

［15］魏锐，刘坚，白新文，等．"21世纪核心素养5C模型"研究设计

［J］．华东师范大学学报（教育科学版），2020（2）．

［16］文秋芳，王建卿，赵彩然，等．构建我国外语类大学生思辨能力量具的理论框架［J］．外语界，2009（1）．

［17］王湘云．初中数学教学中学生审辩式思维的培养策略［J］．课程教育研究，2018（50）．

［18］谢小庆．关于审辩式思维教学与测试的共识［J］．湖北招生考试，2015（3）．

［19］林怡静．在群文阅读中培养学生的审辩式思维［J］．中学语文，2019（9）．

［20］WANG Y H. Incorporating critical thinking skills into an English conversation program［J］．European Journal of Social Sciences，2009，11（1）．

后　记

1988 年 8 月在金华师范学校毕业后，笔者一直从事小学数学教学，一直琢磨着在自己的数学课上如何让学生理解得深刻一些，如何让学生自己明白？

2005 年，个人专著《小学数学意义建构教学研究》由人民教育出版社出版。笔者在 2006 年 9 月到 2007 年 12 月参加了浙江省教育厅组织的浙江省中小学骨干教师高级访问学者项目，访问单位是北京师范大学。访问期间，师从北师大博士余雅凤老师，研究小学数学的思维方法，"教是为了不教""授之以鱼，不如授之以渔"。2011 年 3 月，笔者研究的课题成果《小学数学思想方法教学研究》在 2011 年浙江省第四届教研课题成果评比中荣获一等奖组织单位是浙江省教育厅教研室。

知识是无限的，方法是有限的几十种。笔者慢慢学会了横向、纵向地去梳理知识与思想方法。笔者一直坚信："知识是手段，不是目的。思维才是最有效的。"如何提升学生的思维品质呢？2016 年，笔者开始精选数学名题，建构思考金三角，提升思维品质。"以生为本"的学导课堂三个模块"读数学名题—想数量关系—会类似问题"形成了思考金三角，让学生能够用比较长的时间独立阅读数学材料，能读清楚、想明白、用灵活。

2018 年的某一天，笔者下班后正刷着朋友圈，突然，"审辨式思维"映入眼帘，于是马上进入谢小庆老师的微信公众号。从此，笔者每天认真阅读谢小庆老师在微信公众号发布的审辨式思维文章，到上海、杭州参加了"全国中小学思维课堂研讨会"，多次零距离接触了谢小庆老师，也拜读了谢小庆老师介绍的杨志明老师的很多文章，知道了量化推理能力在数字规律、数量关系、图形规律和图表信息等方面对数学成绩提升的重要性。很荣幸地认识了"全国中小学思维课堂"主办方——上城区教育学院很多的专家和领导，聆听了小学数学专家刘坚教授，特级教师朱乐平、邵虹等前辈关于审辨思维培养的先进经验。

小学生的思维缺乏批判性，年龄越小的儿童越明显。他们常常不根据客观情况的变化，盲目地按照教师所说的每一句话去做，以教师的言语作为衡量事物对错的唯一标准。这一方面要求教师要言行慎重，时刻考虑如何做才能有利于小学生身心健康发展；另一方面也向教师提出了新的课题——如何使学生逐步克服这种盲目性，多一些批判性和理性思考。

根据小学生审辨思维的发展特点，笔者及团队在浙江省专家刘力教授、义乌市研修院教科所曹伟华所长的精心指导下，开展了浙江省课题——"小学数学审辨思维培养路径的实践研究"的研究。从审辨思维"推理四能力""内容四要素""形式四评比""场域三时空"和"梯度三层次"等方面，分层、有序、有法地进行小学数学审辨思维培养。转眼三年过去，2019年9月，笔者工作室阶段性成果《培养多维审辨，构建学思模型》在2020年"第三届全国名师工作室创新发展成果博览会"成果评审中，经博览会评审委员会评审，被评为2020年度全国名师工作室创新发展成果一等奖。组织方：全国名师工作室联盟北京中教市培教育研究院 等部门，很多工作室成员的教学课例、论文、说课在全国级比赛中获奖。老师们的独立分析和批判创新意识越来越强，慢慢学会了批判质疑、分析论证、综合生成和反思评价。

本书中列举了笔者工作室成员设计并实践与反思的审辨常态课、单元整合课、跨学段主题课、微课和长课，各课型中都重视对"审题小柯南""质疑小能手""解说小老师""倾听小模范""选优小达人""感悟小精灵"的培育，试图引领学生深度理解所学知识与方法，老师的追问能向学生心灵深处漫溯，能促进学生激情满怀地自主探究、自主审辨，从而加强小学生审辨思维的认知能力，提升他们的人格气质。

义乌复旦实验学校403班的林子豪同学深有感触："多维审辨可以使答案更加具体、完整；能通过争辩发现自己的不足之处；更能让自己仔细审题。"

义乌复旦实验学校404班的苗茜同学喜欢上了质疑、倾听、补充和完善："辩论可以增强同学的反应能力，体验失败的滋味或成功的喜悦；补充、完善可以让同学们动口动脑、锻炼查漏补缺的能力、更全面更科学地解决数学问题。"

义乌复旦实验学校405班的颜浩雅同学认为："独立思考发现数学规律的好处有很多，对于探究的题目的会更深刻理解，对其他类似的题目的理解也会更清晰。我们在今后的学习一定要养成独立思考的习惯，认真完成每一道题目。"

义乌复旦实验学校503班的陈奕政同学在审辨课堂中积极争当"解说小老师"，他认为："我喜欢当解说小老师是因为当解说小老师的好处多。第一，可以提高我们的语言组织能力；第二，可以让大家验证我的方法是否正确简洁；第三，可以提高自己的自信心；第四，可以做同学的好榜样；第五，可以让同学发现方法的不足之处。因此我们要上课积极举手，争做解说小老师。"

　　学生审辨思维的不断发展，这是老师教学得法的见证。学生认知与人格全面的成长，这是每个教育工作者追求的终极目标。

　　审辨是一种教学方式，也是一种思考问题的方式，学生在长期的审辨中不断发展思维，思维的品质得到了提升，思考问题的方式与角度也产生了变化。这就是我们想让学生通过数学课所得到的收获。数学的学习是知识的学习，能够促进解决问题的方法、思考问题的方式的改变，而审辨，则是激发这一系列变化的催化剂，是学生思维生长的催化剂。蒋巧君工作室有感而发，附上一首小诗《探究——永远在路上》：

尝试着尝试着，猜想着猜想着

众里寻它千百度

它却在灯火阑珊处

顿悟，拍案庆祝

舒眉展眼，心花怒放

探究千年，理解万岁

这是我们永远追求的方向！

蒋巧君

2021 年 1 月 16 日